PROGRAMANDO
PARA PROCESSADORES
PARALELOS

David B. Kirk
Wen-Mei W. Hwu

PROGRAMANDO PARA PROCESSADORES PARALELOS

Uma Abordagem Prática à Programação de GPU

Tradução
Daniel Vieira

Revisão Técnica
Esteban Walter Gonzalez Clua, Dr.
Professor do Instituto de Computação da Universidade Federal Fluminense

ELSEVIER

CAMPUS

Do original: *Programming Massively Parallel Processors: A Hands-on Approach.*
Tradução autorizada do idioma inglês da edição publicada por Elsevier Inc.

Copidesque: Wilton Fernandes Palha Neto
Revisão: Globaltec Artes Gráficas Ltda.
Editoração Eletrônica: Globaltec Artes Gráficas Ltda.

Elsevier Editora Ltda.
Conhecimento sem Fronteiras
Rua Sete de Setembro, 111 – 16° andar
20050-006 – Centro – Rio de Janeiro – RJ – Brasil

Rua Quintana, 753 – 8° andar
04569-011 – Brooklin – São Paulo – SP

Serviço de Atendimento ao Cliente
0800-0265340
sac@elsevier.com.br

ISBN 978-85-3521-4188-4

Nota: Muito zelo e técnica foram empregados na edição desta obra. No entanto, podem ocorrer erros de digitação, impressão ou dúvida conceitual. Em qualquer das hipóteses, solicitamos a comunicação ao nosso Serviço de Atendimento ao Cliente, para que possamos esclarecer ou encaminhar a questão.
Nem a editora nem o autor assumem qualquer responsabilidade por eventuais danos ou perdas a pessoas ou bens, originados do uso desta publicação.

CIP-Brasil. Catalogação-na-fonte
Sindicato Nacional dos Editores de Livros, RJ

K65p Kirk, David,
Programando para processadores paralelos: uma abordagem prática à programação de GPU/ David B. Kirk e Wen-mei W. Hwu; tradução de Daniel Vieira.
– Rio de Janeiro: Elsevier, 2011.

Tradução de: Programming massively parallel processors
Apêndices
ISBN 978-85-352-4188-4

1. Programação paralela (Computação).
2. Processamento paralelo (Computação).
3. Multiprocessadores.
4. Arquitetura de computador. I. Hwu, Wen-mei.
II. Título.

10-5021 CDD: 004.35
CDU: 004.032.24

A Caroline, Rose e Leo.
A Sabrina, Amanda, Bryan e Carissa.
Por suportarem nossa ausência enquanto trabalhávamos no curso e no livro.

Prefácio

Por que escrevemos este livro?

Os sistemas de computação do mercado em massa que combinam CPUs com múltiplos núcleos e GPUs com muitos núcleos trouxeram a computação para a escala *tera* no caso dos laptops e à escala *peta* para os clusters. Armados com tal poder de computação, estamos no auge do uso da computação para aplicações nas diversas áreas da ciência, tais como engenharia, saúde e negócios. Muitos serão capazes de alcançar grandes avanços em suas disciplinas usando experimentos de computação que são de um nível de escala, controle e observação sem precedentes. Este livro oferece um ingrediente crítico para a visão: ensinar a programação paralela a milhões de alunos de graduação e pós-graduação, de modo que as habilidades de pensamento computacional e programação paralela sejam tão difundidas quanto o cálculo.

Começamos com um curso que agora é conhecido como ECE498AL. Durante o feriado de Natal de 2006, estávamos freneticamente trabalhando nos slides de aulas e tarefas de laboratório. David estava trabalhando no sistema, tentando puxar as primeiras remessas de placas de GPU GeForce 8800 GTX do Illinois, o que não aconteceria antes das primeiras semanas após o início do semestre. Também ficou claro que a CUDA não se tornaria pública até algumas semanas após o início do semestre. Tínhamos que trabalhar com os acordos legais, para podermos oferecer o curso aos alunos sob acordo de não divulgação (NDA) durante as primeiras semanas. Também precisamos anunciar para que os alunos se inscrevessem, pois o curso não foi anunciado antes do período de pré-matrícula.

Demos nossa primeira aula em 16 de janeiro de 2007. Tudo entrou nos eixos. David viajava semanalmente para Urbana, para dar aulas. Tínhamos 52 alunos, alguns a mais do que nossa capacidade. Tínhamos slides de rascunho para a maioria das primeiras 10 aulas. Um aluno de pós-graduação de Wen-mei, John Stratton, gentilmente foi voluntário como assistente de ensino e preparou o laboratório. Todos os alunos assinaram o NDA, de modo que pudemos prosseguir com as primeiras aulas até que a CUDA se tornou pública. Gravamos as aulas, mas não as liberamos na Web até fevereiro. Tínhamos alunos de física, astronomia, química, engenharia elétrica, engenharia mecânica, além de ciência da computação e engenharia da computação. O entusiasmo nas aulas fez tudo isso valer a pena.

Desde então, lecionamos o curso três vezes em formato de um semestre e duas vezes em formato intensivo de uma semana. O curso ECE498AL tornou-se um curso permanente, conhecido como ECE408 na Universidade de Illinois em Urbana-Champaign. Começamos a escrever alguns dos capítulos iniciais deste livro quando oferecíamos o ECE498AL pela segunda vez. Testamos esses capítulos em nossa turma da primavera de 2009 e em nossa turma de verão de 2009. Também compartilhamos esses primeiros capítulos na Web e recebemos um retorno valioso de diversas pessoas. Fomos encorajados pelo retorno que recebemos e decidimos partir para um livro inteiro. Aqui, apresentamos humildemente para vocês a primeira edição.

Público-alvo

O público-alvo deste livro são alunos de graduação e pós-graduação de todas as disciplinas de ciência e engenharia, nas quais são necessárias habilidades de pensamento computacional e programação paralela para usar o hardware de computação em escala de *teraflops* para obter grandes avanços. Assumiremos que o leitor tem pelo menos alguma experiência com programação C básica e, portanto, são programadores mais avançados, tanto dentro quanto fora do campo da Ciência da Computação. Visamos, especialmente, os cientistas da computação em campos como engenharia mecânica, engenharia civil, engenharia elétrica, bioengenharia, física e química, que usam a computação para facilitar seu campo de pesquisa. Dessa forma, esses cientistas são tanto especialistas em seu domínio quanto programadores avançados. O livro utiliza a técnica de construir sobre as habilidades de programação em C. Para ensinar programação paralela em C usamos C para CUDA™, um ambiente de programação paralela que é suportado nas GPUs NVIDIA e emulado em CPUs menos paralelas. Existem aproximadamente 200 milhões desses processadores nas mãos de consumidores e profissionais, e mais de 40 mil programadores usando CUDA ativamente. As aplicações que você desenvolver como parte da experiência de aprendizado poderão ser executadas por uma comunidade de usuários muito grande.

Como usar o livro

Gostaríamos de oferecer parte de nossa experiência no ensino do curso ECE498AL usando o material detalhado neste livro.

Uma abordagem em três fases

No curso ECE498AL, as aulas e os trabalhos de programação são equilibrados e organizados em três fases:

Fase 1: Uma aula baseada no Capítulo 3 é dedicada ao ensino do modelo básico de memória/*threading* da CUDA, as extensões CUDA à linguagem C e as ferramentas básicas de programação/depuração. Após a aula, os alunos podem escrever um código simples de multiplicação paralela de matrizes em algumas horas.

Fase 2: A próxima fase é uma série de 10 aulas que dão aos alunos o conhecimento *conceitual* do modelo de memória CUDA, o modelo de *threading* CUDA, as características de desempenho da GPU, arquiteturas modernas de sistemas de computação e os padrões comuns de programação paralela de dados necessários para desenvolver uma aplicação paralela de alto desempenho. Essas aulas são baseadas nos Capítulos 4 a 7. O desempenho dos seus códigos de multiplicação de matrizes aumenta em cerca de 10 vezes nesse período. Os alunos também realizam trabalhos sobre convolução, redução de vetor e varredura de prefixo durante esse período.

Fase 3: Quando os alunos tiverem estabelecido habilidades sólidas de programação CUDA, as aulas restantes abordam o pensamento computacional, uma variedade maior de modelos de execução paralela e princípios de programação paralela. Essas aulas são baseadas nos Capítulos 8 a 11. (As gravações de voz e vídeo dessas aulas estão disponíveis on-line no endereço http://courses.ece.illinois.edu/ece498/al.)

Articulando tudo: o projeto final

Embora as aulas, laboratórios e capítulos deste livro ajudem a estabelecer a base intelectual para os alunos, o que articula a experiência de aprendizado é o projeto final. O projeto final é tão importante para o curso que é posicionado de forma destacada e merece o foco por quase 2 meses. Ele incorpora cinco aspectos inovadores: aconselhamento, seminário, clínica, relatório final e simpósio. (Embora grande parte da informação sobre o projeto final esteja disponível no website do curso ECE498AL: http://courses.ece.illinois.edu/ece498/al, gostaríamos de oferecer o pensamento por trás da concepção desses projetos.)

Os alunos são encorajados a escolher seus projetos finais baseados em problemas que representam desafios atuais na comunidade de pesquisa. Para disparar o processo, os instrutores recrutam vários grupos de pesquisa importantes em ciência da computação para proporem problemas e servirem como mentores. Os mentores são solicitados a contribuírem com uma planilha de especificação de projeto de uma a duas páginas, que descreve resumidamente o significado da aplicação, o que o mentor gostaria de realizar com as equipes de alunos na aplicação, as habilidades técnicas (casos específicos dos cursos de Matemática, Física, Química) exigidas para entender e trabalhar na aplicação, e uma lista de materiais tradicionais da Web que os alunos podem utilizar para obter base técnica, informações gerais e blocos de montagem, juntamente com URLs ou caminhos FTP específicos para implementações em particular e exemplos de codificação. Essas planilhas de especificações de projeto também oferecem aos alunos experiências de aprendizado na definição dos seus próprios projetos de pesquisa mais adiante em suas carreiras. (Vários exemplos estão disponíveis no website do curso ECE498AL.)

Os alunos também são encorajados a estar em contato com seus mentores em potencial durante o processo de seleção de seus projetos. Uma vez que os alunos e os mentores entram em acordo sobre um projeto, eles entram em um relacionamento fechado, consistindo em consulta frequente e relatório de projeto. Nós instrutores tentamos facilitar o relacionamento colaborativo entre os alunos e seus mentores, tornando isso uma experiência muito valiosa para mentores e alunos.

O seminário de projetos

O principal veículo para a turma inteira contribuir para as ideias do projeto final uns dos outros é o seminário de projetos. Normalmente, dedicamos seis períodos de aula para os seminários de projetos. Os seminários são preparados para o benefício dos alunos. Por exemplo, se um aluno tiver identificado um projeto, o seminário serve como um canal para apresentar o pensamento preliminar, obter opiniões e recrutar colegas. Se um aluno não tiver identificado um projeto, ele ou ela pode simplesmente assistir às apresentações, participar das discussões e se juntar a uma das equipes de projeto. Os alunos não recebem notas durante os seminários, a fim de manter uma atmosfera mais calma e permitir que eles focalizem um diálogo significativo com o(s) instrutor(e/s), assistentes de ensino e o restante da turma.

Os horários do seminário são planejados de modo que os instrutores e assistentes de ensino possam dedicar algum tempo para dar opiniões às equipes de projeto e para que os alunos possam fazer perguntas. As apresentações são limitadas a 10 minutos, para que haja tempo para opiniões e perguntas durante o período da aula. Isso limita o tamanho da turma a cerca de 36 apresentadores, considerando períodos de aula de 90 minutos. Todas as apresentações são previamente carregadas em um PC, a fim de controlar o horário estritamente e maximizar o tempo para opiniões. Como nem todos os alunos se apresentam no seminário, conseguimos acomodar até 50 alunos em cada turma, com o tempo extra do seminário disponível conforme a necessidade.

Os instrutores e assistentes precisam se comprometer em assistir a todas as apresentações e oferecer opiniões úteis. Os alunos normalmente precisam de mais ajuda para responderem às perguntas a seguir. Primeiro, os projetos são muito grandes ou muito pequenos para a quantidade de tempo disponível? Segundo, existe trabalho suficiente no campo, do qual o projeto possa se beneficiar? Terceiro, os cálculos estão sendo direcionados para a execução paralela apropriada ao modelo de programação CUDA?

O documento de design

Quando os alunos decidem sobre um projeto e formam uma equipe, eles precisam submeter um documento de design para o projeto. Isso os ajuda a refletir nas etapas do projeto antes que embarquem nele. A capacidade de realizar tal planejamento será importante para o sucesso de sua carreira futura. O documento de design deverá discutir a base e a motivação para o projeto, objetivos em nível de aplicação e impacto em potencial, principais características da aplicação final, uma visão geral do seu design, um plano de implementação, seus objetivos de desempenho, um plano de verificação e teste de aceitação e um cronograma do projeto.

Os assistentes de ensino mantêm uma clínica de projeto para as equipes do projeto final, durante a semana anterior ao simpósio em sala de aula. Essa clínica ajuda a garantir que os alunos estão no caminho certo e que identificaram o quanto antes as barreiras em potencial do processo. As equipes de alunos deverão chegar à clínica com um rascunho inicial das três versões a seguir de sua aplicação: (1) O melhor código sequencial da CPU em termos de desempenho, com SSE2 e outras otimizações que estabelecem uma forte base serial do código para suas comparações de ganho de velocidade; (2) O melhor código paralelo CUDA em termos de desempenho. Essa versão é a saída principal do projeto; (3)

Uma versão do código sequencial da CPU que é baseada no mesmo algoritmo da versão 3, usando precisão simples. Essa versão é usada pelos alunos para caracterizar a sobrecarga do algoritmo paralelo em termos de computações extras envolvidas.

As equipes de alunos deverão estar preparadas para discutir as principais ideias usadas em cada versão do código, quaisquer questões de precisão em ponto flutuante, qualquer comparação com resultados anteriores da aplicação e o potencial impacto no grande ganho de velocidade no campo em que o projeto se enquadra. Pela nossa experiência, o momento ideal para a clínica é uma semana antes do simpósio em sala de aula. Antes disso, os projetos estão menos maduros e as sessões são menos significativas. Depois disso, os alunos não terão tempo suficiente para revisarem seus projetos de acordo com o resultado da clínica.

O relatório de projeto

Os alunos deverão submeter um relatório de projeto sobre as principais descobertas de sua equipe. Seis períodos de aula são combinados em um simpósio de um dia inteiro em sala de aula. Durante o simpósio, os alunos utilizam períodos de apresentação proporcionais ao tamanho das equipes. Durante a apresentação, os alunos destacam as melhores partes de seu relatório de projeto para o benefício da turma inteira. A apresentação representa uma parte significativa das notas dos alunos. Cada aluno deverá responder às perguntas dirigidas a ele/ela individualmente, de modo que diferentes notas podem ser dadas aos indivíduos na mesma equipe. O simpósio é uma oportunidade importante para os alunos aprenderem a produzir uma apresentação concisa, que motive seus colegas a lerem um artigo inteiro. Após sua apresentação, os alunos também entregam um relatório completo em seu projeto final.

Suplementos on-line

As tarefas de laboratório, orientações para projeto final e especificações de exemplo de projeto estão disponíveis aos instrutores que utilizam este livro para suas aulas. Embora este livro ofereça o conteúdo intelectual para essas aulas, o material adicional será essencial para conseguir os objetivos gerais da educação. Gostaríamos de convidá-lo a tirar proveito do material on-line que acompanha este livro, que está disponível no website da editora, em www.elsevier.com.br/kirk.

Finalmente, gostaríamos de saber sua opinião. Gostaríamos de saber se você tem alguma ideia para melhorar este livro e o material suplementar on-line. Naturalmente, também queremos saber a sua opinião sobre o que gostou no livro.

David B. Kirk e Wen-mei W. Hwu

Agradecimentos

Agradecemos especialmente a Ian Buck, o pai da CUDA, e John Nickolls, o arquiteto chefe da Tesla GPU Computing Architecture. Suas equipes criaram uma excelente infra-estrutura para este curso. Ashutosh Rege e a equipe DevTech da NVIDIA contribuíram para os slides originais e o conteúdo utilizado no curso ECE498AL. Bill Bean, Simon Green, Mark Harris, Manju Hedge, Nadeem Mohammad, Brent Oster, Peter Shirley, Eric Young e Cyril Zeller providenciaram comentários de revisão e correções dos manuscritos. Nadeem Mohammad organizou os esforços de revisão da NVIDIA e também ajudou a planejar o Capítulo 11 e o Apêndice B. Os esforços heroicos de Nadeem foram essenciais para a concretização deste livro.

Também agradecemos a Jensen Huang por oferecer muitos recursos financeiros e humanos para o desenvolvimento do curso. A equipe de Tony Tamasi contribuiu bastante para a crítica e revisão dos capítulos do livro. Jensen também gastou tempo para ler os primeiros rascunhos dos capítulos e nos deu um retorno valioso. David Luebke facilitou os recursos de computação em GPU para o curso. Jonah Alben ofereceu ideias valiosas. Michael Shebanow e Michael Garland nos ofereceram palestras e contribuíram com materiais.

John Stone e Sam Stone em Illinois contribuíram com grande parte do material de base para o estudo de caso e capítulos sobre OpenCL. John Stratton e Chris Rodrigues contribuíram com algum material de base para o capítulo sobre pensamento computacional. I-Jui "Ray" Sung, John Stratton, Xiao-Long Wu, Nady Obeid contribuíram para o material de laboratório e ajudaram a revisar o material do curso, sendo voluntários trabalhando como assistentes de ensino em relação à sua pesquisa. Laurie Talkington e James Hutchinson ajudaram a determinar as primeiras palestras, que serviram como base para os cinco primeiros capítulos. Mike Showerman ajudou a montar duas gerações de clusters de computação em GPU para o curso. Jeremy Enos trabalhou incansavelmente para garantir que os alunos tenham um cluster de computação em GPU estável e facilitado para trabalhar em suas tarefas de laboratório e projetos.

Agradecemos a Dick Blahut, que nos desafiou a montar o curso no Illinois. Suas lembranças constantes de que precisávamos escrever o livro nos ajudaram a seguir em frente. Beth Katsinas conseguiu uma reunião entre Dick Blahut e o vice-presidente da NVIDIA Dan Vivoli. Através desse encontro, Blahut foi apresentado a David e o convidou para vir até o Illinois e montar o curso com Wen-mei.

Também agradecemos a Thom Dunning, da Universidade do Illinois, e Sharon Glotzer, da Universidade do Michigan, codiretores da multiuniversidade *Virtual School of Computational Science and Engineering*, por gentilmente hospedar a versão do curso de verão. Trish Barker, Scott Lathrop, Umesh Thakkar, Tom Scavo, Andrew Schuh e Beth McKown ajudaram a organizar o curso de verão. Robert Brunner, Klaus Schulten, Pratap Vanka, Brad Sutton, John Stone, Keith Thulborn, Michael Garland, Vlad Kindratenko, Naga Govindaraj, Yan Xu, Arron Shinn e Justin Haldar contribuíram para as palestras e discussões de painel na escola de verão.

Nicolas Pinto testou as primeiras versões dos primeiros capítulos em sua turma no MIT e montou um excelente conjunto de comentários e opiniões de correção. Steve Lumetta e Sanjay Patel lecionaram versões do curso e nos deram opiniões valiosas. John Owens gentilmente nos permitiu usar alguns de seus slides. Tor Aamodt, Dan Connors, Tom Conte, Michael Giles, Nacho Navarro e diversos outros instrutores e seus alunos do mundo inteiro nos deram opiniões valiosas. Michael Giles revisaram os capítulos do rascunho semifinal em detalhes e identificaram muitos erros de digitação e inconsistências.

Agradecemos, especialmente, aos nossos colegas Kurt Akeley, Al Aho, Arvind, Dick Blahut, Randy Bryant, Bob Colwell, Ed Davidson, Mike Flynn, John Hennessy, Pat Hanrahan, Nick Holonyak, Dick Karp, Kurt Keutzer, Dave Liu, Dave Kuck, Yale Patt, David Patterson, Bob Rao, Burton Smith, Jim Smith e Mateo Valero, que gastaram tempo compartilhando suas ideias conosco no decorrer dos anos.

Somos humildemente gratos pela generosidade e entusiasmo de todas as pessoas incríveis que contribuíram para o curso e para o livro.

David B. Kirk e Wen-mei W. Hwu

Sumário

CAPÍTULO 1

Introdução

Sumário do Capítulo

Introdução

Microprocessadores baseados em uma única unidade central de processamento (CPU), como aqueles na família Intel® Pentium® e na família AMD® Opteron®, impulsionaram aumentos de desempenho e reduções de custo nas aplicações de computador por mais de duas décadas. Esses devices trouxeram giga (bilhões) operações de ponto flutuante por segundo (GFLOPS) para o desktop e centenas de GFLOPS para os servidores em cluster. E o contínuo impulso de melhoria de desempenho tem permitido que o software de aplicação ofereça mais funcionalidade, tenha melhores interfaces com o usuário e gere resultados melhores. Os usuários, por sua vez, pedem ainda mais melhorias, uma vez os usuários, acostumados com essas melhorias, demandem mais capacidades, criando um ciclo positivo para a indústria de computadores.

Durante o processo, a maior parte dos desenvolvedores de software contou com os avanços no hardware para aumentar a velocidade de suas aplicações; o mesmo software simplesmente roda mais rápido à medida que cada nova geração de processadores é introduzida. Esse impulso, porém, diminuiu desde 2003 devido a questões de consumo de energia e dissipação de calor, que limitaram o aumento da frequência de clock e o nível de tarefas que podiam ser realizadas em cada período de clock dentro de uma única CPU. Praticamente todos os fabricantes de microprocessador passaram para modelos em que várias unidades de processamento, conhecidas como *núcleos*, são usadas em cada chip para aumentar o poder de processamento. Essa mudança exerceu um impacto tremendo sobre a comunidade de desenvolvimento de software [Sutter 2005].

Tradicionalmente, a grande maioria das aplicações de software é escrita como programas sequenciais, conforme descrito por von Neumann [1945] em seu relatório embrionário. A execução desses programas pode ser compreendida por um ser humano percorrendo o código em sequência. Historicamente, os usuários de computador se acostumaram com a expectativa de que esses programas rodam mais rapidamente a cada nova geração de microprocessadores. Essa expectativa não será mais estritamente válida daqui para frente. Um programa sequencial só rodará em um núcleo, que não se tornará muito mais rápido do que os disponíveis atualmente. Sem a melhoria no desempenho, os desenvolvedores de aplicação não poderão mais introduzir novos recursos e capacidades em seu software à medida que novos microprocessadores forem introduzidos, reduzindo assim as oportunidades de crescimento da indústria de computadores inteira.

Ao invés disso, os softwares que continuarão a gozar da melhoria de desempenho a cada nova geração de microprocessadores serão formados por programas paralelos, em que vários *threads* de execução cooperam para completar o trabalho mais rapidamente. Esse novo incentivo, dramaticamente escalado para o desenvolvimento de programa paralelo, tem sido conhecido como a *revolução da concorrência* [Sutter 2005]. A prática da programação paralela de forma alguma é novidade. A comunidade de computação de alto desempenho tem desenvolvido programas paralelos há décadas. No entanto estas só funcionavam em computadores de grande escala, muito caros, nos quais somente algumas aplicações de elite podiam justificar o seu uso, limitando, desse modo, a prática da programação paralela a um pequeno número de desenvolvedores de aplicações.

Agora que todos os novos microprocessadores são computadores paralelos, o número de aplicações que precisam ser desenvolvidas como programas paralelos aumentou dramaticamente. Hoje existe uma grande necessidade de que os desenvolvedores de software aprendam programação paralela, que é o foco deste livro.

1.1 GPUs como computadores paralelos

Desde 2003, a indústria de semicondutores tem estabelecido duas trajetórias principais para o projeto de microprocessador [Hwu 2008]. A trajetória de múltiplos núcleos (*multicore*) busca manter a velocidade de execução dos programas sequenciais enquanto se move para múltiplos núcleos. Os múltiplos núcleos começaram como processadores de dois núcleos, sendo que o número de núcleos praticamente dobra a cada nova geração de semicondutor. Um exemplo atual é o recente microprocessador Intel Core i7, que tem quatro núcleos processadores, cada um sendo um processador independente, com emissão de múltiplas instruções, implementando todo o conjunto de instruções x86; o microprocessador admite *hyperthreading* com duas *threads* de hardware e foi projetado para maximizar a velocidade de execução dos programas sequenciais.

Por outro lado, a trajetória baseada em muitos núcleos (*many-core*) foca-se mais na execução de várias aplicações paralelas. Os muitos núcleos começaram como um grande número de núcleos muito menores e, tal como na arquitetura com múltiplos núcleos, os núcleos dobram a cada geração. Um exemplar atual é a unidade de processamento gráfico (GPU — Graphics Processing Unit) GeForce®® GTX 280 da NVIDIA®, com 240 núcleos, cada um deles sendo maciçamente *multithreaded*, ordenado, com execução de instruções únicas, que compartilha sua cache de controle e instrução com sete outros núcleos. Processadores com muitos núcleos, especialmente as GPUs, têm liderado a corrida do desempenho em ponto flutuante desde 2003. Esse fenômeno é ilustrado na Figura 1.1. Embora o ritmo de melhoria de desempenho dos micro-processadores de uso geral tenha desacelerado significativamente, o das GPUs continua a melhorar incessantemente. Em 2009, a razão entre GPUs com muitos núcleos e CPUs com múltiplos núcleos para a vazão máxima do cálculo de ponto flutuante era cerca de 10 para 1. E essas não são velocidades de aplicação necessariamente atingíveis, mas apenas a medição bruta que os recursos de execução potencialmente podem admitir nesses chips: 1 teraflops (1000 gigaflops) contra 100 gigaflops em 2009.

A tão grande lacuna de desempenho entre a execução paralela e a sequencial chegou a um acúmulo de "potencial elétrico" significativo, e em algum ponto algo terá de ceder. Chegamos a esse ponto agora. No momento, essa grande lacuna de desempenho já motivou muitos desenvolvedores de aplicações a mudarem os trechos computacionalmente intensas de seu software para execução em GPUs. Não é de se surpreender que essas partes também sejam o principal alvo da programação paralela — quando há mais trabalho a fazer, há mais oportunidade para dividir o trabalho entre trabalhadores cooperando paralelamente.

Pode-se perguntar por que existe uma lacuna de desempenho tão grande entre GPUs com muitos núcleos e CPUs com múltiplos núcleoss de uso geral. A resposta se encontra nas diferenças entre as filosofias de projeto fundamentais nos dois tipos de processadores, conforme ilustraremos na Figura 1.2. A arquitetura de uma CPU é otimizada para o desempenho de código sequencial. Ela utiliza uma lógica de controle sofisticada para permitir que instruções de uma única *thread* de execução sejam executadas em paralelo ou mesmo

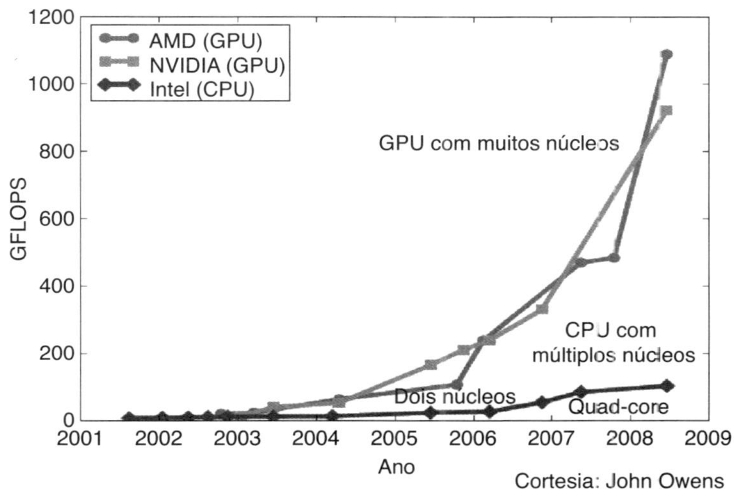

Figura 1.1

Crescente diferencial de performance entre GPUs e CPUs.

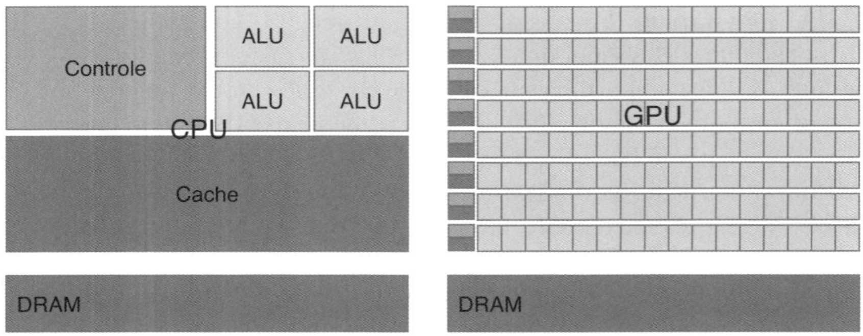

Figura 1.2

CPUs e GPUS têm filosofias de projeto fundamentalmente diferentes.

fora de sua ordem sequencial, enquanto mantêm a aparência de execução sequencial. Mais importante, grandes memórias cache são fornecidas para reduzir as latências de acesso a instruções e dados de aplicações grandes e complexas. Nem a lógica de controle nem as memórias cache contribuem para a velocidade máxima de cálculo. Em 2009, os novos microprocessadores com múltiplos núcleos de uso geral tinham normalmente quatro núcleos processadores grandes para fornecer um desempenho alto para o código sequencial.

A largura de banda da memória é outra questão importante. Os chips gráficos têm operado em aproximadamente 10 vezes a largura de banda dos chips de CPU disponíveis na mesma época. No final de 2006, o GeForce®® 8800 GTX, ou simplesmente G80, foi capaz de mover dados em cerca de 85 gigabytes por segundo (GB/s) para dentro e para fora de sua memória de acesso aleatório dinâmica (DRAM) principal. Devido aos requisitos de *frame buffer* e o modelo de memória relaxada — o modo como vários softwares de sistemas, aplicações e devices de entrada/saída (E/S) esperam que seus acessos à memória funcionem —, os processadores de uso geral precisam satisfazer os requisitos dos sistemas operacionais, aplicações e devices de E/S, o que torna a largura de banda da memória mais difícil de aumentar. Ao contrário, com modelos de memória mais simples e menos restrições associadas, os projetistas da GPU podem alcançar uma largura de banda de memória mais alta com facilidade. O chip mais recente da NVIDIA®, GT200, admite cerca de 150 GB/s. A largura de banda de memória do sistema microprocessador provavelmente não ultrapassará os 50 GB/s nos próximos 3 anos, de modo que as CPUs continuarão a estar em desvantagem em termos de largura de banda de memória por algum tempo.

A filosofia de projeto das GPUs é modelada pela crescente indústria de videogames, que exerce uma tremenda pressão econômica para a capacidade de realizar um número maciço de cálculos de ponto flutuante por quadro. Essa demanda motiva os fabricantes de GPU a procurarem maneiras de maximizar a área do chip e o consumo de energia dedicados aos cálculos de ponto flutuante. A solução que prevalece até o momento é otimizar para a vazão de execução do número maciço de *threads*. O hardware tira proveito de um grande número de *threads* de execução para encontrar trabalho para fazer, enquanto alguns deles estão esperando por acessos à memória de longa latência, minimizando assim a lógica de controle exigida para cada *thread* de execução. Pequenas memórias cache são fornecidas para ajudar a controlar os requisitos de largura de banda dessas aplicações, de modo que múltiplas *threads* acessando os mesmos dados da memória não precisam ir todas até a DRAM. Como resultado, muito mais área útil do chip é dedicada aos cálculos de ponto flutuante.

Deve ficar claro agora que as GPUs são projetadas como mecanismos de cálculo numérico, e elas não funcionarão bem em algumas tarefas em que as CPUs são naturalmente projetadas para funcionar bem; portanto, é de se esperar que a maioria das aplicações usará tanto CPUs quanto GPUs, executando as partes sequenciais na CPU e as partes numericamente intensivas nas GPUs. É por isso que o modelo de programação CUDA (Compute Unified Device Architecture), introduzido pela NVIDIA® em 2007, foi projetado para admitir a execução conjunta CPU/GPU de uma aplicação.[1]

Também é importante observar que o desempenho não é o único fator de decisão quando os desenvolvedores de aplicação escolhem os processadores para rodar suas aplicações. Vários outros fatores podem ser ainda mais importantes. Primeiro e mais importante, os processadores escolhidos precisam ter, sobretudo, uma presença muito grande no mercado, conhecida como a base de instalação do processador. O motivo é muito simples. O custo do desenvolvimento de software é melhor justificado por uma população de clientes muito grande. As aplicações que são executadas em um processador que tem pequena presença no mercado não terão uma grande base de clientes. Esse tem sido um problema grave dos sistemas de computação paralela tradicionais, que possuem uma ínfima presença no mercado em comparação com os microprocessadores de uso geral. Somente algumas aplicações de elite, patrocinadas pelo governo e grandes corporações, tiveram sucesso nesses sistemas de computação paralela tradicionais. Isso mudou com o advento das GPUs com muitos núcleos, porque, devido à sua popularidade no mercado de PC, centenas de milhões de GPUs foram vendidas. Praticamente todos os PCs possuem GPUs. Os processadores G80 e seus sucessores venderam mais de 200 milhões de unidades até agora. Essa é a primeira vez que a computação maciçamente paralela foi viável com um produto do mercado em massa, o que tem tornado essas GPUs economicamente atraentes para desenvolvedores de aplicação.

Outros fatores de decisão importantes são: forma e acessibilidade. Até 2006, as aplicações de software paralelas normalmente eram executadas em *data centers* ou clusters específicos, mas esses ambientes de execução costumavam limitar o uso dessas aplicações; por exemplo, em uma aplicação como radiologia médica, é comum publicar um artigo baseado em uma máquina de cluster de 64 nós, mas as aplicações clínicas reais em máquinas de ressonância magnética (MRI) são todas baseadas em alguma combinação de um PC e aceleradores de hardware especiais. O motivo simples é que fabricantes como GE e Siemens não podem vender MRIs com clusters para ambientes clínicos, o que é comum em ambientes acadêmicos. De fato, o National Institutes of Health (NIH) recusou-se a patrocinar projetos de programação paralela por algum tempo; eles acharam que o impacto do software paralelo seria limitado porque máquinas imensas baseadas em cluster

[1] Veja no Capítulo 2 uma base sobre a evolução da computação em GPU e a criação da CUDA.

não funcionariam no ambiente clínico. Hoje, a GE entrega produtos MRI com GPUs, e o NIH patrocina pesquisa usando computação em GPU.

Outra consideração importante na seleção de um processador para executar aplicações de cálculo numérico é o suporte para o padrão de ponto flutuante estipulado pelo Institute of Electrical and Electronics Engineers (IEEE). O padrão possibilita ter resultados previsíveis entre processadores de diferentes fornecedores. Embora o suporte para o padrão de ponto flutuante do IEEE não fosse forte nas primeiras GPUs, isso também tem mudado para as novas gerações de GPUs desde a introdução do G80. Conforme discutiremos no Capítulo 7, o suporte de GPU para o padrão de ponto flutuante do IEEE tornou-se comparável ao das CPUs, e como resultado, pode-se esperar que mais aplicações numéricas sejam transferidas para GPUs e gerem resultados comparáveis às CPUs. Atualmente, um problema importante que ainda permanece é que as unidades aritméticas de ponto flutuante das GPUs são principalmente de precisão simples; porém, isso está mudando com as GPUs recentes, cuja velocidade de execução em precisão dupla aproxima-se da metade daquela de precisão simples, um nível alcançado pelos núcleos de CPU de última geração, tornando as GPUs adequadas para ainda mais aplicações numéricas.

Até 2006, os chips gráficos eram muito difíceis de usar, pois os programadores tinham que usar o equivalente das funções da API gráfica para acessar os núcleos processadores, significando que técnicas de OpenGL® ou Direct3D® eram necessárias para programar esses chips. Essa técnica era chamada GPGPU, uma abreviação em inglês para "programação de uso geral usando uma unidade de processamento gráfico". Mesmo com um ambiente de programação de nível mais alto, o código básico ainda é limitado pelas APIs, que limitam os tipos de aplicações que se pode realmente escrever para esses chips. É por isso que somente algumas poucas pessoas poderiam dominar as habilidades necessárias para usá-los a fim de conseguir desempenho voltado para um número limitado de aplicações; consequentemente, esse paradigma não se tornou um fenômeno de programação generalizado, e, apesar disso, essa tecnologia foi suficientemente interessante para inspirar alguns esforços heroicos e resultados excelentes.

Tudo mudou em 2007 com o lançamento da CUDA [NVIDIA® 2007]. A NVIDIA® realmente dedicou área do silício para facilitar a comodidade da programação paralela, de modo que isso não representou uma mudança apenas no software; hardware adicional foi acrescentado ao chip. No G80 e seus chips sucessores para computação paralela, programas CUDA não passam mais pela interface gráfica. Ao invés disso, uma nova interface de programação paralela de uso geral no chip atende as solicitações dos programas CUDA. Além do mais, todas as outras camadas de software também foram refeitas, de modo que os programadores podem usar as ferramentas de programação C/C++ tradicionais. Alguns dos nossos alunos tentaram realizar suas tarefas de laboratório usando a antiga interface de programação baseada em OpenGL, e sua experiência os ajudou a apreciar bastante as melhorias que eliminaram a necessidade de usar as APIs gráficas para aplicações de cálculo.

1.2 Arquitetura de uma GPU moderna

A Figura 1.3 mostra a arquitetura de uma GPU típica e preparada para CUDA. Ela é organizada em uma matriz de multiprocessadores de streaming (SMs) altamente encadeados. Na Figura 1.3, dois SMs formam um bloco; no entanto, o número de SMs em um bloco pode variar de uma geração de GPUs CUDA para outra geração. Além disso, cada SM na Figura 1.3 tem um certo número de processadores de streaming (SPs) que compartilham a lógica de controle e a cache de instruções. Cada GPU atualmente vem com até 4 gigabytes de DRAM GDDR (Graphics Double Data Rate), chamada de *memória global* na Figura 1.3. Essas DRAMs GDDR diferem das DRAMs do sistema na placa-mãe da CPU porque são basicamente a memória do frame buffer que é usada para os gráficos. Para aplicações gráficas, elas guardam imagens de vídeo e informação de textura para renderização tridimensional (3D), mas no cálculo elas funcionam como uma memória fora do chip, com largura de banda muito alta, embora com um pouco mais de latência do que a memória típica do sistema. Para aplicações maciçamente paralelas, a largura de banda mais alta gera a maior latência.

O G80 que introduziu a arquitetura CUDA tinha 86,4 GB/s de largura de banda de memória, mais uma largura de banda de comunicação de 8 GB/s com a CPU. Uma aplicação CUDA pode transferir dados da memória do sistema a 4 GB/s e ao mesmo tempo enviar dados de volta à memória do sistema em 4 GB/s. Ao todo, existe um total combinado de 8 GB/s. A largura de banda de comunicação é muito menor do que a largura de banda de memória e pode parecer uma limitação; contudo, a largura de banda do PCI Express® é comparável à largura de banda do barramento do sistema da CPU à memória do sistema, de modo que essa não é realmente a limitação que poderia parecer a princípio. A largura de banda de comunicação também deverá aumentar à medida que a largura de banda do barramento da CPU da memória do sistema crescer no futuro.

O chip maciçamente paralelo G80 tem 128 SPs (16 SMs, cada um com 8 SPs). Cada SP tem uma unidade de multiplicação-adição (MAD) e uma unidade de multiplicação. Com os 128 SPs, têm-se um total de mais de 500 gigaflops. Além disso, unidades de função especial realizam funções de ponto flutuante como raiz quadrada (SQRT), além de funções convencionais. Com 240 SPs, o GT200 ultrapassa 1 teraflops. Como cada SP é maciçamente encadeado (*threaded*), ele pode executar milhares de *threads* por aplicação. Uma boa aplicação normalmente executa 5000 a 12.000 *threads* simultaneamente nesse chip. Para aqueles que estão acostumados com *multithreading* simultâneo, observe que as CPUs Intel® admitem 2 ou 4 *threads*, dependendo do modelo da máquina, por núcleo. O chip G80 admite até 768 *threads* por SM, o que chega a cerca de 12.000 *threads* para esse chip. O GT200 mais recente admite 1024 *threads* por SM e até cerca de 30.000 *threads* para o chip. Assim, o nível de paralelismo admitido pelo hardware GPU está aumentando rapidamente. É muito importante aspirar a tais níveis de paralelismo ao desenvolver aplicações de computação paralela da GPU.

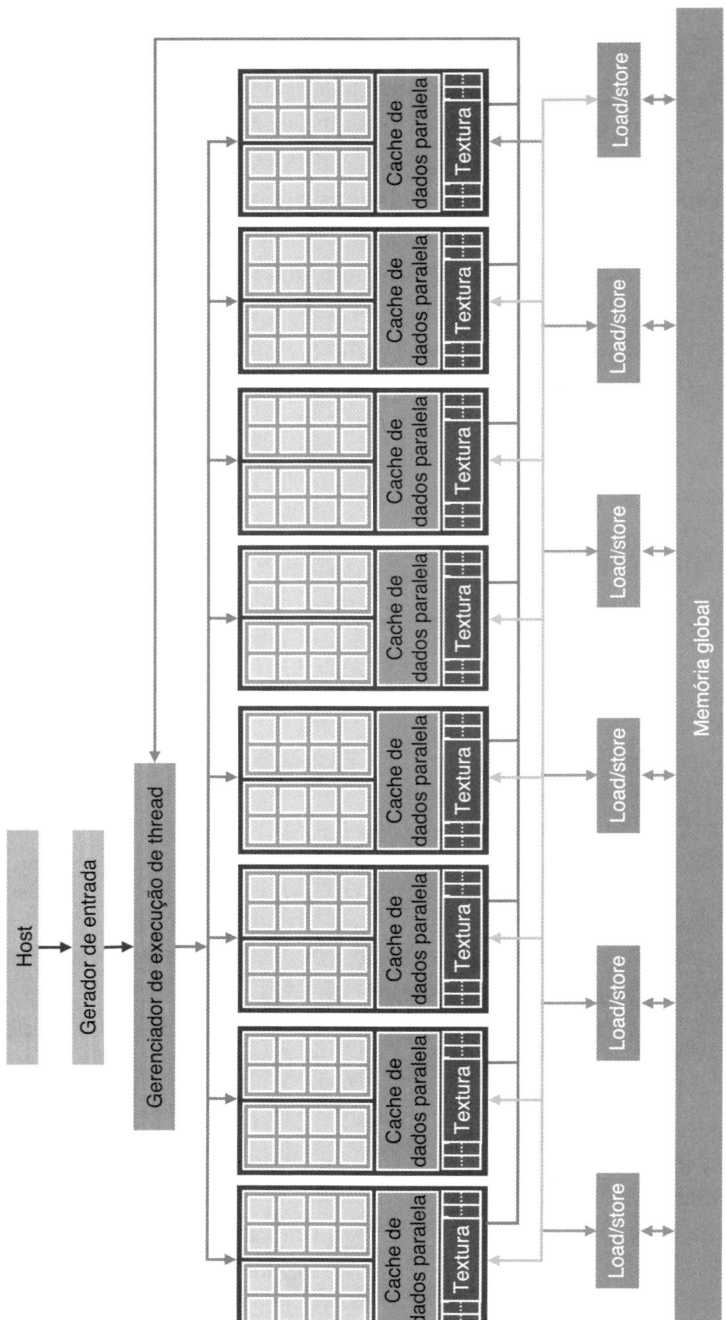

Figura 1.3

Arquitetura de uma GPU preparada para CUDA.

1.3 Por que mais velocidade ou paralelismo?

Conforme indicamos na Seção 1.1, a principal motivação da programação maciçamente paralela é para que as aplicações gozem de um aumento contínuo na sua velocidade nas gerações de hardware futuras. Pode-se questionar por que as aplicações continuarão a exigir maior velocidade. Muitas aplicações que temos hoje já parecem estar funcionando rapidamente. Conforme discutiremos nos capítulos de estudo de caso, quando uma aplicação é adequada para execução paralela, uma boa implementação em uma GPU pode conseguir um ganho de velocidade de mais de 100 vezes (100x) em relação à execução sequencial. Se a aplicação inclui o que chamamos de *paralelismo de dados*, normalmente é uma tarefa simples conseguir um ganho de velocidade de 10x com apenas algumas horas de trabalho. Para qualquer coisa além disso, convidamos você a continuar lendo!

Apesar das inúmeras aplicações de computação no mundo de hoje, muitas aplicações interessantes no mercado de massa do futuro serão o que atualmente consideramos como *aplicações de supercomputação*, ou *superaplicações*. Por exemplo, a comunidade de pesquisa biológica está passando cada vez mais para o nível molecular. Microscópios, comprovadamente o instrumento mais importante na biologia molecular, costumava contar com a instrumentação ótica ou eletrônica, mas existem limitações nas observações a nível molecular que podem ser feitas com esses instrumentos. Essas limitações podem ser efetivamente resolvidas incorporando um modelo computacional para simular as atividades moleculares básicas com condições de limite estabelecidas pela instrumentação tradicional. A partir da simulação, podemos medir ainda mais detalhes e testar mais hipóteses do que sequer poderia ser imaginado apenas com a instrumentação tradicional. Essas simulações continuarão a se beneficiar com o aumento da velocidade de computação no futuro, tanto em termos do tamanho do sistema biológico que pode ser modelado como a extensão do tempo de reação que pode ser simulado dentro de um tempo de resposta admissível. Essas melhorias terão implicações tremendas com relação à ciência e à medicina.

Para aplicações como codificação e manipulação de vídeo e áudio, considere nossa satisfação atual com a televisão de alta definição (HDTV) em relação ao antigo padrão de televisão *National Television System Committee* (NTSC). Quando experimentamos o nível de detalhe oferecido pela HDTV, é muito difícil voltar à tecnologia mais antiga. Entretanto, considere todo o processamento que é necessário para o HDTV. É tipicamente um processo bastante paralelo, tal como é o aparecimento de imagens e a visualização 3D. No futuro, novas funcionalidades, como síntese de visão e exibição em alta resolução dos vídeos de baixa resolução, exigirão que os aparelhos de televisão tenham mais poder de computação.

Entre os benefícios oferecidos pela maior velocidade de computação estão interfaces do usuário muito melhores. Considere as interfaces Apple® iPhone®; o usuário recebe uma interface muito mais natural com a tela sensível ao toque (touch screen) em comparação com outros devices celulares, embora o iPhone® tenha uma janela de tamanho limitado. Sem dúvida, as versões futuras desses devices incorporarão maior definição, perspectivas tridimensionais, interfaces de voz e visão baseadas em computador, exigindo ainda mais velocidade de computação.

Desenvolvimentos semelhantes estão a caminho no mercado de jogos eletrônicos. Imagine dirigir um carro em um jogo hoje; o jogo, na verdade, é simplesmente um conjunto de cenas previamente arranjadas. Se o seu carro bate em um obstáculo, o curso do seu veículo não muda; somente a pontuação do jogo muda. Suas rodas não são danificadas e não é mais difícil dirigir, não importa se você furou um pneu ou mesmo se perdeu uma roda. Com o incremento da velocidade de computação, os jogos podem ser baseados em simulação dinâmica, em vez de cenas previamente arranjadas. Podemos esperar ver mais desses efeitos realísticos no futuro — acidentes danificarão suas rodas, e sua experiência de direção on-line será muito mais realística. Sabe-se que modelagem realística e a simulação de efeitos físicos exigem grandes quantidades de poder de computação.

Todas as novas aplicações que mencionamos envolvem a simulação de um mundo concorrente de diferentes maneiras e em diferentes níveis, com quantidades imensas de dados sendo processados. Esta quantidade imensa de dados colabora para que grande parte da computação possa ser feita em diferentes partes dos dados em paralelo, embora todos precisem ser reconciliados em algum ponto. As técnicas para fazer isso são bem conhecidas daqueles que trabalham com paralelismo regularmente. Dessa maneira, existem diversos níveis de detalhamento do paralelismo, mas o modelo de programação não deverá atrapalhar a implementação paralela, e o envio de dados precisa ser devidamente gerenciada. A CUDA inclui tal modelo de programação, juntamente com o suporte do hardware, que facilita a implementação paralela. Pretendemos ensinar aos desenvolvedores de aplicação as técnicas fundamentais para gerenciar a execução e a remessa de dados em paralelo.

Quanto ganho de velocidade pode ser esperado por paralelizar essas superaplicações? Isso depende da parte da aplicação que pode se tornar paralela. Se a porcentagem de tempo gasto na parte que pode ser paralelizada for 30%, um ganho de velocidade de 100x da parte paralela reduzirá o tempo de execução por volta de 29,7%. O ganho de velocidade para a aplicação inteira será apenas 1,4x. Na verdade, até mesmo uma quantidade infinita de ganho de velocidade na parte paralela só poderá retirar menos de 30% do tempo de execução, alcançando um ganho não superior a 1,43x. Por outro lado, se 99% do tempo de execução é na parte paralela, um ganho de velocidade de 100x reduzirá a execução da aplicação para 1,99% do tempo original. Isso dá à aplicação inteira um ganho de velocidade de 50x; portanto, é muito importante que uma aplicação tenha a grande maioria de sua execução na parte paralela, para que um processador maciçamente paralelo agilize efetivamente sua execução.

Os pesquisadores têm atingido ganhos de velocidade de mais de 100x para algumas aplicações; porém, isso normalmente é alcançado apenas depois de uma extensa parcela de otimização e ajuste, depois que os algoritmos tiverem sido melhorados, de modo que mais de 99,9% do tempo de execução da aplicação esteja na execução paralela. Em geral, a paralelização direta das aplicações normalmente satura a largura de banda da memória (DRAM), resultando em um ganho de velocidade de apenas 10x. O truque é descobrir como contornar as limitações da largura de banda da memória, o que envolve fazer uma das muitas transformações para utilizar as memórias especializadas no chip GPU, para reduzir drasticamente o número de acessos à DRAM. Contudo, deve-se otimizar ainda mais o código para contornar as limitações como a capacidade limitada da memória no chip. Um objetivo importante deste livro é ajudá-lo a entender totalmente essas otimizações e torná-lo habilitado nisso.

Lembre-se de que o nível de ganho de velocidade alcançado pela execução da CPU também pode refletir a adequação da CPU à aplicação. Em algumas aplicações, as CPUs funcionam muito bem, tornando mais difícil agilizar o desempenho usando uma GPU. A maioria das aplicações possui partes que podem ser executadas muito melhor pela CPU. Assim, é preciso dar à CPU uma boa chance de executar e garantir que o código seja escrito de tal modo que as GPUs *complementem* a execução da CPU, explorando assim devidamente as capacidades de computação paralela heterogêneas do sistema combinado CPU/GPU. É exatamente isso que o modelo de programação CUDA promove, conforme explicaremos melhor neste livro.

A Figura 1.4 ilustra as principais partes de uma aplicação típica. Grande parte do código de uma aplicação real costuma ser sequencial. Essas partes são consideradas como a área do caroço do pêssego; tentar aplicar técnicas de computação paralela a essas partes é como morder o caroço do pêssego — uma sensação desagradável! Tais fragmentos são muito difíceis de paralelizar, porém as CPUs costumam fazer um ótimo serviço nelas. A boa notícia é que , embora possam ocupar uma grande parte do código, elas costumam ser responsáveis por apenas uma pequena fração do tempo de execução das superaplicações.

Depois vêm as partes carnudas do pêssego, ou seja, são fáceis de paralelizar, tal como em algumas das primeiras aplicações gráficas. Por exemplo, a maioria das aplicações de radiologia médica de hoje ainda está rodando em combinações de clusters de microprocessadores e hardware de uso dedicado. O benefício de custo e tamanho das GPUs pode melhorar muito a qualidade dessas aplicações. Conforme ilustramos na Figura 1.4, as primeiras GPGPUs cobrem apenas uma pequena parte da seção carnuda, que corresponde a uma pequena parte das aplicações mais interessantes chegando nos próximos 10 anos. Conforme veremos, o modelo de programação CUDA é projetado para cobrir uma seção muito maior das partes carnudas do pêssego nas aplicações interessantes.

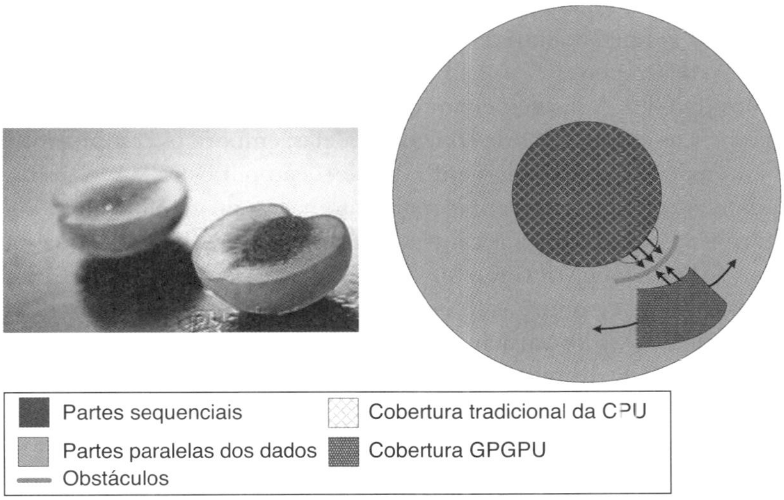

Figura 1.4

Cobertura das partes paralela e sequencial da aplicação.

1.4 Linguagens e modelos de programação paralela

Muitas linguagens e modelos de programação paralela têm sido propostos nas últimas décadas [Mattson 2004]. Os mais utilizados são a Message Passing Interface (MPI) para computação de cluster escalável e OpenMP para sistemas multiprocessadores com memória compartilhada. O MPI é um modelo no qual os nós de computação em um cluster não compartilham a memória [MPI 2009]; todo o compartilhamento e interação de dados devem ser feitos através de passagem explícita de mensagens. MPI tem tido sucesso na área da computação científica de alto desempenho. As aplicações escritas em MPI costumam funcionar com sucesso em sistemas de computação em cluster com mais de 100.000 nós. Entretanto, a quantidade de esforço exigida para transportar uma aplicação para MPI pode ser extremamente alta, devido à falta de memória compartilhada pelos nós de computação. A CUDA, por outro lado, oferece memória compartilhada para a execução paralela na GPU, para resolver essa dificuldade. Quanto à comunicação entre CPU e GPU, a CUDA atualmente oferece capacidade de memória compartilhada muito limitada entre a CPU e a GPU. Os programadores precisam gerenciar a transferência de dados entre a CPU e a GPU de uma maneira semelhante à passagem de mensagens "unilateral", uma capacidade cuja ausência na MPI tem sido considerada historicamente como um ponto fraco importante desta linguagem.

OpenMP tem suporte para memória compartilhada, de modo que oferece a mesma vantagem da CUDA nos esforços de programação; porém, ela não foi capaz de expandir além de algumas centenas de nós de computação, devido aos esforços adicionais de gerenciamento de *thread* e requisitos de hardware para coerência de cache. CUDA atinge uma escalabilidade muito maior com um gerenciamento de *threads* simples, com pouco esforço adicional, e nenhum requisito de hardware para coerência de cache. Porém, como veremos, CUDA não admite uma gama de aplicações tão grande quanto OpenMP, devido a esses dilemas de escalabilidade. Por outro lado, muitas superaplicações se encaixam bem no modelo de gerenciamento de *threads* simples da CUDA, e com isso aproveitam a escalabilidade e o desempenho.

Os aspectos da CUDA são semelhantes a MPI e OpenMP no sentido de que o programador gerencia as construções de código paralelas, embora os compiladores OpenMP façam mais automação no gerenciamento da execução paralela. Vários esforços de pesquisa em andamento visam acrescentar mais automação de gerenciamento de paralelismo e otimização de desempenho à cadeia de ferramentas CUDA. Os desenvolvedores experientes em MPI e OpenMP verão que CUDA é fácil de aprender, especialmente porque muitas das técnicas de otimização de desempenho são comuns entre esses modelos.

Mais recentemente, vários participantes da indústria, incluindo Apple®, Intel®, AMD/ATI® e NVIDIA®, desenvolveram juntamente um modelo de programação padronizado, chamado OpenCL [Khronos 2009]. Semelhante à CUDA, o modelo de programação OpenCL define extensões da linguagem e APIs de runtime para permitir que os programadores gerenciem o paralelismo e a remessa de dados em processadores maciçamente paralelos. OpenCL é um modelo de programação padronizado no sentido de que as aplicações desenvolvidas em OpenCL podem ser executadas sem modificação em todos os processadores que admitam as extensões de linguagem e API OpenCL.

O leitor poderá perguntar por que o livro não é baseado em OpenCL. O motivo principal é que OpenCL ainda estava em sua infância quando este livro foi escrito. O nível das construções de programação em OpenCL ainda é mais baixo que CUDA, sendo muito mais tedioso de usar. Além disso, a velocidade alcançada em uma aplicação expressa em OpenCL ainda é muito menor do que em CUDA nas plataformas que admitem ambos. Como a programação de processadores maciçamente paralelos é motivada pela velocidade, esperamos que a maioria dos que programam esses tipos de processadores continuarão a usar CUDA em um futuro próximo. Finalmente, aqueles que estão acostumados com OpenCL e CUDA sabem que existe uma semelhança incrível entre os principais recursos de ambas; ou seja, um programador CUDA deverá ser capaz de aprender a programação OpenCL com o mínimo de esforço. Faremos uma análise mais detalhada dessas semelhanças em outra parte do livro.

1.5 Objetivos abrangentes

Nosso principal objetivo é ensinar a você, o leitor, como programar processadores maciçamente paralelos para alcançar alto desempenho, e nossa abordagem não exigirá muita especialização em hardware. Alguém já disse que, se você não se importa com o desempenho, a programação paralela é muito fácil. Você pode literalmente escrever um programa paralelo em uma hora. Porém, vamos dedicar muitas páginas a materiais sobre como realizar programação paralela de *alto desempenho*, e acreditamos que isso se tornará fácil quando você desenvolver a mentalidade correta e caminhar na direção certa. Em particular, focalizaremos as técnicas de *raciocínio computacional* que lhe permitirão refletir sobre os problemas de maneiras receptivas à computação paralela de alto desempenho.

Observe que os recursos da arquitetura de hardware possuem restrições. A programação paralela de alto desempenho na maior parte dos chips exigirá algum conhecimento de como o hardware realmente funciona. Provavelmente, serão necessários mais 10 anos antes que possamos criar ferramentas e máquinas para que a maior parte dos programadores possa trabalhar sem esse conhecimento. Não ensinaremos arquitetura de computador como um tópico separado; em vez disso, ensinaremos o conhecimento essencial sobre arquitetura de computador como parte de nossas discussões sobre técnicas de programação paralela de alto desempenho.

Nosso segundo objetivo é ensinar programação paralela para funcionalidade e confiabilidade corretas, o que constituirá uma questão sutil na computação paralela. Aqueles que já trabalharam com sistemas paralelos no passado sabem que alcançar um desempenho inicial não é suficiente. O desafio é alcançá-lo de modo que você possa depurar o código e dar suporte aos usuários. Mostraremos que, com o modelo de programação CUDA que focaliza o paralelismo de dados, pode-se alcançar tanto alto desempenho quanto alta confiabilidade em suas aplicações.

Nosso terceiro objetivo é alcançar escalabilidade pelas gerações de hardware futuras explorando técnicas para programação paralela de modo que as máquinas do futuro, que serão mais e mais paralelas, possam executar seu código mais rapidamente do que as máquinas de hoje. Queremos ajudá-lo a dominar a programação paralela de modo que seus programas possam se expandir até o nível de desempenho das novas gerações de máquinas.

Muito conhecimento técnico será exigido para alcançar esses objetivos, de modo que abordaremos muitos princípios e padrões de programação paralela neste livro. Contudo, não podemos garantir que todos eles serão cobertos, e por isso selecionamos várias das técnicas mais úteis e comprovadas para explicar com detalhes. Para complementar o seu conhecimento e habilidade, incluímos uma lista de literatura recomendada. Agora, estamos prontos para lhe oferecer uma visão geral rápida do restante do livro.

1.6 Organização do livro

O Capítulo 2 revê a história da computação em GPU. Ele começa com um breve resumo da evolução do hardware gráfico em direção à maior facilidade de programação e depois discute o movimento histórico GPGPU. Muitas das características e limitações atuais das GPUs CUDA têm suas raízes nesses desenvolvimentos históricos. Uma boa compreensão desses desenvolvimentos históricos ajudará o leitor a entender melhor o estado atual e as tendências futuras da evolução do hardware que continuará a ter impacto nos tipos de aplicações que se beneficiarão com CUDA.

O Capítulo 3 introduz a programação CUDA. Esse capítulo conta com o fato de que os alunos já tiveram experiência anterior com a programação C. Primeiro, ele introduz CUDA como uma extensão simples e pequena à linguagem C, dando suporte à computação heterogênea conjunta, entre CPU/GPU, bem como ao modelo bastante utilizado de programação paralela *Single-Program, Multiple-Data* (SPMD). Depois ele aborda os processos de pensamento envolvidos em: (1) identificar a parte dos programas de aplicação a serem paralelizados, (2) isolar os dados a serem usados pelo código paralelizado usando uma função da API para alocar memória no device de computação paralela, (3) usar uma função da API para transferir dados para o device de computador paralelo, (4) desenvolver uma função do kernel que será executada por *threads* individuais na parte paralelizada, (5) disparar uma função do kernel para execução pelas *threads* paralelas e, (6) por fim, transferir os dados de volta ao processador (*host*) com uma chamada de função da API. Embora o objetivo do Capítulo 3 seja ensinar conceitos suficientes do modelo de programação CUDA para que os leitores possam escrever um programa CUDA paralelo simples, ele, na realidade, explica várias habilidades básicas necessárias para desenvolver uma aplicação paralela com base em qualquer modelo de programação paralela. Usamos um exemplo contínuo de multiplicação de matriz-matriz para concretizar esse capítulo.

Os Capítulos de 4 a 7 foram elaborados para dar aos leitores um conhecimento mais profundo do modelo de programação CUDA. O Capítulo 4 explica o modelo de organização e execução de *threads* exigido para entender totalmente o comportamento da execução das *threads*, bem como conceitos básicos de desempenho. O Capítulo 5 é dedicado às memórias especiais que podem ser usadas para manter variáveis CUDA a fim de melhorar a velocidade de execução do programa. O Capítulo 6 introduz os principais fatores que contribuem para o desempenho de uma função do kernel CUDA. O Capítulo 7 introduz a representação de ponto flutuante e conceitos como precisão e exatidão. Embora esses capítulos sejam baseados em CUDA, eles ajudam os leitores a acumularem uma base para a programação paralela em geral. Acreditamos que os humanos entendem melhor quando aprendemos de baixo para cima; ou seja, primeiro precisamos aprender os conceitos no contexto de um modelo de programação em particular, o que nos dá uma base sólida para generalizar nosso conhecimento para outros modelos de programação. Ao fazermos isso, podemos nos basear em nossa experiência concreta a partir do modelo CUDA. Uma experiência profunda com esse modelo também nos permite obter maturidade, que nos ajudará a aprender conceitos que podem nem sequer ser pertinentes a ele.

Os Capítulos 8 e 9 são estudos de caso de duas aplicações reais, que fazem os leitores refletirem sobre os processos de pensamento para paralelizar e otimizar suas aplicações a fim de obter ganhos de velocidade significativos. Para cada aplicação, começamos identificando modos alternativos de formular a estrutura básica da execução paralela e seguimos raciocinando a respeito das vantagens e desvantagens de cada alternativa. Depois, percorremos os passos da transformação de código necessária para alcançar um alto desempenho. Esses dois capítulos ajudam os leitores a consolidarem todo o material dos capítulos anteriores e se prepararem para os seus próprios projetos de desenvolvimento de aplicação.

O Capítulo 10 generaliza as técnicas de programação paralela nos princípios de decomposição de problema, estratégias de algoritmo e pensamento computacional. Ele faz isso abordando o conceito de organização das tarefas de computação de um programa de modo que possam ser feitas em paralelo. Começamos discutindo sobre o processo tradutório da organização dos conceitos científicos abstratos para tarefas computacionais, um primeiro passo importante na produção de software de aplicação de qualidade, serial ou paralelo. O capítulo, então, aborda as estruturas do algoritmo paralelo e seus efeitos sobre o desempenho da aplicação, que é baseado na experiência de ajuste de desempenho com CUDA. O capítulo termina com um tratamento dos estilos e modelos de programação paralela, permitindo que os leitores coloquem seu conhecimento em um contexto mais amplo. Com esse capítulo, os leitores podem começar a generalizar a partir do estilo de programação SPMD para outros estilos de programação paralela, como paralelismo de loop em OpenMP e "*fork-join*" na programação *p-thread*. Embora não nos aprofundemos nesses estilos alternativos de programação paralela, esperamos que os leitores sejam capazes de aprender a programar em qualquer um deles com a base obtida neste livro.

O Capítulo 11 introduz o modelo de programação OpenCL do ponto de vista de um programador CUDA. O leitor verá que OpenCL é extremamente semelhante a CUDA. A diferença mais importante está no uso que a OpenCL faz das funções de API para implementar funcionalidades como disparo do kernel e identificação de *thread*. O uso das funções de API torna OpenCL mais complexa de usar; apesar disso, um programador CUDA tem todo o conhecimento e habilidades necessárias para entender e escrever programas OpenCL. De fato, acreditamos que a melhor maneira de ensinar programação OpenCL é ensinar CUDA primeiro. Demonstramos isso com um capítulo que relaciona todos os principais recursos da OpenCL aos seus recursos CUDA correspondentes. Também ilustramos o uso desses recursos adaptando nossos exemplos CUDA simples para OpenCL.

O Capítulo 12 oferece alguns comentários finais e uma visão geral do futuro da programação maciçamente paralela. Revisamos nossos objetivos e resumimos como os capítulos se encaixam para ajudar a atingir a meta. Depois, apresentamos um breve estudo das principais tendências na arquitetura de processadores maciçamente paralelos e como essas tendências provavelmente afetarão a programação paralela no futuro. Concluímos com uma previsão de que esses avanços rápidos na computação maciçamente paralela a tornarão uma das áreas mais empolgantes na próxima década.

Referências e leitura adicional

HWU, W. W., Keutzer, K. & Mattson, T. (2008). The Concurrency Challenge. *IEEE Design and Test of Computers*, julho/agosto, 312–320.

Khronos Group. (2009). *The OpenCL Specification Version 1.0*. Beaverton, OR: Khronos Group. (http://www.khronos.org/registry/cl/specs/opencl-1.0.29.pd).MATTSON, T. G., Sanders, B. A. & Massingill, B. L. (2004). *Patterns of parallel programming*. Upper Saddle River, NJ: Addison-Wesley.

Message Passing Interface Forum. (2009). *MPI: A Message-Passing Interface Standard, Version 2.2*. Knoxville: University of Tennessee. (http://www.forum.org/docs/mpi-2.2/mpi22-report.pdf).

NVIDIA. (2007). *CUDA Programming Guide*. Santa Clara, CA: NVIDIA Corp.

OpenMP Architecture Review Board. (2005). *OpenMP Application Program Interface*. (http://www.openmp.org/mp-documents/spec25.pd). SUTTER, H. & Larus, J. (2005). Software and the concurrency revolution. *ACM Queue*, 3(7), 54–62.

NEUMANN, J von. (1945). *First Draft of a Report on the EDVAC*. Contract No. W-670-ORD-4926, U.S. Army Ordnance Department and University of Pennsylvania (reproduzido em Goldstine H. H. (Ed.), (1972). *The computer: From Pascal to Von Neumann*. Princeton, NJ: Princeton University Press).

WING, J. (2006). Computational Thinking. *Communications of the ACM*, 49(3), 33–35.

História da computação em GPU

CAPÍTULO 2

Sumário do Capítulo

Introdução

Para programadores CUDA™ e OpenCL™, as unidades de processamento gráfico (GPUs) são processadores de computação numérica maciçamente paralelos, programados em C com extensões. Não é preciso entender algoritmos gráficos ou sua terminologia para poder programar esses processadores. Porém, entender sua herança gráfica esclarece seus pontos fortes e fracos com relação aos principais padrões computacionais. Em particular, a história ajuda a compreender o raciocínio por trás das principais decisões de projeto arquitetural das GPUs programáveis modernas: *multithreading* maciço, memórias cache relativamente pequenas em comparação com as unidades centrais de processamento (CPUs) e projeto de interface de memória centrado na largura de banda. Observações sobre os desenvolvimentos históricos provavelmente também darão ao leitor o contexto necessário para projetar a evolução futura das CPUs como devices de computação.

2.1 Evolução das pipelines gráficas

O hardware da pipeline gráfica tridimensional (3D) evoluiu dos sistemas grandes e caros do início da década de 1980 para pequenas estações de trabalho e depois aceleradores de PC em meados a finais da década de 1990. Durante esse período, os subsistemas gráficos de maior desempenho caíram de preço de US$ 50.000 para US$ 200 e o desempenho, porém, aumentou de 50 milhões de pixels por segundo para 1 bilhão, e de 100.000 vértices por segundo para 10 milhões. Embora esses avanços tenham muito a ver com o encolhimento incessante dos devices semicondutores, eles também são o resultado de inovações nos algoritmos gráficos e projeto de hardware que têm modelado as capacidades físicas nativas das GPUs modernas.

O avanço marcante do desempenho do hardware gráfico tem sido controlado pela demanda do mercado por gráficos de alta qualidade e tempo real nas aplicações de computador. Num jogo eletrônico, por exemplo, é preciso renderizar cenas cada vez mais complexas em uma resolução cada vez maior, a uma taxa de 60 quadros por segundo. O resultado disso é que, durante os últimos 30 anos, a arquitetura gráfica evoluiu de uma pipeline simples para desenhar diagramas de wireframe para um projeto altamente paralelas, consistindo em várias pipelines altamente paralelas, capazes de renderizar as representações interativas complexas das cenas 3D. Ao mesmo tempo, muitas das funcionalidades do hardware envolvidas tornaram-se muito mais sofisticadas e programáveis pelo usuário.

2.1.1 A era das pipelines gráficas com função fixa

Desde o início dos anos 1980 até o final dos anos 1990, os gráficos de maior desempenho eram as pipelines de função fixa, que eram configuráveis mas não programáveis. Naquela mesma época, as principais bibliotecas de API gráfica tornaram-se populares. Uma API é um camada de software padronizada (ou seja, uma coleção de funções de biblioteca) que permite que aplicações (como jogos) usem serviços e funcionalidades do software ou do hardware. Uma API, por exemplo, pode permitir que um jogo envie comandos para uma unidade de processamento gráfico para desenhar objetos em um monitor. Uma API desse tipo é o DirectX™, uma API patenteada da Microsoft para funcionalidade de mídia. O componente Direct3D® da DirectX™ oferece funções de interface aos processadores gráficos. Outra API importante é o OpenGL®, uma API de padrão aberto aceita por vários fornecedores, e popular nas aplicações profissionais em workstation. A era da pipeline gráfica de função fixa corresponde aproximadamente às sete primeiras gerações da DirectX™.

A Figura 2.1 mostra um exemplo da pipeline gráfica de função fixa nas primeiras GPUs NVIDIA® GeForce®. A interface do host recebe comandos gráficos e dados da CPU. Os comandos normalmente são dados pelos programas de aplicação chamando uma função da API. A interface do host normalmente contém um hardware de acesso direto à memória (DMA) para transferir os dados em massa, de modo eficiente, entre a memória do sistema host e a pipeline gráfica. A interface do host também retorna dados de status e resultado da execução dos comandos.

Antes de descrevermos os outros estágios da pipeline, devemos esclarecer que o termo *vértice* normalmente se refere ao canto de um polígono. A pipeline gráfica do GeForce foi

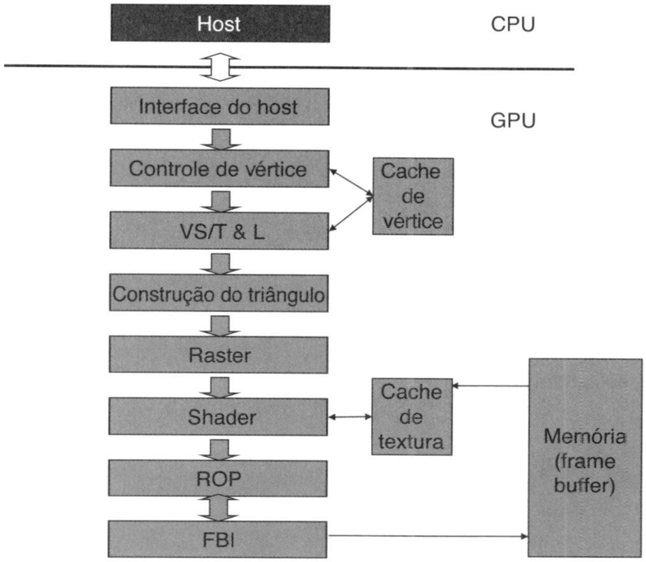

Figura 2.1

Pipeline gráfica da NVIDIA GeForce de função fixa.

projetada para renderizar triângulos, de modo que o termo *vértice* normalmente é usado neste caso para se referir aos cantos de um triângulo. A superfície de um objeto é desenhada como uma coleção de triângulos. Quanto menores os tamanhos do triângulos, geralmente melhor se torna a qualidade da figura. O estágio de controle de vértice na Figura 2.1 recebe dados de triângulo parametrizados da CPU e, então, converte-os do triângulo para uma forma que o hardware entenda e os coloque preparados na cache de vértices.

O estágio de sombreamento, transformação e iluminação de vértice (VS/T&L) na Figura 2.1 transforma os vértices e atribui valores individualmente (por exemplo, núcleos, normais, coordenadas de textura, tangentes). O sombreamento é feito pelo hardware de sombreamento (shader) de pixel. O shader de vértice pode atribuir uma cor a cada vértice, mas a cor não é aplicada aos pixels do triângulo por enquanto. O estágio de preparação do triângulo ainda cria equações de aresta que são usadas para interpolar núcleos e outros dados por vértice (como coordenadas de textura) entre os pixels contidos pelo triângulo. O estágio de rasterização (raster) determina quais pixels estão contidos em cada triângulo. Para cada um desses pixels, o estágio de rasterização interpola valores necessários para o sombreamento de pixel, incluindo a cor, a posição e a textura que será sombreada (pintada) no pixel.

O estágio do shader na Figura 2.1 determina a cor final de cada pixel. Esta pode ser gerada como um efeito combinado de muitas técnicas: interpolação de núcleos de vértice, mapeamento de textura, cálculo de iluminação por pixel, reflexões e outras. Muitos efeitos que tornam as imagens renderizadas mais realísticas são incorporados no estágio do shader. A Figura 2.2 ilustra o mapeamento de textura, uma das funcionalidades do estágio do shader. Ela mostra um exemplo em que uma textura de mapa do mundo é mapeada sobre um objeto esférico. Observe que o objeto esférico é descrito como uma grande coleção de

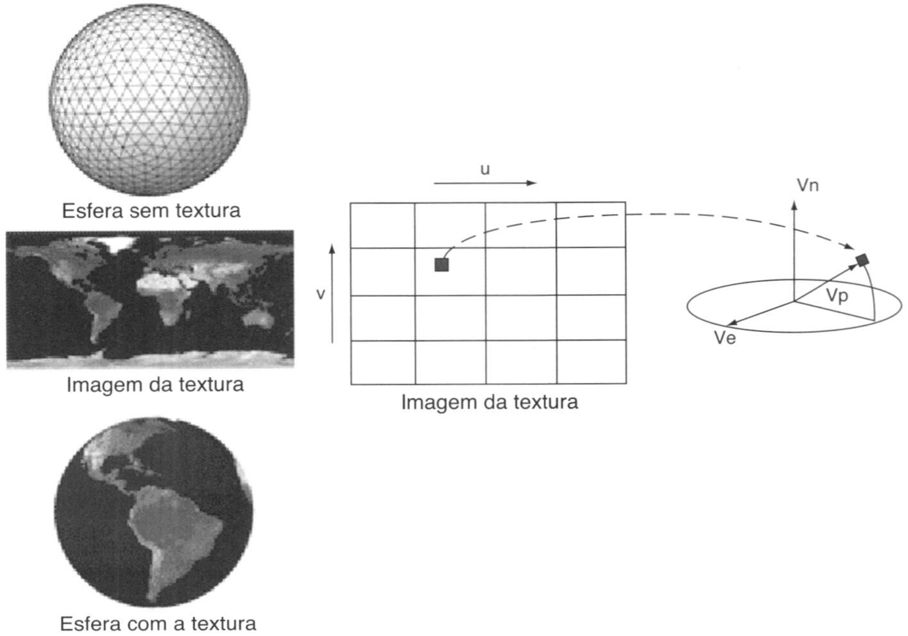

Figura 2.2

Exemplo de mapeamento de textura: pintando uma imagem de textura do mapa-múndi sobre um objeto esférico.

triângulos. Embora o estágio do shader deva realizar apenas um pequeno número de cálculo de transformação de coordenadas a fim de identificar as coordenadas exatas do ponto de textura que será pintado – em um ponto de um dos triângulos que descreve o objeto esférico –, o imenso número de pixels cobertos pela imagem requer que o estágio do shader realize um número muito grande de transformações de coordenadas para cada quadro.

O estágio de operação de rasterização (ROP) na Figura 2.2 realiza as operações de rastreio finais sobre os pixels, executando operações de interpolação de cor que misturam as núcleos dos objetos sobrepostos/adjacentes para os efeitos de transparência e suavização (antialiasing). Ele também determina os objetos visíveis para determinado ponto de vista e descarta os pixels obstruídos. Um pixel se torna obstruído quando é bloqueado pelos pixels de outros objetos, de acordo com o ponto de vista indicado.

A Figura 2.3 ilustra a suavização, uma das operações do estágio ROP. Observe os três triângulos adjacentes com um fundo preto. Na saída distorcida, cada pixel assume a cor de um dos objetos ou do fundo. A resolução limitada faz com que as arestas apareçam tortas e as formas dos objetos são distorcidas. O problema é que muitos pixels estão parcialmente em um objeto e parcialmente em outro, ou ainda no fundo. Forçar esses pixels a assumir a cor de um dos objetos gera distorção nas arestas dos objetos. A operação de suavização dá a cada pixel uma cor que é misturada, ou combinada linearmente, a partir das núcleos de todos os objetos e o fundo que sobrepõe parcialmente o pixel. A contribuição de cada objeto para a cor do pixel é a quantidade do pixel que o objeto sobrepõe.

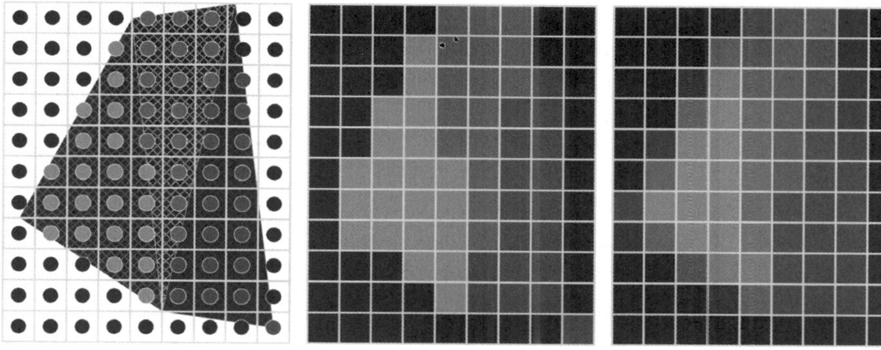

Figura 2.3

Exemplo de operações de suavização.

Finalmente, o estágio de interface do frame buffer (FBI) na Figura 2.1 controla as leituras e escritas da memória do frame buffer. Para monitores de alta resolução, existe um requisito de largura de banda muito alto no acesso ao frame buffer. Essa largura de banda é alcançada por duas estratégias. Uma delas é que a que as pipelines gráficas normalmente utilizam projetos de memória especiais que oferecem maior largura de banda do que as memórias do sistema. Segundo, a FBI controla simultaneamente múltiplos canais de memória que se conectam a múltiplos bancos de memória. A melhoria de largura de banda combinada aos múltiplos canais e às estruturas de memória especiais dão aos frame buffer uma largura de banda muito maior do que suas memórias de sistema contemporâneas. Essa alta largura de banda de memória tem continuado até o dia de hoje e tornou-se uma característica que distingue o moderno projeto de uma GPU.

Por duas décadas, cada geração de hardware e sua geração correspondente de API trouxeram melhorias incrementais para os diversos estágios da pipeline gráfica. Embora cada geração introduzisse recursos de hardware adicionais e facilidade de configuração aos estágios da pipeline, os desenvolvedores mais sofisticados continuem solicitando mais recursos novos, que potencialmente pudessem ser oferecidos como funções fixas embutidas. O próximo passo óbvio foi tornar alguns desses estágios da pipeline gráfica em processadores programáveis.

2.1.2 Evolução do hardware gráfico programável

Em 2001, a NVIDIA GeForce 3 deu o primeiro passo para alcançar a verdadeira possibilidade de programação geral do shader. Ela expôs o programador de aplicação, que antes era um conjunto de instruções internas, privadas, do mecanismo de vértice de ponto flutuante (estágio VS/T&L). Isso coincidiu com o lançamento das extensões dos vertex shaders DirectX 8 e OpenGL da Microsoft. GPUs mais recentes, na época do DirectX 9, estenderam a programabilidade geral e a capacidade de ponto flutuante para o estágio do pixel shaders e tornaram a textura acessível a partir do estágio do vertex shader.

A ATI Radeon™ 9700, introduzida em 2002, possuía um processador de pixel shader de ponto flutuante programável em 24 bits, programado com DirectX 9 e OpenGL. A GeForce FX acrescentou processadores de pixel de ponto flutuante em 32 bits. Esses processadores de pixel shader programáveis fizeram parte de uma tendência geral para unificar a funcionalidade dos diferentes estágios, conforme visto pelo programador de aplicação. A série GeForce 6800 e 7800 vinha com projetos de processador separados, dedicados ao processamento de vértice e pixel. A Xbox® 360 introduziu uma primeira GPU de processador unificado em 2005, permitindo que shaders de vértice e pixel sejam executados no mesmo processador.

Em pipelines gráficas, certos estágios fazem muita aritmética de ponto flutuante em dados completamente independentes, como a transformação das posições dos vértices de triângulo ou a geração de núcleos de pixel. Essa *independência de dados* como característica dominante da aplicação é uma diferença essencial entre a concepção de projeto para GPUs e CPUs. Um único quadro, renderizado a 1/60 de segundo, poderia ter um milhão de triângulos e 6 milhões de pixels. A oportunidade de usar paralelismo do hardware para explorar essa independência de dados é tremenda.

As funções específicas executadas em alguns estágios da pipeline gráfica variam com os algoritmos de renderização. Essa variação tem motivado os projetistas de hardware a tornar esses estágios da pipeline programáveis. Dois estágios programáveis em particular se destacam: o vertex shader e o pixel shader. Os programas de vertex shader mapeiam as posições dos vértices de triângulo na tela, alterando sua posição, cor ou orientação. Normalmente, uma *thread* do vertex shader lê uma posição de vértice em ponto flutuante (x, y, z, w) e calcula uma posição de tela em ponto flutuante (x, y, z). Os programas de shader de geometria operam sobre primitivas definidas por múltiplos vértices, alterando-os ou gerando primitivas adicionais. Os programas de vertex shader e os programas de shader de geometria são executados no estágio de shader de vértice (VS/T&L) da pipeline gráfica.

Um programa de shader calcula a contribuição de cor vermelha, verde, azul, alfa (RGBA) em ponto flutuante para a imagem renderizada em sua posição de imagem da amostra de pixel (x, y). Esses programas são executados no estágio do shader da pipeline gráfica. Para todos os três tipos de programas de shader de gráficos, as instâncias de programa podem ser executadas em paralelo, pois cada uma trabalha sobre dados independentes, produz resultados independentes e não possui efeitos colaterais. Tal propriedade tem motivado o projeto dos estágios de pipeline programáveis nos processadores maciçamente paralelos.

A Figura 2.4 mostra um exemplo de uma pipeline programável que emprega um processador de vértice e um processador de fragmento (pixel). O processador de vértice programável executa os programas designados para o estágio do shader de vértice, e o processador de fragmento programável executa os programas designados para o estágio de shader (pixel). Entre esses estágios da pipeline gráfica programável estão dezenas de estágios de função fixa que realizam tarefas bem definidas com muito mais eficiência do que um processador programável poderia e que se beneficiaria muito menos com a programabilidade. Por exemplo, entre o estágio de processamento de vértice e o estágio de processamento de pixel (fragmento) está o *rasterizador* (rasterização e interpolação), uma máquina de estado complexo que determina exatamente quais pixels (e partes deles) se encontram dentro dos limites de cada primitiva geométrica. Juntos, o conjunto de estágios programáveis e de função fixa é preparado para equilibrar o desempenho extremo com controle do usuário sobre os algoritmos de renderização.

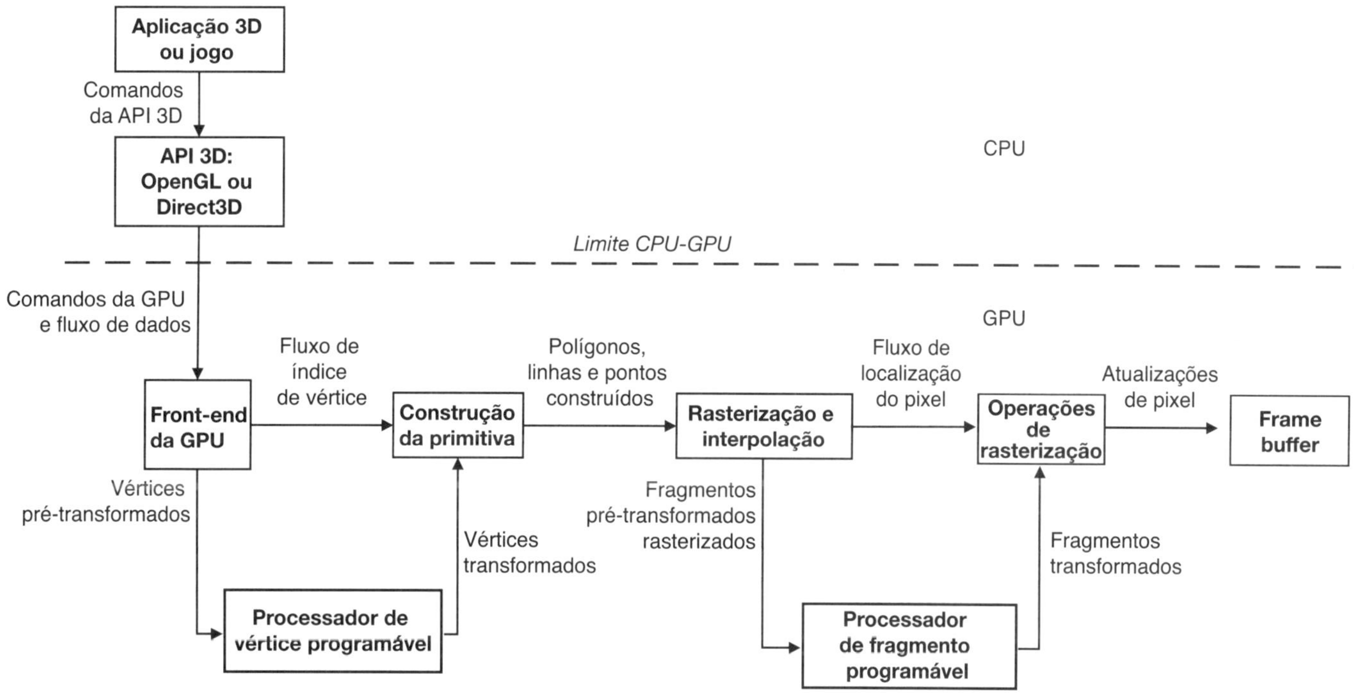

Figura 2.4

Exemplo de um processador de vértice e um processador de fragmento separados em uma pipeline gráfica programável.

Algoritmos de renderização comuns realizam uma única passada pelas primitivas de entrada e acessam outros recursos da memória de uma maneira altamente coerente. Ou seja, esses algoritmos tendem a acessar simultaneamente locais de memória contíguos, como todos os triângulos ou todos os pixels nas vizinhanças. Como resultado, esses algoritmos apresentam uma eficiência excelente na utilização de largura de banda da memória e são bastante insensíveis à latência da memória. Combinado com uma carga de trabalho de shader de pixel, que normalmente é limitada em cálculo, essas características têm guiado as GPUs ao longo de um caminho evolucionário, diferente das CPUs. Em particular, enquanto a área útil da CPU é dominada pelas memórias cache, as GPUs são dominadas pelo caminho de dados de ponto flutuante e lógica de função fixa. As interfaces de memória da GPU enfatizam a largura de banda sobre a latência (pois a latência pode ser prontamente ocultada pela execução maciçamente paralela); na realidade, a largura de banda normalmente é muitas vezes mais alta do que aquela usada numa CPU, ultrapassando os 100 GB/s em arquiteturas mais recentes.

2.1.3 Processadores unificados para processamento gráfico e computação genérica

Introduzida em 2006, a GPU GeForce 8800 mapeava os estágios gráficos programáveis separados em uma matriz de processadores unificados; a pipeline gráfica lógica é, fisicamente, um caminho recirculatório que visita esses processadores três vezes, com muita lógica gráfica de função fixa entre as visitas. Isso é ilustrado na Figura 2.5. A matriz de processadores unificados permite o particionamento dinâmico da matriz para sombreamento de vértice, processamento de geometria e processamento de pixel. Como diferentes algoritmos de renderização apresentam cargas muito diferentes entre os três estágios programáveis, essa unificação permite que o mesmo pool de recursos de execução seja alocado dinamicamente a diferentes estágios da pipeline e alcance um melhor balanceamento de carga.

O hardware GeForce 8800 corresponde à geração da API DirectX 10. Pela geração DirectX 10, a funcionalidade dos shaders de vértice e pixel se tornou idêntica para o programador, e um novo estágio lógico foi introduzido, o shader de geometria, para processar todos os vértices de uma primitiva, em vez dos vértices isoladamente. A GeForce 8800 foi projetada com o DirectX 10 em mente. Os desenvolvedores apareciam com algoritmos de sombreamento mais sofisticados, e isso motivou um aumento brusco na taxa de operação de shader disponível, particularmente em operações de ponto flutuante. A NVIDIA buscava um projeto de processador com frequência de clock de operação mais alta do que era permitido pelas metodologias da célula padrão, a fim de oferecer a vazão de operação desejada da forma mais eficiente possível em relação à área. Projetos com alta velocidade de clock exigem um esforço de engenharia substancialmente maior, favorecendo assim o projeto de uma matriz de processadores em vez de duas (ou três, devido ao novo estágio de geometria). Valia a pena assumir os desafios de engenharia de um processador unificado — balanceamento de carga e recirculação de uma pipeline lógica sobre *threads* da matriz de processadores — e ao mesmo tempo buscar os benefícios do projeto de um processador. Esse projeto preparou o caminho para o uso da matriz de processador GPU programável para a computação numérica geral.

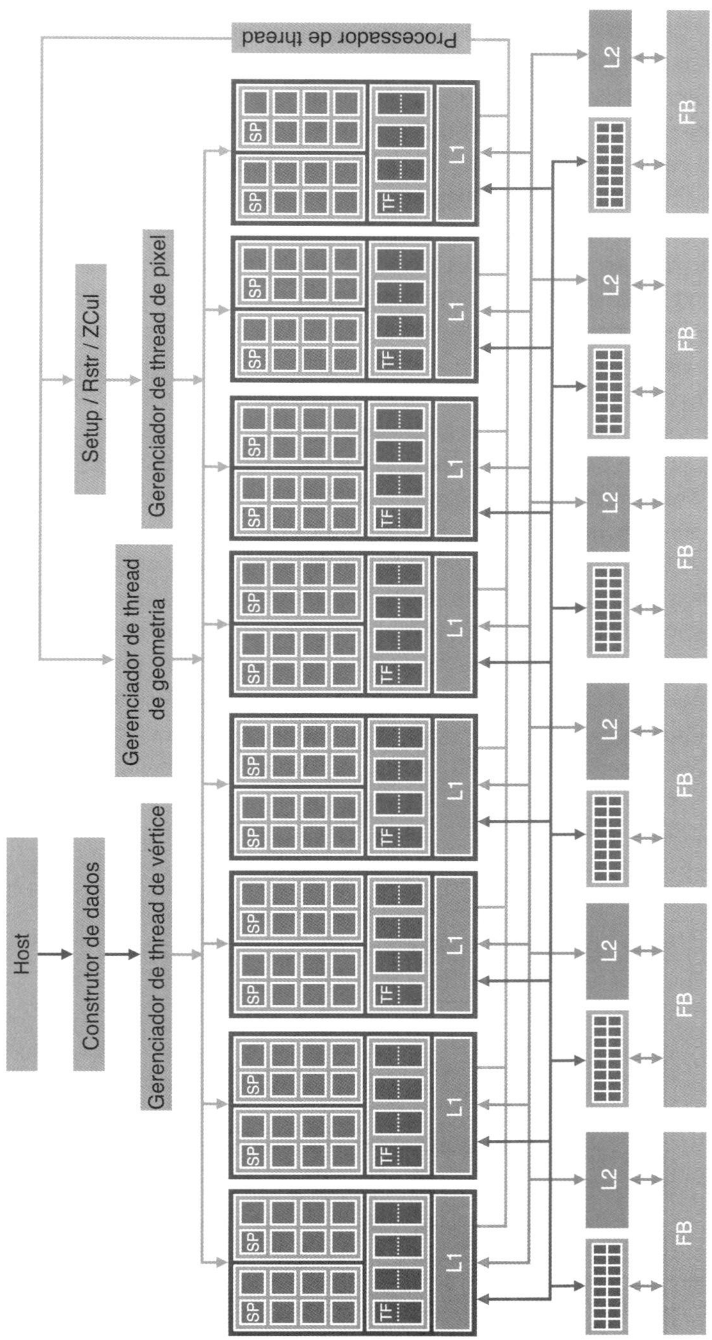

Figura 2.5

Matriz de processador programável unificado da pipeline gráfica GeForce 8800 GTX.

2.1.4 GPGPU: Um passo intermediário

Enquanto os projetos de hardware GPU evoluíam para processadores mais unificados, eles ficavam cada vez mais semelhantes aos computadores paralelos de alto desempenho. Quando apareceram as GPUs aptas para DirectX 9, alguns pesquisadores ficaram atentos ao caminho de crescimento de desempenho bruto das GPUs, e começaram a explorar o uso das GPUs para resolver problemas científicos e de engenharia que requeriam um uso intensivo de cálculo; porém, GPUs DirectX 9 haviam sido projetadas apenas para combinar com os recursos exigidos pelas APIs gráficas. Para acessar os recursos de cálculo, um programador tinha que converter seu problema para operações gráficas nativas de modo que o cálculo pudesse ser iniciado através de chamadas OpenGL ou DirectX. Para executar muitos casos simultâneos de uma função de cálculo, por exemplo, o cálculo tinha que ser escrito como um shader de pixel. O conjunto de dados de entrada tinha que ser armazenado em imagens de textura e emitido para a GPU submetendo-se triângulos (com uma junção para a forma de um retângulo, se isso fosse o desejado). A saída tinha que ser convertida como um conjunto de pixels gerados a partir das operações de rasterização.

O fato de que a matriz de processador GPU e a interface de memória do frame buffer fossem projetados para processar dados gráficos provou ser muito restritivo para aplicações numéricas gerais. Em particular, os dados de saída dos programas de shader são pixels isolados cujos locais de memória foram predeterminados; assim, a matriz de processador gráfico é projetada com capacidade muito restrita para leitura e escrita da memória. A Figura 2.6 ilustra a capacidade limitada do acesso à memória nas primeiras matrizes de processador de shader programável; os programadores de shader precisavam usar a textura para acessar locais de memória quaisquer para seus dados de entrada. Pior ainda, os shaders não tinham meios de realizar escritas com endereços de memória calculados, conhecidas como *operações de dispersão* (ou *scatter*), na memória. A única maneira de escrever um resultado na memória era emiti-lo como um valor de cor de pixel e configurar o estágio

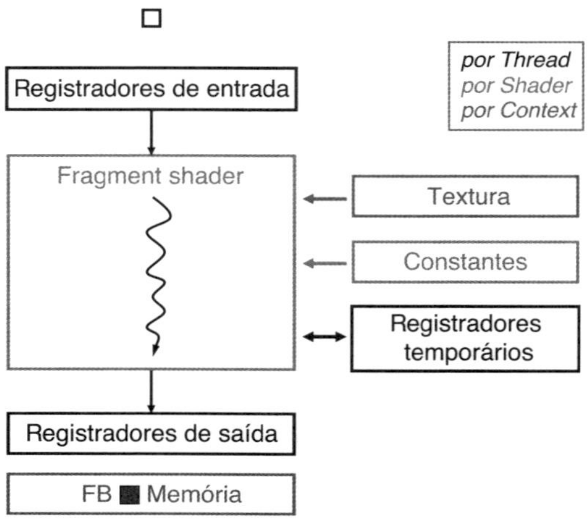

Figura 2.6

Capacidades restritas para entrada e saída de um modelo de programação de shader.

de operação do frame buffer para escrever (ou misturar, se for desejado) o resultado em um frame buffer bidimensional. Além do mais, a única maneira de obter o resultado de uma passada de cálculo para a seguinte era escrever todos os resultados paralelos em um frame buffer de pixel, depois usá-lo como uma entrada de mapa de textura para o shader de fragmento de pixel do próximo estágio do cálculo. Também não havia tipos de dados definidos pelo usuário; a maioria dos dados tinha de ser armazenada em matrizes de vetores com um, dois ou quatro componentes. O mapeamento de cálculos gerais para uma GPU nessa época tornou-se muito desajeitado. Apesar disso, intrépidos pesquisadores demonstraram algumas aplicações úteis com esforços compenetrados. Esse campo foi chamado de "GPGPU", uma sigla em inglês para computação de uso geral em GPUs.

2.2 Computação em GPU

Enquanto desenvolvia a arquitetura de GPU Tesla™, a NVIDIA observou que sua utilidade em potencial seria muito maior se os programadores pudessem pensar na GPU como um processador. A NVIDIA selecionou uma técnica de programação em que os programadores declarariam explicitamente os aspectos paralelos dos dados de sua carga de trabalho.

Para a geração de gráficos DirectX™ 10, a NVIDIA já havia começado a trabalhar em um processador de ponto flutuante e inteiros de alta eficiência, que poderia executar uma série de cargas de trabalho simultâneas para dar suporte à pipeline gráfica lógica. Os projetistas da arquitetura de GPU Tesla foram mais adiante. Os processadores de shader tornaram-se totalmente programáveis, com uma grande memória de instruções, cache de instruções e lógica de controle de sequência de instruções. O custo desses recursos de hardware adicionais foi reduzido por haver múltiplos processadores de shader para compartilhar sua cache de instruções e lógica de controle de sequência de instruções. Esse estilo de projeto funciona bem com aplicações gráficas, pois o mesmo programa de shader precisa ser aplicado a um número maciço de vértices ou pixels. A NVIDIA acrescentou instruções de leitura e escrita de memória com capacidade para endereçamento aleatório do byte, para dar suporte aos requisitos dos programas C compilados. Para programadores de aplicações não gráficas, a arquitetura de GPU Tesla introduziu um modelo de programação mais genérico, com uma hierarquia de *threads* paralelas, sincronismo de barreira e operações atômicas para despachar e gerenciar o trabalho de cálculo altamente paralelo. A NVIDIA também desenvolveu o compilador CUDA C/C++, bibliotecas e software de *runtime* para permitir que os programadores rapidamente acessassem o novo modelo de computação paralela de dados e desenvolvessem aplicações. Os programadores não precisam mais usar a API gráfica para acessar as capacidades de computação paralela da GPU. O chip G80 era baseado na arquitetura Tesla e foi usado na GeForce 8800 GTX, que foi seguido mais tarde pelo G92 e o GT200.

2.2.1 GPUs escaláveis

A escalabilidade tem sido um recurso atraente dos sistemas gráficos desde o início. Nos primeiros dias, os sistemas gráficos de estação de trabalho davam aos clientes uma escolha no poder de processamento do pixel. Variando o número de placas do circuito processador de pixels instaladas. Antes de meados da década de 1990, a expansão da capacidade gráfica no PC era quase inexistente. Havia uma opção: o controlador VGA. Quando começaram a surgir aceleradores aptos para 3D, houve espaço no mercado para uma grande variedade de ofertas. Em 1998, a 3dfx introduziu a expansão multiplacas com sua Scan Line Interleave (SLI) original em seu Voodoo2, que manteve o auge do desempenho para a sua época. Também em 1998, a NVIDIA introduziu produtos distintos como variantes de uma única arquitetura com Riva TNT Ultra (alto desempenho) e Vanta (baixo custo), primeiro por "speed binning" (testar para ver o quanto o chip aguenta) e empacotamento, depois com projetos de chip separados (GeForce 2 GTS e GeForce 2 MX). Atualmente, para determinada geração de arquitetura, quatro ou cinco projetos de chip separados são necessários para cobrir toda a faixa de desempenho e preço do PC desktop. Além disso, existem segmentos separados nos sistemas de notebook e workstation (estação de trabalho). Depois de adquirir a 3Dfx em 2001, a NVIDIA deu continuidade ao conceito de SLI multi-GPU; por exemplo, o GeForce 6800 oferece escalabilidade multi-GPU transparentemente ao programador e ao usuário. O comportamento funcional é idêntico por toda a faixa; uma aplicação funcionará sem alteração em qualquer implementação da família arquitetural.

Passando para a trajetória com múltiplos núcleos, as CPUs estão escalando mediante o aumento de transistores com múltiplos núcleos, aumentando o número de núcleos com desempenho individual quase constante, em vez de simplesmente aumentando o desempenho de um único núcleo. Quando este livro foi escrito, a indústria estava passando de CPUs quad-núcleo para hex-núcleo e oct-núcleo. Os programadores são forçados a achar um paralelismo quatro a oito vezes maior para utilizar esses processadores de forma plena. Muitos deles lançam mão de estratégias de paralelismo abrangentes, nas quais diferentes tarefas de uma aplicação são realizadas em paralelo. Essas aplicações precisam ser reescritas com frequência para que tenham mais tarefas paralelas para cada duplicação sucessiva da quantidade de núcleos. Ao contrário, as GPUs altamente *multithreaded* encorajam o uso do paralelismo de dados maciço, minucioso, em CUDA. O suporte eficiente para *threading* nas GPUs permite que as aplicações exponham uma quantidade muito maior de paralelismo do que os recursos de execução disponíveis no hardware, com pouca ou nenhuma penalidade. Cada duplicação da quantidade de núcleos da GPU oferece mais recursos de execução do hardware, que exploram mais do paralelismo exposto para um desempenho mais alto; ou seja, o modelo de programação paralela da GPU para a computação gráfica e paralela foi projetado para que tenha uma escalabilidade transparente e portável. Um programa gráfico ou um programa CUDA é escrito uma vez e executado em uma GPU com qualquer quantidade de núcleos.

2.2.2 Desenvolvimentos recentes

O trabalho acadêmico e industrial em aplicações usando CUDA tem produzido centenas de exemplos de programas CUDA bem-sucedidos. Muitos desses programas executam a aplicação dezenas ou centenas de vezes mais rápido do que as CPUs com múltiplos núcleos são capazes de executá-los. Com a introdução de ferramentas como MCUDA [Stratton 2008], as *threads* paralelas de um programa CUDA também podem ser executadas de modo mais eficiente em uma CPU com múltiplos núcleos, embora a uma velocidade inferior à das GPUs, devido aos menores níveis de recursos de execução em ponto flutuante. Alguns exemplos dessas aplicações são a simulação de *n* corpos (n-body), modelagem molecular, finanças computacionais e simulação de reservas de petróleo e gás. Embora muitos destes utilizem aritmética de ponto flutuante com precisão simples, alguns problemas exigem precisão dupla. A chegada do ponto flutuante com precisão dupla nas GPUs permitiu que uma faixa ainda maior de aplicações se beneficie com a aceleração da GPU.

Para uma lista abrangente e exemplos de desenvolvimentos atuais em aplicações que são aceleradas por GPUs, visite a CUDA Zone em http://www.nvidia.com/CUDA. Para obter recursos no desenvolvimento de aplicações de pesquisa, consulte a CUDA Research, em http://www.cuda-research.org.

2.3 Tendências futuras

Naturalmente, o número de núcleos processadores continuará a crescer em proporção aos aumentos nos transistores disponíveis, à medida que o processamento do silício é aprimorado. Além disso, as GPUs continuarão a desfrutar de uma evolução arquitetural vigorosa. Apesar de seu alto desempenho demonstrado em aplicações paralelas, os processadores-núcleo da GPU ainda são de um projeto relativamente simples. Técnicas mais contundentes serão introduzidas a cada nova arquitetura, para aumentar a utilização real das unidades de cálculo. Como a computação paralela escalável nas GPUs ainda é um campo recente, aplicações originais estão rapidamente sendo criadas. Estudando-as, os projetistas de GPU descobrirão e implementarão novas otimizações de máquina. O Capítulo 12 oferece mais detalhes sobre essas tendências futuras.

Referências e leitura adicional

AKELEY, K. (1993). Reality Engine Graphics. *Computer Graphics (SIGGRAPH 93)*, *27*, 109–116.

_______. & JERMOLUK, T. (1988). High-performance Polygon Rendering. *Computer Graphics* (SIGGRAPH 88), 22(4), 239–246.

BLELLOCH, G. B. (1990). Prefix Sums and Their Applications. In J. H. Reif (Ed.), *Synthesis of Parallel Algorithms*. San Francisco, CA: Morgan Kaufmann.

BLYTHE, D. (2006). The Direct3D 10 System. *ACM Transactions on Graphics*, *25* (3), 724–734.

BUCK, I., FOLEY, T., HORN, D., SUGERMAN, J., FATAHLIAN, K., HOUSTON, M., et al. (2004). Brooks for GPUs: Stream computing on graphics hardware. *ACM Transactions on Graphics*, *23*(3), 777–786 (http://doi.acm.org/10.1145/ 1186562.1015800).

ELDER, G. (2002). Radeon 9700. In *Proceedings of the ACM eurographics/SIG-GRAPH Workshop on Graphics Hardware 2002* (http://www.graphicshardware.org/previous/www_2002/presentations/Hot3D-RADEON9700.ppt).

FERNANDO, R. (Ed.), *GPU gems: Programming Techniques, Tips, and Tricks for Real-time Graphics*. Reading, MA: Addison-Wesley (http://developer.nvidia.com/object/gpu_gems_home.html).

_______. & KILGARD, M. J. (2003). *The Cg tutorial: The definitive guide to programmable real-time graphics*. Reading, MA: Addison-Wesley.

FOLEY, J., VAN DAM, A., FEINER, S. & HUGHES, J. *Interactive Computer Graphics: Principles and Practice, C edition* (2nd ed.). Reading, MA: Addison-Wesley.

HILLIS, W. D. & STEELE, G. L. (1986). Data parallel algorithms. *Communications of the ACM, 29*(12), 1170–1183 (http://doi.acm.org/10.1145/7902.7903).

IEEE 754R Working Group. (2006). *Standard for Floating-point Arithmetic P754 (Draft)*. Piscataway, NJ: Institute of Electrical and Electronics Engineers (http://www.validlab.com/754R/drafts/archive/2006-10-04.pdf).

Industrial Light and Magic. (2003). *OpenEXR*. San Mateo, CA: Industrial Light and Magic (www.openexr.com).

Intel. (2007). *Intel 64 and IA-32 Architectures Optimization Reference Manual*. Order No. 248966-016. Santa Clara, CA: Intel Corp. (http://www3.intel.com/ design/processor/manuals/248966.pdf).

KESSENICH, J., BALDWIN, D. & ROST, R. (2006). *The OpenGL[3] Shading Language, Language Version 1.20*. Madison, AL: 3Dlabs, Inc. (http://www.opengl.org/documentation/specs/).

KIRK, D. & Voorhies, D. (1990). The Rendering Architecture of the DN10000VS. *Computer Graphics* (SIGGRAPH 1990), 24(4), 299–307.

LINDHOLM, E., KILGARD, M. J. & MORETON, H. (2001). A User-programmable Vertex Engine. In *Proceedings of the 28th annual ACM Conference on Computer Graphics and Interactive Techniques* (pp. 149–158). Reading, MA: ACM Press/Addison-Wesley.

LINDHOLM, E., NICKOLLS, J., OBERMAN, S. & MONTRYM, J. (2008). NVIDIA Tesla: A Unified Graphics and Computing Architecture. *IEEE Micro, 28*(2), 39–55.

Microsoft. (2003). *Microsoft DirectX 9 Programmable Graphics Pipeline*. Redmond, WA: Microsoft Press.

Microsoft. (2009). *Microsoft DirectX Specification*. Redmond, WA: Microsoft Press (http://msdn.microsoft.com/directx/).

MONTRYM, J., BAUM, D., DIGNAM, D. & MIGDAL, C. (1997). InfiniteReality: A Real-time Graphics system. Em G. O. Owen, T. Whitted & B. Mones-Hattal (Eds.), *Proceedings of the 24th Annual ACM Conference on Computer Graphics and Interactive Techniques* (pp. 293–301). Reading, MA: ACM Press/Addison-Wesley.

MONTRYM, J. & MORETON, H. (2005). The GeForce 6800. *IEEE Micro, 25*(2), 41–51.

MOORE, G. E. (1965). Cramming More Components onto Integrated Circuits. *Electronics, 38*(8), 114–117.

NGUYEN, H. (Ed.), (2008). *GPU Gems 3*. Reading, MA: Addison-Wesley.

NICKOLLS, J., BUCK, I., GARLAND, M. & SKADRON, K. (2008). Scalable parallel programming with CUDA. *ACM Queue, 6*(2), 40–53.

NVIDIA. (2007a). *NVIDIA CUDA—Compute Unified Device Architecture, Programming Guide, Version 1.1* (http://developer.download.nvidia.com/compute/cuda/1_1/NVIDIA_CUDA_Programming_Guide_1.1.pdf).

NVIDIA. (2007b). *NVIDIA Compute—PTX: Parallel Thread Execution, ISA Version 1.1* (http://www.nvidia.com/object/io_1195170102263.html).

NVIDIA. (2009). *CUDA Zone* (http://www.nvidia.com/CUDA).

NYLAND, L., HARRIS, M. & PRINS, J. (2007). Fast N-body Simulation with CUDA. In H. Nguyen (Ed.), *GPU Gems 3*. Reading, MA: Addison-Wesley.

OBERMAN, S. F. & SIU, M. Y. (2005). A High-performance Area-efficient Multifunction Interpolator. Em *Proceedings of the 17th IEEE Symposium on Computer Arithmetic* (pp. 272–279). Cape Cod, MA.

PATTERSON, D. A. & HENNESSY, J. L. (2004). *Computer organization and design: The hardware/software interface* (3rd ed.). San Francisco, CA: Morgan Kaufmann.

PHARR, M. (Ed.) (2005). GPU Gems 2: Programming Techniques for High-performance Graphics and General-purpose Computation. Reading, MA: Addison Wesley.

SATISH, N., HARRIS, M. & GARLAND, M. *Designing Efficient Sorting Algorithms for Manynúcleo GPUs. Proc. 23rd IEEE int'l Parallel & Distributed Processing Symposium*, maio de 2009.

SEGAL, M. & AKELEY, K. (2006). *The OpenGL® Graphics System: A Specification, Version 2.1*. Mountain View, CA: Silicon Graphics (http://www.opengl.org/documentation/specs/).

SENGUPTA, S., HARRIS, M., ZHANG, Y. & OWENS, J. D. (2007). Scan Primitives for GPU Computing. Em T. Aila & M. Segal (Eds.), *Graphics Hardware* (pp. 97–106). San Diego, CA: ACM Press.

STRATTON, J. A., STONE, S. S. & HWU, W. W. (2008). MCUDA: An Efficient Implementation of CUDA Kernels for Multi-núcleo CPUs. In *Proceedings of the 21st International Workshop on Languages and Compilers for Parallel Computing (LCPC)*. Canadá: Edmonton.

VOLKOV, V. & DEMMEL, J. (2008). *LU, QR and Cholesky Factorizations Using Vector Capabilities of GPUs*. Relatório técnico UCB/EECS-2008-49. Berkeley: EECS Department, University of California (http://www.eecs.berkeley.edu/Pubs/TechRpts/2008/EECS-2008-49.html).

WILLIAMSS., Oliker, L., VUDUC, R., SHALF, J., YELICK, K. & DEMMEL, J. (2008). Optimization of Sparse Matrix-vector Multiplication on Emerging Multinúcleo Platforms. Em *Parallel Computing — Special Issue on Revolutionary Technologies for Acceleration of Emerging Petascale Applications*.

CAPÍTULO

Introdução a CUDA

3

Sumário do Capítulo

Introdução

Para um programador CUDA™, o sistema de computação consiste em um *host* (hospedeiro), que é uma unidade central de processamento (CPU) tradicional, como um microprocessador de arquitetura Intel® nos computadores pessoais de hoje, e um ou mais devices (dispositivos), que são processadores maciçamente paralelos, equipados com uma grande quantidade de unidades de execução aritmética. Nas aplicações de software modernas, as seções do programa normalmente exibem uma rica quantidade de paralelismo de dados, uma propriedade que permite que muitas operações aritméticas sejam seguramente realizadas sobre estruturas de dados do programa de uma maneira simultânea. Os devices CUDA aceleram a execução dessas aplicações, reunindo uma grande quantidade de paralelismo de dados. Por desempenhar um papel tão importante em CUDA, vamos primeiro discutir o conceito de paralelismo de dados antes de introduzirmos as características básicas do CUDA.

3.1 Paralelismo de dados

Muitas aplicações de software que processam uma grande quantidade de dados e, por isso, requerem longos tempos de execução nos computadores de hoje, são projetadas para modelar fenômenos físicos do mundo real. Imagens e quadros de vídeo são retratos de um mundo físico, no qual diferentes partes de uma figura capturam eventos físicos simultâneos e independentes. A física de corpos rígidos e a dinâmica de fluídos modelam forças e movimentos naturais que podem ser avaliados independentemente dentro de pequenos espaços de tempo. Essa avaliação independente é a base do paralelismo de dados nessas aplicações.

Como já dissemos, o paralelismo de dados refere-se à propriedade do programa pela qual muitas operações aritméticas podem ser seguramente realizadas sobre as estruturas de dados de uma maneira simultânea. Ilustramos esse conceito com um exemplo de multiplicação matriz-matriz (multiplicação de matrizes, para abreviar) na Figura 3.1. Nesse exemplo, cada elemento da matriz produto **P** é gerado realizando-se um produto escalar entre uma linha da matriz de entrada **M** e uma coluna da matriz de entrada **N**. Na Figura 3.1, o elemento destacado da matriz **P** é gerado apanhando-se o produto escalar da linha destacada da matriz **M** e a coluna destacada da matriz **N**. Observe que as operações de produto escalar para calcular diferentes elementos da matriz **P** podem ser realizadas simultaneamente. Ou seja, nenhum desses produtos escalares afetará os resultados um do

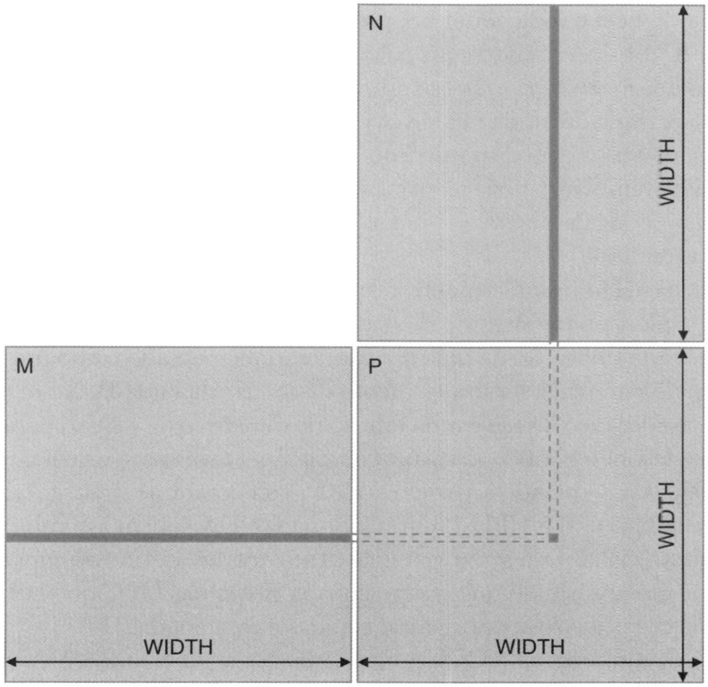

Figura 3.1

Paralelismo de dados na multiplicação de matrizes.

outro. Para matrizes grandes, o número de produtos escalares pode ser também muito grande; por exemplo, uma multiplicação de matrizes de 1.000 × 1.000 tem 1.000.000 de produtos escalares independentes, cada um envolvendo 1.000 operações aritméticas de multiplicação e 1.000 de acumulação. Dessa maneira, a multiplicação de matrizes de grandes dimensões pode ter uma grande quantidade de paralelismo de dados. Executando muitos produtos escalares em paralelo, um device CUDA pode acelerar significativamente a execução da multiplicação de matrizes em relação a uma CPU hospedeira tradicional. O paralelismo de dados em aplicações reais nem sempre é tão simples quanto no nosso exemplo de multiplicação de matrizes. Em outro capítulo, vamos discutir essas formas mais sofisticadas de paralelismo de dados.

3.2 Estrutura de um programa CUDA

Um programa CUDA consiste em uma ou mais fases que são executadas ou no host (CPU) ou em um device como uma GPU. As fases que exibem pouco ou nenhum paralelismo de dados são implementadas no código do host. Já as que exibem uma rica quantidade de paralelismo de dados são implementadas no código do device. Um programa CUDA é um código fonte unificado compreendendo código do host e código do device. O compilador C da NVIDIA® (nvcc) separa os dois durante o processo de compilação. O código do host é um código ANSI C simples; ele também é compilado com os compiladores C padrão do host e roda como um processo comum da CPU. O código do device é escrito usando ANSI C estendido com palavras-chave para rotular as funções com dados paralelos, chamadas *kernels*, e suas estruturas de dados associadas. O código do device normalmente é compilado ainda pelo nvcc e executado em um device GPU. Em situações nas quais nenhum device está disponível ou o kernel é executado de modo mais apropriado em uma CPU, também é possível executar os kernels em uma CPU usando os recursos de emulação no kit de desenvolvimento de software (SDK) CUDA, ou a ferramenta MCUDA [Stratton 2008].

As funções kernel (ou simplesmente kernels) normalmente geram um grande número de *threads* para explorar o paralelismo de dados. No exemplo de multiplicação de matriz, o cálculo inteiro de multiplicação de matriz pode ser implementado como um kernel no qual cada *thread* é usado para calcular um elemento da matriz de saída **P**. Neste exemplo, o número de *threads* usados pelo kernel é uma função da dimensão da matriz. para uma multiplicação de matriz de 1.000 × 1.000, o kernel que usa uma *thread* para calcular um elemento **P** geraria 1.000.000 *threads* quando invocado. Vale a pena notar que *threads* CUDA são de peso muito mais leve do que as das CPU. Programadores CUDA podem assumir que essas *threads* usam pouquíssimos ciclos para serem geradas e escalonadas, devido ao suporte eficiente do hardware. Isso é o contrário do que ocorre com as *threads* das CPU que normalmente exigem milhares de ciclos de clock para serem geradas e escalonadas.

A execução de um programa CUDA típico é ilustrada na Figura 3.2. A execução começa com a execução no host (CPU). Quando uma função do kernel é invocada, ou *disparada*, a execução é passada para um device (GPU), no qual um número maior de *threads* é gerado para tirar proveito do abundante paralelismo de dados. Todas as *threads* geradas por um ker-

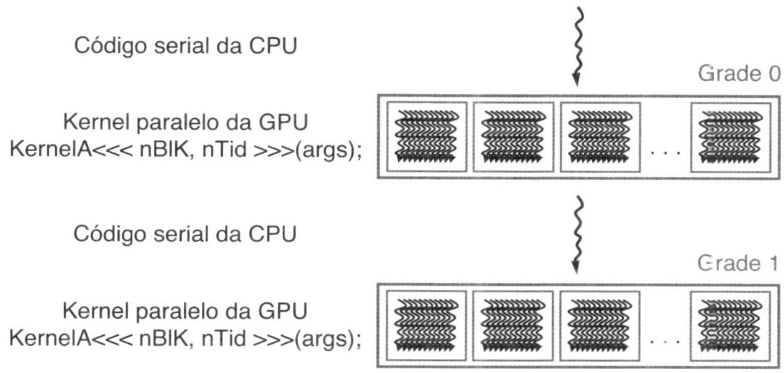

Figura 3.2

Execução de um programa CUDA.

nel durante uma chamada são conhecidas coletivamente como *grid*. A Figura 3.2 mostra a execução de duas grades de *threads*. Em breve, discutiremos como essas grades são organizadas. Quando todas as *threads* de um kernel completam sua execução, a grade correspondente termina e a execução continua no host até que outro kernel seja invocado.

3.3 Um exemplo de multiplicação matriz-matriz

Neste ponto, é útil apresentarmos um exemplo de código que ilustra concretamente a estrutura do programa CUDA. A Figura 3.3 mostra uma estrutura de função main simples para o exemplo de multiplicação de matrizes. Para simplificar, vamos supor que as matrizes sejam quadradas em formato, e a dimensão de cada matriz é especificada pelo parâmetro `Width`.

O programa principal primeiro aloca as matrizes **M**, **N** e **P** na memória do host e depois realiza a E/S para ler **M** e **N** na Parte 1. Essas são operações ANSI C, de modo

```
int main(void) {
1. // Aloca e inicializa as matrizes M, N, P
   // E/S para ler as matrizes de entrada M e N
....

2. // M * N no device
   MatrixMultiplication(M, N, P, Width);


3. // E/S para escrever a matriz de saída P
   // Libera matrizes M, N, P
...
return 0;
}
```

Figura 3.3

Uma função main simples para o exemplo de multiplicação de matrizes.

que não estamos mostrando o código real para poder abreviar. O código detalhado da função main e as funções ANSI C definidas pelo usuário aparecem no Apêndice A. De modo semelhante, depois de completar a multiplicação de matrizes, a Parte 3 da função principal realiza a E/S para escrever a matriz produto **P** e liberar todas as matrizes alocadas. Os detalhes da Parte 3 também aparecem no Apêndice A. E, depois de completar a multiplicação de matrizes, a Parte 3 da função main realiza a E/S para escrever a matriz produto **P** e liberar todas as matrizes alocadas. Os detalhes da Parte 3 também aparecem no Apêndice A. A Parte 2 é o foco principal do nosso exemplo. Ela chama uma função, `MatrixMultiplication()`, para realizar multiplicação de matrizes em um device.

Antes de explicarmos como usar um device CUDA para executar a função de multiplicação de matriz, é útil primeiro rever como ela funciona apenas para a CPU convencional. Uma versão simples aparece na Figura 3.4. A função `MatrixMultiplication()` implementa um algoritmo simples, que consiste em três níveis de loop. O mais interno percorre a variável **k** e passa por uma linha da matriz **M** e uma coluna da matriz **N**. O loop calcula um produto escalar da linha de **M** e a coluna de **N** e gera um elemento de **P**. Imediatamente após o loop mais interno, o elemento `P` gerado é escrito na matriz de saída **P**.

O índice usado para acessar a matriz **M** no loop mais interno é `i*Widthþk`. Isso porque os elementos da matriz **M** são colocados na memória do sistema que por fim é acessada com um endereço linear. Ou seja, cada local na memória do sistema tem um endereço que varia de 0 até o maior local da memória. Para programas em C, o posicionamento de uma matriz bidimensional nessa memória endereçada linearmente é feito de acordo com a convenção de linha primeiro, conforme ilustrado na

```
void MatrixMultiplication(float* M, float* N, float* P, int Width)
{
    for (int i = 0; i < Width; ++i)
        for (int j = 0; j < Width; ++j) {
            float sum = 0;
            for (int k = 0; k < Width; ++k) {
                float a = M[i * width + k];
                float b = N[k * width + j];
                sum += a * b;
            }
            P[i * Width + j] = sum;
        }
}
```

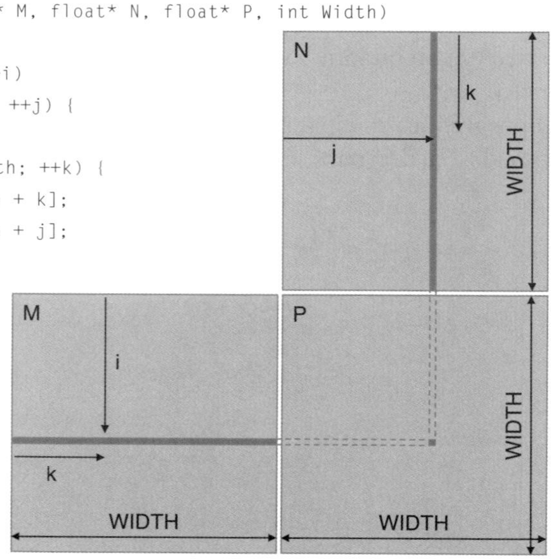

Figura 3.4

Uma função de multiplicação de matrizes simples contendo apenas o código host

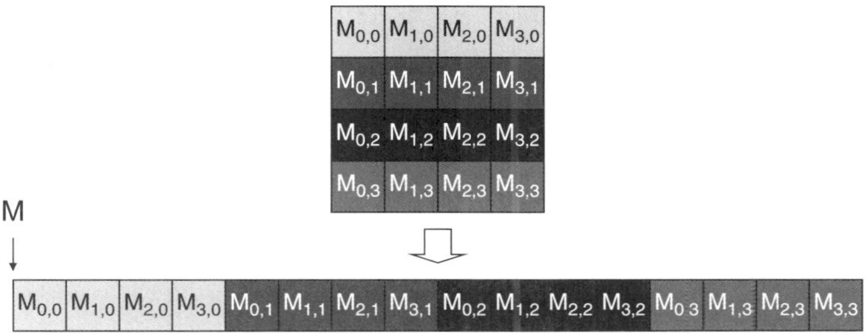

Figura 3.5

Arranjo de elementos de matriz bidimensional na memória do sistema com endereços lineares.

Figura 3.5.[1] Todos os elementos em uma linha são colocados em locais de memória consecutivos. As linhas são, então, colocadas uma após a outra. A Figura 3.5 mostra um exemplo em que uma matriz de 4 × 4 é colocada em 16 locais consecutivos, com todos os elementos da linha 0 primeiro, seguidos pelos quatro elementos da linha 1 etc. Portanto, o índice para um elemento **M** na linha *i* e coluna *k* é `i*Width+k`. O termo `i*Width` salta por todos os elementos das linhas antes da linha *i*. O termo *k* então seleciona o elemento apropriado dentro da seção para a linha *i*.

Os dois loops mais externos (*i* e *j*) na Figura 3.4 percorrem juntamente todas as linhas de **M** e todas as colunas de **N**; cada iteração conjunta realiza um produto escalar linha-coluna para gerar um elemento **P**. Cada valor de *i* identifica uma linha. Percorrendo sistematicamente todas as linhas de **M** e todas as colunas de **N**, a função gera todos os elementos de **P**. Agora, temos uma função e multiplicação de matriz completa, que executa unicamente na CPU. Observe que todo o código que mostramos até aqui está em C padrão.

Suponha que um programador agora queira portar a função de multiplicação de matriz para CUDA. Um modo simples de fazer isso é modificar a função `MatrixMultiplication()` para mover o núcleo do cálculo para um device CUDA. A estrutura da função revisada aparece na Figura 3.6. A Parte 1 da função aloca a memória do device (GPU) para manter cópias das matrizes **M**, **N** e **P** e cópias dessas matrizes para a memória do device. A Parte 2 invoca um kernel que dispara a execução paralela da multiplicação de matriz real no device. A Parte 3 copia a matriz produto **P** da memória do device para a memória do host.

Observe que a função `MatrixMultiplication()` revisada é basicamente um agente de terceirização que envia dados de entrada para um device, ativa o cálculo no device e coleta os resultado do device. O agente faz isso de modo que o programa principal não precisa sequer saber que a multiplicação de matrizes agora é realmente feita em um device. Os detalhes da função revisada, além do modo de compor a função do kernel, servirão como ilustrações quando introduzirmos as características básicas do modelo de programação CUDA.

[1] Observe que o FORTRAN adota a técnica de posicionamento de coluna primeiro: Todos os elementos de uma coluna são primeiro posicionados em locais consecutivos, e todas as colunas são então colocadas em sua ordem numérica.

```
void MatrixMultiplication(float* M, float* N, float* P, int Width)
{
  int size = Width * Width * sizeof(float);
  float* Md, Nd, Pd;
  ...
1. // Aloca memória do device para M, N e P
   // Copia M e N para todos os locais de memória do device alocado

2. // Código de chamada do kernel - para que o device realize
   // a multiplicação de matriz real

3. // Copia P da memória do device
   // Libera matrizes do device
}
```

Figura 3.6

Esboço de um código de host `MatrixMultiplication()` revisado, que move a multiplicação de matrizes para um device.

3.4 Memórias de device e transferência de dados

Em CUDA, o host e os devices possuem espaços de memória separados. Isso reflete a realidade de que os devices normalmente são placas de hardware que vêm com sua própria memória de acesso aleatório dinâmica (DRAM). Por exemplo, o processador NVIDIA T10 vem com até 5 GB (bilhões de bytes, ou gigabytes) de DRAM. Para executar um kernel em um device, o programador precisa alocar memória no device e transferir dados pertinentes da memória do host para a memória do device alocado. Isso corresponde à Parte 1 da Figura 3.6. De modo semelhante, após a execução no device, o programador precisa transferir os dados de resultado da memória do device de volta à memória do host e liberar a memória do device que não é mais necessária. Isso corresponde à Parte 3 da Figura 3.6. O sistema de *runtime* CUDA oferece funções da interface de programação de aplicação (API) para realizar essas atividades em favor do programador. Deste ponto em diante, vamos simplesmente dizer que uma parte dos dados é transferida do host para o device, como uma abreviação para dizer que a parte dos dados é transferida da memória do host para a memória do device. O mesmo pode ser dito para a direção oposta na transferência de dados.

A Figura 3.7 mostra uma visão geral do modelo de memória de device CUDA para os programadores raciocinarem sobre a alocação, movimentação e uso dos diversos tipos de memória de um device. Na parte de baixo da figura, vemos a memória global e a memória constante. Essas são as memórias que o código do host pode transferir *de* e *para* o device, conforme ilustrado pelas setas bidirecionais entre essas memórias e o host. A memória constante permite o acesso apenas de leitura pelo código do device e é descrita no Capítulo 5. Por enquanto, vamos focalizar o uso da memória global. Observe que a memória do host não é mostrada explicitamente na Figura 3.7, mas é considerada como estando contida no host.[2] O modelo de memória CUDA é aceito pelas funções

[2] Observe que omitimos a memória de textura da Figura 3.7 para simplificar. Vamos apresentar a memória de textura mais adiante.

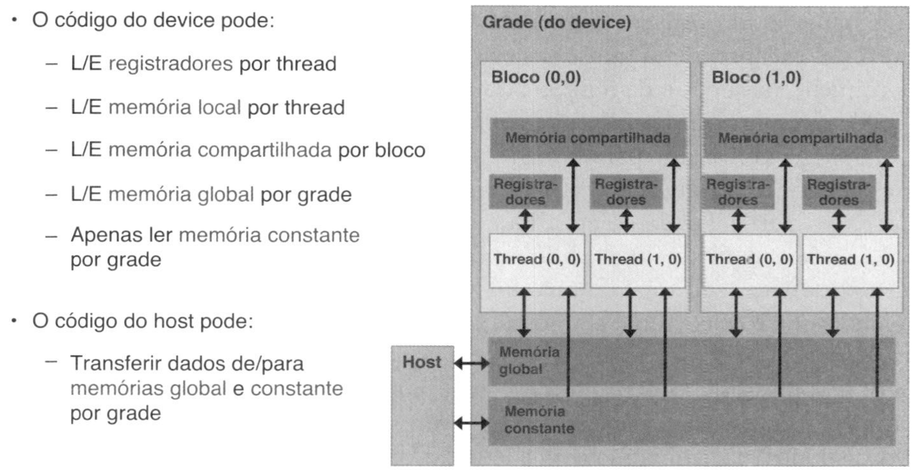

Figura 3.7

Visão geral do modelo de memória do device CUDA.

da API que ajudam os programadores CUDA a gerenciar dados nessas memórias. A Figura 3.8 mostra as funções da API para alocar e desalocar a memória global do device. A função `cudaMalloc()` pode ser chamada pelo código do host para alocar uma parte da memória global para um objeto. O leitor deverá ser capaz de observar a grande semelhança entre `cudaMalloc()` e a função `malloc()` da biblioteca de runtime C padrão. Isso é intencional; CUDA é C com extensões mínimas. CUDA utiliza a função `malloc()` da biblioteca de *runtime* C padrão para gerenciar a memória do host e acrescenta `cudaMalloc()` como uma extensão à biblioteca de *runtime* C. Mantendo a interface o mais próximo possí-

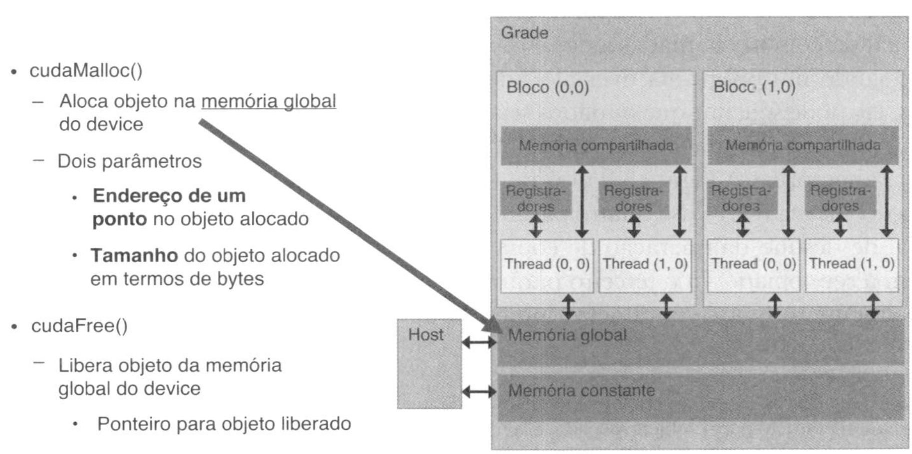

Figura 3.8

Funções de API CUDA para gerenciamento da memória global do device.

vel das bibliotecas de *runtime* C originais, CUDA minimiza o tempo que um programador C precisa para reaprender a usar essas extensões.

O primeiro parâmetro da função `cudaMalloc()` é o endereço de uma variável de ponteiro que precisa apontar para o objeto alocado após a tarefa de alocação. O endereço da variável deve ser convertido para `(void **)`, porque a função espera um valor de ponteiro genérico; a função de alocação de memória é uma função genérica que não é restrita a qualquer tipo particular de objetos. Esse endereço permite que a função `cudaMalloc()` escreva o endereço do objeto alocado na variável de ponteiro.[3] O segundo parâmetro da função `cudaMalloc()` diz qual o tamanho do objeto a ser alocado, em bytes. O uso desse segundo parâmetro é coerente com o parâmetro de tamanho da função `malloc()` da linguagem C.

Agora, vamos usar o exemplo de código ilustrando o uso de `cudaMalloc()`. Essa é a continuação do exemplo na Figura 3.6. Para tornar mais claro, vamos nomear uma variável de ponteiro terminando com a letra "d", para indicar que a variável é usada para apontar para um objeto no espaço de memória do device. O programador passa o endereço de **Md** (ou seja, `&Md`) como primeiro parâmetro após convertê-lo para um ponteiro void; ou seja, **Md** é o ponteiro que aponta para a região de memória global do device alocada para a matriz **M**. O tamanho da matriz alocada será `Width*Width*4` (o tamanho de um número de ponto flutuante com precisão simples). Depois do cálculo, `cudaFree()` é chamada com o ponteiro **Md** como entrada para liberar o espaço de armazenamento para a matriz **M** da memória global do device:

```
float *Md
int size = Width * Width * sizeof(float);
cudaMalloc((void**)&Md, size);
...
cudaFree(Md);
```

O leitor deverá completar a Parte 1 do exemplo de `MatrixMultiplication()` na Figura 3.6 com declarações semelhantes de variáveis de ponteiro **Nd** e **Pd**, bem como suas chamadas `cudaMalloc()` correspondentes. Além do mais, a Parte 3 na Figura 3.6 pode ser completada com as chamadas a `cudaFree()` para **Nd** e **Pd**.

Quando um programa tiver alocado memória global de device para os objetos de dados, ele pode solicitar que os dados sejam transferidos do host para o device. Isso é feito chamando uma das funções da API CUDA, `cudaMemcpy()`, para a transferência de dados entre as memórias. A Figura 3.9 mostra a função da API para essa transferência de dados. A função `cudaMemcpy()` usa quatro parâmetros. O primeiro parâmetro é um ponteiro para o local de destino da operação de cópia. O segundo aponta para o objeto de dados de origem a ser copiado. Já o terceiro parâmetro especifica o número de bytes a ser copiado e, finalmente, o quarto parâmetro indica os tipos de memória envolvidos na cópia: da

[3] Observe que `cudaMalloc()` tem um formato diferente da função `malloc()` da C. A função `malloc()` da C retorna um ponteiro para o objeto alocado. Ela usa apenas um parâmetro que especifica o tamanho do objeto alocado. A função `cudaMalloc()` escreve na variável de ponteiro cujo endereço é dado como o primeiro parâmetro. Como resultado, a função `cudaMalloc()` utiliza dois parâmetros. O formato de dois parâmetros de `cuda-Malloc()` permite que ela utilize o valor de retorno para informar quaisquer erros da mesma forma que as outras funções da API CUDA.

- cudaMemcpy()
  - Transferência de dados da **memória**
  - Requer quatro parâmetros
    - Ponteiro para destino
    - Ponteiro para origem
    - Número de byts copiados
    - Tipo de transferência
      - Host para host
      - Host para device
      - Device para host
      - Device para device
  - Transferência é assíncrona

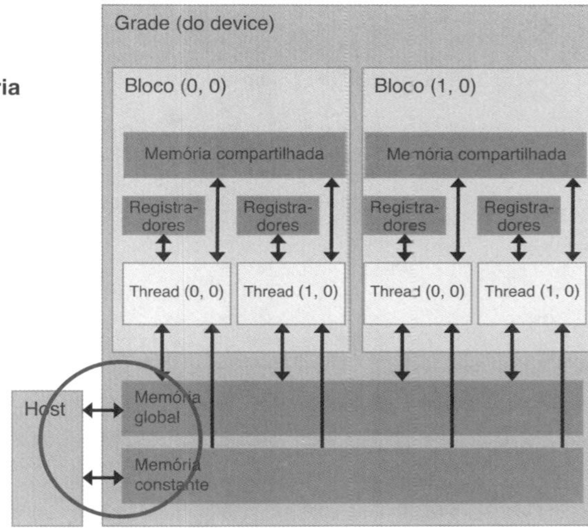

Figura 3.9

Funções da API CUDA para transferência de dado entre as memórias.

memória do host para a memória do host, da memória do host para a memória do device, da memória do device para a memória do host e da memória do device para a memória do device. Por exemplo, a função de cópia da memória pode ser usada para copiar dados de um local da memória do device para outro local da memória do device. Por favor, observe que `cudaMemcpy()` não pode ser usada para copiar dados entre diferentes GPUs em sistemas com GPUs múltiplas.

Para o exemplo de multiplicação de matriz, o código do host chama a função `cudaMemcpy()` para copiar as matrizes **M** e **N** da memória do host para a memória do device antes da multiplicação e depois para copiar a matriz **P** da memória do device para a memória do host, depois que a multiplicação terminar. Suponha que **M**, **P**, **Md**, **Pd** e o tamanho já tenham sido definidos conforme discutimos anteriormente; as duas chamadas de função aparecem a seguir. observe que as duas constantes simbólicas, `cudaMemcpyHostToDevice` e `cudaMemcpyDeviceToHost`, são constantes reconhecidas, predefinidas, do ambiente de programação CUDA. A mesma função pode ser usada para transferir dados nas duas direções, ordenando corretamente os ponteiros de origem e destino e usando a constante apropriada ao tipo de transferência:

```
cudaMemcpy(Md, M, size, cudaMemcpyHostToDevice);
cudaMemcpy(P, Pd, size, cudaMemcpyDeviceToHost);
```

Resumindo, o programa principal na Figura 3.3 chama `MatrixMultiplication()`, que também é executado no host. `MatrixMultiplication()`, conforme representado na Figura 3.6, é responsável por alocar a memória do device, realizar as transferências de dados e ativar o kernel que realiza a multiplicação de matriz real. Normalmente, nos referimos a esse trecho de código do host como uma *sub function* para invocar um kernel. Depois da multiplicação de matriz, `MatrixMultiplication()` também copia os dados de resultado do device para o host. Mostramos uma versão mais encorpada da função `MatrixMultiplication()` na Figura 3.10.

```
void MatrixMultiplication(float* M, float* N, float* P, int Width)
{
    int size = Width * Width * sizeof(float);
    float* Md, Nd, Pd;

1.  // Transfere M e N para a memória do device
    cudaMalloc((void**) &Md, size);
    cudaMemcpy(Md, M, size, cudaMemcpyHostToDevide);
    cudaMalloc((void**) &Nd, size);
    cudaMemcpy(Nd, N, size, cudaMemcpyHostToDevide);

    // Aloca P no device
    cudaMalloc((void**) &Pd, size);

2.  // Código de chamada do kernel - mostrado mais adiante
    ...

3.  // Transfere P do device para o host
    cudaMemcpy(P, Pd, size, cudaMemcpyDeviceToHost);
    // Libera matrizes no device
    cudaFree(Md); cudaFree(Nd); cudaFree(Pd);
    }
```

Figura 3.10

A função MatrixMultiplication() revisada.

Em comparação com a Figura 3.6, a função `MatrixMultiplication()` revisada está completa na Parte 1 e na Parte 3. A Parte 1 aloca a memória de device para **Md**, **Nd** e **Pd**, os correspondentes no device de **M**, **N** e **P**, e transfere **M** para **Md** e **N** para **Nd**. Isso é feito com chamadas às funções `cudaMalloc()` e `cudaMemcpy()`. Encorajamos o leitor a escrever suas próprias chamadas de função com os valores de parâmetro apropriados e comparar seu código com o que aparece na Figura 3.10. A Parte 2 chama o kernel e será descrita no texto a seguir. A Parte 3 lê os dados do produto da memória do device para a memória do host, de modo que o valor esteja disponível para `main()`. Isso é feito com uma chamada para a função `cudaMemcpy()`. Depois, ela libera **Md**, **Nd** e **Pd** da memória do device, o que é feito com chamadas para as funções `cudaFree()`.

3.5 Funções do kernel e threading

Agora, estamos prontos para discutir mais sobre as funções do kernel CUDA e o resultado de chamar essas funções do kernel. Em CUDA, uma função do kernel especifica o código a ser executado por todas as *threads* durante uma etapa paralela. Como todas essas *threads* executam o mesmo código, a programação CUDA é uma caso do conhecido estilo de programação de único programa e múltiplos dados (SPMD — Single-Program, Multiple-Data) [Atallah 1998], um estilo de programação popular para sistemas de computador maciçamente paralelos.[4]

[4] Observe que SPMD não é a mesma coisa que única instrução, múltiplos dados (SIMD). Em um sistema SPMD, as unidades de processamento paralelo executam o mesmo programa sobre várias partes dos dados; essas unidades de processamento não precisam estar executando a mesma instrução ao mesmo tempo. Em um sistema SIMD, todas as unidades de processamento estão executando a mesma instrução em determinado instante.

A Figura 3.11 mostra a função do kernel para multiplicação de matriz. A sintaxe está em ANSI C com algumas extensões dignas de nota. Primeiro, existe uma palavra-chave específica do CUDA "`__global__`" na frente da declaração da `MatrixMulKernel()`. Essa palavra-chave indica que a função é um kernel e que pode ser chamada de funções do host para gerar uma grade de *threads* em um device.

Em geral, CUDA estende as declarações de função C com três palavras-chave qualificadoras. Os significados dessas palavras-chave são resumidos na Figura 3.12. A palavra-chave `__global__` indica que a função sendo declarada é uma função de kernel CUDA. A função será executada no device e só pode ser chamada pelo host para gerar uma grade de *threads* em um device. Mostraremos a sintaxe do código do host para chamar uma função de kernel mais adiante na Figura 3.14. Além de `__global__`, existem duas outras palavras-chave que podem ser usadas na frente de uma declaração de função. A Figura 3.12 resume o significado delas. A palavra-chave `__device__` indica que a função sendo declarada é uma função de device CUDA. Uma função de device é executada em um device CUDA e só pode ser chamada por uma função de kernel ou outra função de device. As funções de device não podem conter nem chamadas de função recursivas nem chamadas de função indiretas através de ponteiros. A palavra-

```
// Kernel para multiplicação de matriz - especificação de thread
__global__ void MatrixMulKernel(float* Md, float* Nd, float* Pd, int Width)
{
    // ID do Thread 2D
    int tx = threadIdx.x;
    int ty = threadIdx.y;

    // Pvalue armazena o elemento Pd que é calculado pela thread
    float Pvalue = 0;

    for (int k = 0; k < Width; ++k)
    {
      float Mdelement = Md[ty * Width + k];
      float Ndelement = Nd[k * Width + tx];
      Pvalue += Mdelement * Ndelement;
    }

    // Escreve a matriz na memória do device, cada thread escreve um elemento
    Pd[ty * Width + tx] = Pvalue;
}
```

Figura 3.11

A função de kernel para multiplicação de matriz.

	Executada no:	Só é chamada pelo:
`__device__float DeviceFunc()`	device	device
`__global__ void KernelFunc()`	device	host
`__host__ float HostFunc()`	host	host

Figura 3.12

Extensões CUDA às declarações das funções do C.

-chave `__host__` indica que a função sendo declarada é uma função de host CUDA. Uma função de host é simplesmente uma função C tradicional que é executada no host e só pode ser chamada por outra função de host. Como padrão, todas as funções em um programa CUDA são funções de host se não tiverem uma das palavras-chave CUDA em sua declaração. Isso faz sentido, pois muitas aplicações CUDA são originárias de ambientes de execução de CPU. O programador acrescentaria funções de kernel e funções de device durante o processo de adaptação. As funções originais permanecem como funções de host. Com todas as funções sendo consideradas como funções de host como padrão, o programador não precisa ter o trabalho de alterar todas as declarações de função originais.

Observe que é possível usar ao mesmo tempo `__host__` e `__device__` em uma declaração de função. Essa combinação dispara o sistema de compilação para gerar duas versões da mesma função. Uma é executada no host e só pode ser chamada por uma função de host. A outra é executada no device e só pode ser chamada por uma função de device ou de kernel. Isso dá suporte a um uso comum quando o mesmo código fonte da função pode ser simplesmente recompilado para gerar uma versão de device. Muitas funções da biblioteca do usuário provavelmente estarão nessa categoria.

Outras extensões dignas de nota da ANSI C, na Figura 3.11, são as palavras-chave `threadIdx.x` e `threadIdx.y`, que referem-se aos índices de uma *thread*. Observe que todas as *threads* executam o mesmo código do kernel. É preciso haver um mecanismo para permitir que elas sejam distinguidas e se dirijam para as partes específicas da estrutura de dados sobre as quais foram preparadas para atuar. Essas palavras-chave identificam variáveis pré-definidas que permitem que uma *thread* acesse os registradores do hardware em *runtime* que oferecem as coordenadas de identificação para uma *thread* específica. Diferentes *threads* verão diferentes valores nas variáveis `threadIdx.x` e `threadIdx.y`. Para simplificar, vamos nos referir a uma *thread* como $Thread_{\text{threadIdx.x, threadIdx.y}}$. Observe que as coordenadas refletem uma organização multidimensional para as *threads*. Retornaremos a esse assunto em breve.

Uma comparação rápida entre as Figura 3.4 e 3.11 revela um detalhe importante para as funções de kernel CUDA e a chamada do kernel CUDA. A função de kernel na Figura 3.11 tem apenas um loop, que corresponde ao loop mais interno na Figura 3.4. Os leitores deverão estar se perguntando onde se encontram os outros dois níveis de loop mais externos. A resposta é que os dois níveis de loop mais externos agora são substituídos pela grid de *threads*. A grid inteira forma o equivalente do loop de dois níveis. Cada *thread* na grade corresponde a uma das iterações do loop original de dois níveis. As variáveis do loop original, *i* e *j*, agora são substituídas por *threadIdx.x* e *threadIdx.y*. Ao invés de fazer com que o loop incremente os valores de *i* e *j* para uso em cada iteração de loop, o hardware de *threading* CUDA gera todos os valores de *threadIdx.x* e *threadIdx.y* para cada *thread*.

Na Figura 3.11, cada *thread* usa seu *threadIdx.x* e *threadIdx.y* para identificar a linha de **Md** e a coluna de **Nd** para realizar a operação de produto escalar. Deve ficar claro que esses índices simplesmente assumem o papel das variáveis *i* e *j* na Figura 3.8. Observe que atribuímos *threadIdx.x* à variável *tx* do C e *threadIdx.y* à variável *ty* para abreviar, na Figura 3.8. Cada *thread* também usa seus valores de *threadIdx.x* e *threadIdx.y* para selecionar o elemento de **Pd** pelo qual é responsável; por exemplo, $Thread_{2,3}$ realizará um produto escalar entre a coluna 2 de **Nd** e a linha 3 de **Md**, escrevendo o resultado no elemento (2,3) de **Pd**. Desse modo, as *threads* geram coletivamente todos os elementos da matriz **Pd**.

Quando um kernel é chamado, ou *disparado*, ele é executado como uma *grade* de *threads* paralelas. Na Figura 3.13, o disparo do Kernel 1 cria a Grade 1. Cada grade de *threads* CUDA normalmente é composta de milhares a milhões de *threads* GPU por chamada do kernel. A criação de *threads* que sejam capazes de utilizar o hardware completamente costuma exigir uma grande quantidade de paralelismo de dados; por exemplo, cada elemento de uma matriz grande poderia ser calculado em uma *thread* separada.

As *threads* em uma grade são organizados em uma hierarquia de dois níveis, conforme ilustra a Figura 3.13. Para simplificar, um pequeno número de *threads* aparece na Figura 3.13. Na realidade, uma grade normalmente terá muito mais *threads*. No nível mais alto, cada grade consiste em um ou mais blocos de *threads*. Todos os blocos em uma grade têm o mesmo número de *threads*. Na Figura 3.13, a Grade 1 é organizada como uma matriz 2×2 com 4 blocos. Cada bloco tem uma coordenada bidimensional exclusiva, dada pelas palavras-chave CUDA específicas `blockIdx.x` e `blockIdx.y`. Todos os blocos de *threads* precisam ter o mesmo número de *threads* organizadas da mesma maneira.

Cada bloco de *threads*, por sua vez, é organizado como uma matriz tridimensional de *threads*, com um tamanho total de até 512 *threads*. As coordenadas das *threads* em um bloco são definidas de modo exclusivo por três índices de *thread*: `threadIdx.x`, `threadIdx.y` e `threadIdx.z`. Nem todas as aplicações usarão todas as três dimensões de um bloco de *threads*. Na Figura 3.13, cada bloco de *thread* é organizado em uma matriz tridimensional 4×2×2 de *threads*. Isso dá à Grade 1 um total de 4×16 = 64 *threads*. Este, obviamente, é um exemplo bastante simplificado.

No exemplo de multiplicação de matrizes, uma grade é chamada para calcular a matriz produto. O código da Figura 3.11 não usa qualquer índice de bloco no acesso aos dados de

- Um bloco de threads é um lote de threads que podem cooperar entre si:
  - Sincronizando sua execução
    - Para acessos à memória compartilhada sem restrições
  - Compartilhando dados de modo eficiente por uma memória compartilhada com pouco latência
- Duas threads de dois blocos diferentes não podem cooperar

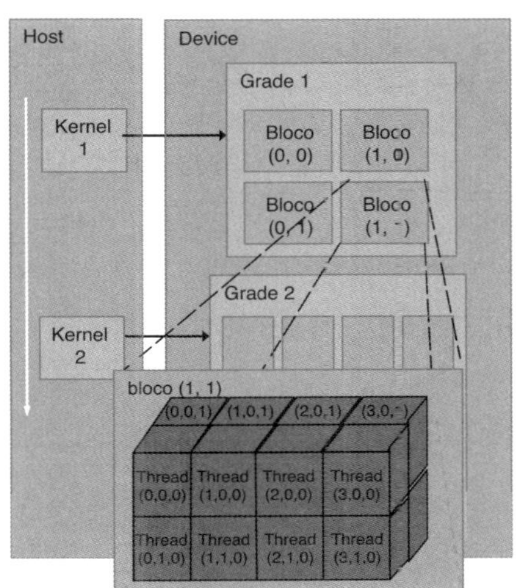

Figura 3.13

Organização de threads em CUDA.

```
// Monta a configuração para execução
dim3 dimBlock(Width, Width);
dim3 dimGrid(1,1);

// Dispara as threads de cálculo no device!
MatrixMulKernel<<<dimGrid, dimBlock>>>(Md, Nd, Pd, Width);
```

Figura 3.14

Exemplo de código de host que dispara um kernel.

entrada e saída. As *threads* com os mesmos valores de `threadIdx` de diferentes blocos acabariam acessando os mesmos elementos de dados de entrada e saída. Como resultado, o kernel só pode usar um bloco de *threads*. Os valores de `threadIdx.x` e `threadIdx.y` são usados para organizar o bloco em uma matriz de *threads* bidimensional. Como o bloco de *threads* só pode ter até 512 *threads*, e cada *thread* calcula um elemento da matriz produto na Figura 3.11, o código só pode calcular uma matriz produto de até 512 elementos; obviamente, isso não é aceitável. Conforme já explicamos, a matriz produto poderá ter milhões de elementos a fim de ter uma quantidade suficiente de paralelismo de dados para se beneficiar da execução em um device. Voltaremos a essa questão no Capítulo 4, usando múltiplos blocos.

Quando o código do host chama um kernel, ele define a grade e as dimensões do bloco de *threads* por meio de parâmetros de *configuração de execução*. Isso é ilustrado na Figura 3.14. Duas variáveis `struct` de tipo `dim3` são declaradas. A primeira é para descrever a configuração dos blocos, que são definidos como grupos de 16×16 *threads*. A segunda variável, `dimGrid`, descreve a configuração da grade. Neste exemplo, temos apenas um bloco (1×1) em cada grade. A linha de código final chama o kernel. A sintaxe especial entre o nome da função de kernel e os parâmetros tradicionais da função no C é uma extensão CUDA à ANSI C. Ela fornece as dimensões da grade em termos do número de blocos e a dimensões dos blocos em termos do número de *threads*.

3.6 Resumo

Este capítulo serve como uma visão geral rápida do modelo de programação CUDA. CUDA estende a linguagem C para dar suporte à computação paralela. As extensões discutidas neste capítulo são resumidas a seguir.

3.6.1 Declarações de função

CUDA estende a sintaxe de declaração de função em C para dar suporte à computação paralela heterogênea. As extensões são resumidas na Figura 3.12. Usando `__global__`, `__device__` ou `__host__`, um programador CUDA pode instruir o compilador a gerar uma função de kernel, uma função de device ou uma função de host. Se `__host__` e `__device__` forem utilizados simultaneamente em uma declaração de função, o compilador gera duas versões da função, uma para o device e uma para o host. Se uma declaração de função não tiver qualquer palavra-chave de extensão CUDA, a função é considerada uma função de host como padrão.

3.6.2 Chamada ou disparo do kernel

CUDA estende a sintaxe de chamada de função do C com parâmetros de configuração de execução do kernel cercados por <<< e >>>. Esses parâmetros de configuração de execução só são usados durante uma chamada a uma função de kernel, ou um disparo do kernel. Discutimos sobre os parâmetros de configuração de execução que definem as dimensões da grade e as dimensões de cada bloco. O leitor deverá consultar o *CUDA Programming Guide* [NVIDIA 2007] para obter mais detalhes com relação às extensões de disparo do kernel, bem como outros tipos de parâmetros de configuração de execução.

3.6.3 Variáveis predefinidas

Os kernels CUDA podem acessar um conjunto de variáveis predefinidas que permitem que cada *thread* tenham uma distinção entre si e para determinar a área de dados em que cada *thread* deve atuar. Discutimos a variável `threadIdx` neste capítulo. No Capítulo 4, discutiremos melhor as variáveis `blockIdx`, `gridDim` e `blockDim`.[5]

3.6.4 API de runtime

CUDA contém um conjunto de funções de API para fornecer serviços aos programas CUDA. Os serviços que discutimos neste capítulo são as funções `cudaMalloc()` e `cudaMemcpy()`, que alocam memória de device e transferem dados entre o host e o device em favor do programa que está chamando. O leitor deverá consultar o *CUDA Programming Guide* [NVIDIA 2007] para procurar outras funções da API CUDA.

Nosso objetivo neste capítulo é apresentar os conceitos fundamentais do modelo de programação CUDA e as extensões CUDA à linguagem C essenciais para a escrita de um programa CUDA simples. O capítulo de forma alguma é um relato abrangente de todos os recursos do CUDA. Alguns desses recursos serão abordados no restante do livro; contudo, nossa ênfase será nos conceitos, não nos detalhes. Em geral, gostaríamos de encorajar o leitor a sempre consultar o *CUDA Programming Guide* para obter mais detalhes sobre os conceitos que abordamos.

Referências e leitura adicional

ATALLAH, M. J. (Ed.), (1998). *Algorithms and Theory of Computation Handbook*. Boca Raton, FL: CRC Press.

NVIDIA. (2009). *CUDA programming guide 2.3*. Santa Clara, CA: NVIDIA.

STRATTON, J. A., STONE, S. S. & HWU, W. W. (2008). MCUDA: An Efficient Implementation of CUDA Kernels for Multinúcleo CPUs. Em *Proceedings of the 21st International Workshop on Languages and Compilers for Parallel Computing (LCPC)*. Canadá: Edmonton.

[5] Observe que as variáveis gridDim e blockDim são variáveis internas, pré-definidas, que são acessíveis nas funções de kernel. Elas não devem ser confundidas com as variáveis definidas pelo usuário dimGrid e dimBlock, que são usadas no código host com a finalidade de estabelecer os parâmetros de configuração. Os valores desses parâmetros de configuração por fim se tornarão os valores de gridDim e blockDim quando o kernel tiver sido disparado.

CAPÍTULO 4

Threads CUDA

Sumário do Capítulo

Introdução

Threads detalhadas e com dados paralelos são o meio fundamental de execução paralela em CUDA™. Conforme explicamos no Capítulo 3, disparar uma função do kernel CUDA cria uma grade de *threads*, em que todas executam a função do kernel. Ou seja, a função do kernel especifica as instruções C que são executadas por cada *thread* criada individualmente quando o kernel é disparado em *runtime*. Este capítulo apresenta mais detalhes sobre a organização, atribuição de recursos e escalonamento de *threads* em uma grade. Um programador CUDA que entende esses detalhes está bem equipado para escrever e entender aplicações CUDA de alto desempenho.

4.1 Organização de threads no CUDA

Como todas as *threads* em uma grade executam a mesma função do kernel, elas contam com coordenadas exclusivas para distinguirem-se umas das outras e identificar a parte apropriada dos dados que devem processar. Essas *threads* são organizadas em uma hierarquia de dois níveis usando coordenadas exclusivas — `blockIdx` (para índice de bloco) e `threadIdx` (para índice de *thread*) — atribuídas a elas pelo sistema de *runtime* CUDA. `blockIdx` e `threadIdx` aparecem como variáveis embutidas, pré-inicializadas, que podem ser acessadas de dentro das funções do kernel. Quando uma *thread* executa a função do kernel, as referências às variáveis `blockIdx` e `threadIdx` retornam as coordenadas daquela *thread* específica. Variáveis embutidas adicionais, `gridDim` e `blockDim`, oferecem a dimensão da grade e a dimensão de cada bloco, respectivamente.

A Figura 4.1 mostra um exemplo simples da organização de *threads* CUDA. A grade neste exemplo consiste em N blocos de *threads*, cada um com um valor `blockIdx.x` que varia de 0 a $N-1$. Cada bloco, por sua vez, consiste em M *threads*, cada uma com um valor `threadIdx.x` que varia de 0 a $M-1$. Todos os blocos no nível de grade são organizados como uma matriz unidimensional; todas as *threads* dentro de cada bloco também são organizadas como uma matriz unidimensional. Cada grade tem um total de $N*M$ *threads*.

A caixa preta de cada bloco de *threads* na Figura 4.1 mostra um fragmento do código do kernel. O fragmento de código usa `threadID=blockIdx.x * blockDim.x+threadIdx` para identificar a parte dos dados de entrada para ler e a parte da estrutura de dados de saída para escrever. A *thread* 3 do Bloco 0 tem um valor de `threadID` de $0*M+3=3$. A *thread* 3 do Bloco 5 tem um valor de `threadID` igual a $5*M+3$.

Suponha que uma grade tenha 128 blocos ($N=128$) e que cada bloco tenha 32 *threads* ($M=32$). Neste exemplo, o acesso a `blockDim` no kernel retorna 32. Existem um total de $128*32=4096$ *threads* na grade. A *thread* 3 do Bloco 0 tem um valor de endereçamento de *thread* de $0*32+3=3$. A *thread* 3 do Bloco 5 tem um valor de endereçamento de $5*32+3=163$. A *thread* 15 do Bloco 102 tem um endereço de 3279. O leitor deverá verificar se cada uma das 4096 *threads* tem seu próprio valor de endereçamento exclusivo. Na Figura 4.1, o código do kernel usa a variável threadID para indexar as matrizes `input[]` e `output[]`. Se consideramos que as duas matrizes são declaradas com 4096 elementos, então cada *thread* apanhará um dos elementos de entrada e produzirá um dos elementos de saída.

Em geral, uma grade é organizada como uma matriz bidimensional de blocos. Cada bloco é organizado em uma matriz tridimensional de *threads*. A organização exata de uma grade é determinada pela configuração de execução estabelecida no disparo do kernel. O primeiro parâmetro especifica as dimensões da grade em termos do número de blocos. O segundo especifica as dimensões de cada bloco em termos do número de *threads*. Cada um desses parâmetros é um tipo `dim3`, que é basicamente uma `struct` do C com três campos inteiros sem sinal: x, y e z. Como as grades são matrizes bidimensionais de dimensões de blocos, o terceiro campo do parâmetro de dimensão da grade é ignorado; ele deve ser definido como 1 por objetividade. O código do host, a seguir, pode ser usado para disparar o kernel cuja organização aparece na Figura 4.1:

```
dim3 dimGrid(128, 1, 1);
dim3 dimBlock(32, 1, 1);
KernelFunction<<<dimGrid, dimBlock>>>(. . .);
```

As duas primeiras instruções inicializam os parâmetros de configuração de execução. Como a grade e os blocos são matrizes unidimensionais, somente a primeira dimensão de `dimBlock` e `dimGrid` são usadas. As outras dimensões são definidas como 1. A terceira

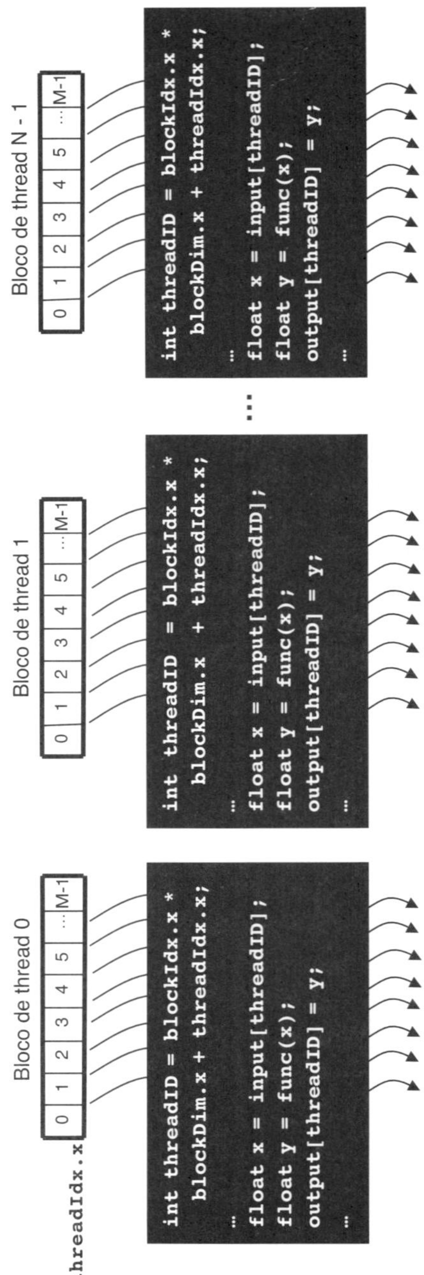

Figura 4.1
Visão geral da organização de threads CUDA.

instrução é o disparo real do kernel. Os parâmetros de configuração de execução estão entre <<< e >>>. Observe que valores escalares também podem ser usados para os parâmetros de configuração de execução se a grade ou bloco tiver apenas uma dimensão; por exemplo, a mesma grade pode ser disparada com uma instrução:

```
KernelFunction<<<128, 32>>>(. . .);
```

Os valores de `gridDim.x` e `gridDim.y` podem variar de 1 a 65.535. Os valores de `gridDim.x` e `gridDim.y` podem ser calculados com base em outras variáveis no momento do disparo do kernel. Quando um kernel é disparado, suas dimensões não podem mudar. Todas as *threads* em um bloco compartilham o mesmo valor de `blockIdx`. O valor de `blockIdx.x` varia entre 0 e `gridDim.x – 1`, e o valor de `blockIdx.y` entre 0 e `gridDim.y – 1`.

A Figura 4.2 mostra uma pequena grade 2D que é disparada com o seguinte código do host:

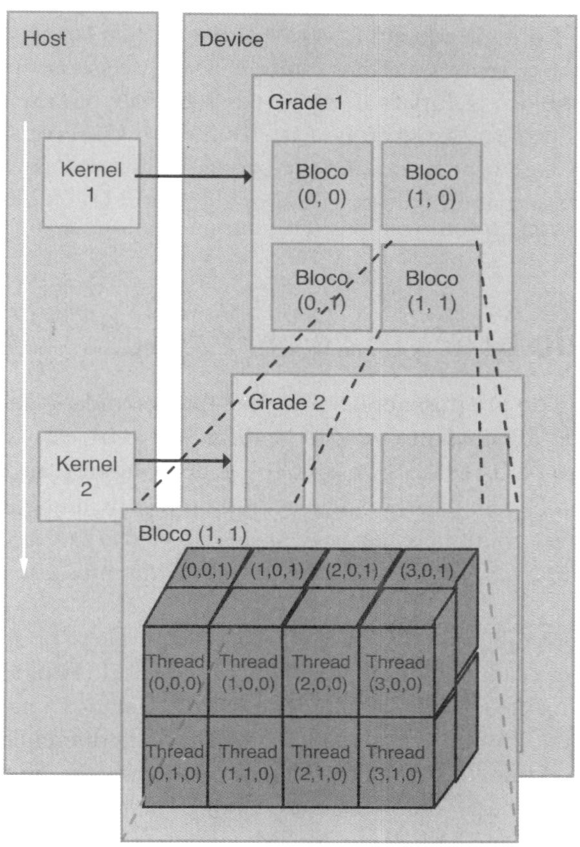

Figura 4.2

Um exemplo multidimensional de organização de grade CUDA.

```
dim3 dimGrid(2, 2, 1);
dim3 dimBlock(4, 2, 2);
KernelFunction<<<dimGrid, dimBlock>>>(. . .);
```

A grade consiste em quatro blocos organizados em uma matriz de 2×2. Cada bloco na Figura 4.2 é rotulado com (`blockIdx.x`, `blockIdx.y`); por exemplo, Block(1,0) tem `blockIdx.x`=1 e `blockIdx.y`=0.

Em geral, os blocos são organizados em matrizes 3D de *threads*. Todos os blocos em uma grade têm as mesmas dimensões. Cada `threadIdx` consiste em três componentes: a coordenada *x* `threadIdx.x`, a coordenada *y* `threadIdx.y`, e a coordenada *z* `threadIdx.z`. O número de *threads* em cada dimensão de um bloco é especificado pelo segundo parâmetro de configuração de execução dado no disparo do kernel, sendo que esse parâmetro de configuração pode ser acessado como uma variável `struct` predefinida, `blockDim`. O tamanho total de um bloco é limitado a 512 *threads*, com flexibilidade na distribuição desses elementos para as três dimensões desde que o número total de *threads* não exceda 512. Por exemplo, (512,1,1), (8,16,2) e (16,16,2) são todos valores de `blockDim` permitidos, mas (32, 32, 1) não é permitido, pois o número total de *threads* seria 1024.

A Figura 4.2 também ilustra a organização das *threads* dentro de um bloco. Neste exemplo, cada bloco é organizado em matrizes de 4×2×2 de *threads*. Já que todos os blocos dentro de uma grade têm as mesmas dimensões, só precisamos mostrar um deles. A Figura 4.2 expande o bloco (1,1) para mostrar suas 16 *threads*; por exemplo, a *thread* (2,1,0) tem `threadIdx.x`=2, `threadIdx.y`=1 e `threadIdx.z`=0. Observe que, neste exemplo, temos 4 blocos de 16 *threads* cada, com um total geral de 64 *threads* na grade. Usamos esses números pequenos para manter a ilustração simples. As grades CUDA típicas contêm de milhares a milhões de *threads*.

4.2 Usando `blockIdx` e `threadIdx`

Do ponto de vista do programador, a principal funcionalidade das variáveis `blockIdx` e `threadIdx` é fornecer às *threads* um meio de se distinguir entre elas ao executar o mesmo kernel. Um típico uso para `threadIdx` e `blockIdx` é determinar a área dos dados em que uma *thread* deve atuar. Isso foi ilustrado pelo código simples de multiplicação de matriz na Figura 3.11, em que o produto escalar usa `threadIdx.x` e `threadIdx.y` para identificar a linha de **Md** e a coluna de **Nd** na qual atuará. Agora, veremos um uso mais sofisticado dessas variáveis.

Uma limitação do código simples da Figura 3.11 é que ele só pode lidar com matrizes de até 16 elementos em cada dimensão. Essa limitação vem do fato de a função do kernel invocado não usar `blockIdx`. Como resultado, estamos limitados a usar apenas um bloco de *threads*. Mesmo que usássemos mais blocos, as *threads* de diferentes blocos acabariam calculando o mesmo elemento **Pd** se eles tiverem o mesmo valor de `threadIdx`. Lembre-se de que cada bloco pode ter até 512 *threads*. Com cada *thread* calculando um elemento de **Pd**, podemos calcular até 512 elementos **Pd** com o código. Para matrizes quadradas, estamos limitados a 16 × 16, pois 32 × 32 exigiria mais de 512 *threads* por bloco.

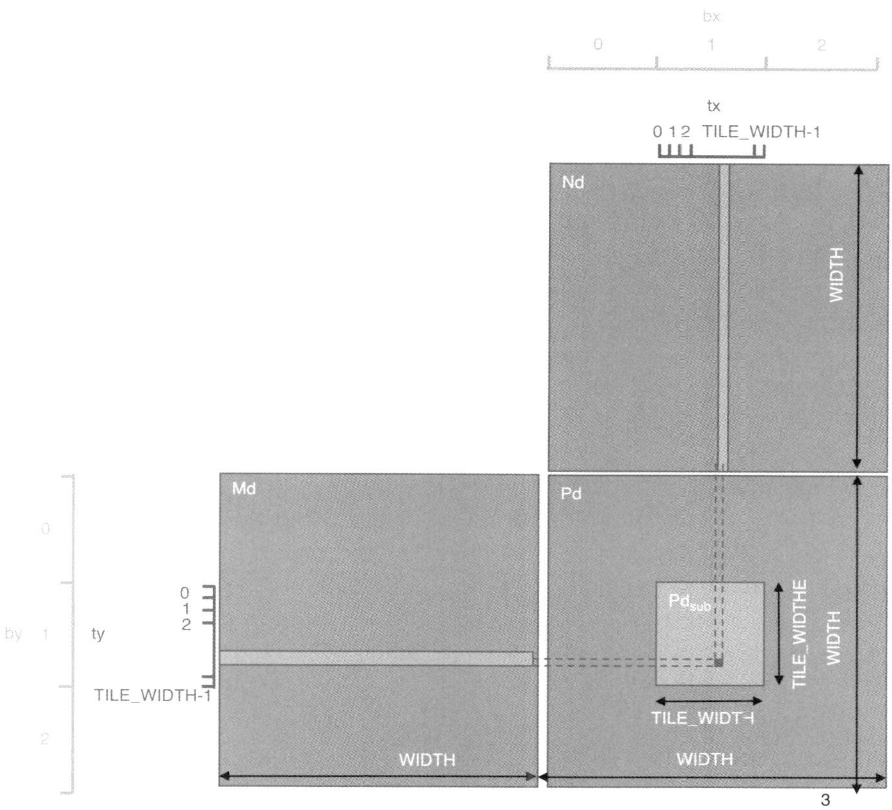

Figura 4.3

Multiplicação de matriz usando múltiplos blocos ladrilhando Pd.

Para acomodar matrizes maiores, precisamos usar vários blocos de *thread*. A Figura 4.3 mostra a ideia básica dessa técnica. Conceitualmente, dividimos **Pd** em ladrilhos quadrados. Todos os elementos de **Pd** de um ladrilho são calculados por um bloco de *threads*. Mantendo as dimensões desses ladrilhos de **Pd** pequenas, mantemos o número total de *threads* em cada bloco abaixo de 512, o tamanho de bloco máximo permissível. Na Figura 4.3, para simplificar, abreviamos `threadIdx.x` e `threadIdx.y` como `tx` e `ty`. De modo semelhante, abreviamos `blockIdx.x` e `blockIdx.y` como `bx` e `by`.

Cada *thread* ainda calcula um elemento de **Pd**. A diferença é que precisa usar seus valores de `blockIdx` para identificar o ladrilho que contém seu elemento antes de usar seus valores de `threadIdx` para identificar seu elemento dentro do ladrilho. Ou seja, cada *thread* agora usa tanto `threadIdx` quanto `blockIdx` para identificar o elemento de **Pd** em que atuará. Isso é representado na Figura 4.3, na qual os valores de `bx`, `by`, `tx` e `ty` das *threads* calculando os elementos de **Pd** são marcadas nas dimensões *x* e *y*. Todas as *threads* calculando os elementos de **Pd** dentro de um ladrilho têm os mesmos valores de `blockIdx`.

Suponha que as dimensões de um bloco sejam quadradas e sejam especificadas pela variável `TILE_WIDTH`. Cada dimensão de **Pd** agora é dividida em seções de `TILE_WIDTH` elementos cada, como mostram as margens esquerda e superior da Figura 4.3. Cada bloco cuida de uma dessas seções. Assim, uma *thread* pode encontrar o índice *x* de seu elemento **Pd** como (`bx*TILE_WIDTH + tx`) e o índice *y* como (`by*TILE_WIDTH + ty`). Ou seja, a *thread* (`tx, ty`) no bloco (`bx, by`) deve usar a linha (`by*TILE_WIDTH + ty`) de **Md** e coluna (`bx*TILE_WIDTH + tx`) de **Nd** para calcular o elemento **Pd** na coluna (`bx*TILE_WIDTH + tx`) e linha (`by*TILE_WIDTH + ty`).

A Figura 4.4 mostra um pequeno exemplo do uso de múltiplos blocos para calcular **Pd**. Para simplificar, usamos um valor de `TILE_WIDTH` muito pequeno (2), para podermos colocar o exemplo inteiro em uma figura. A matriz **Pd** agora é dividia em 4 ladrilhos. Cada dimensão de **Pd** agora é dividida em seções de 2 elementos. Cada bloco precisa calcular 4 elementos de **Pd**. Podemos fazer isso criando blocos organizados em matrizes de 2 × 2 *threads*, com cada *thread* calculando um elemento de **Pd**. No exemplo, a *thread* (0,0) do bloco (0,0) calcula **Pd**$_{0,0}$, enquanto a *thread* (0,0) do bloco (1,0) calcula **Pd**$_{2,0}$. É fácil verificar que se pode identificar o elemento de **Pd** calculado pela *thread* (0,0) do bloco (1,0) com a fórmula indicada acima: `Pd[bx* TILE_WIDTH + tx] [by* TILE_WIDTH + ty] = Pd[1*2 + 0] [0*2 + 0] = Pd[2][0]`. O leitor deverá aplicar a derivação de índice para tantas *threads* quantas forem necessárias para se acostumar com o conceito.

Quando tivermos identificado os índices para o elemento de **Pd** a ser calculado por uma *thread*, também teremos identificado o índice de linha (*y*) e o índice de coluna (*x*) de **Nd** dos valores de entrada. Como vemos na Figura 4.3, o índice de linha de **Md** usado pela *thread* (`tx, ty`) do bloco (`bx, by`) é (`by*TILE_WIDTH + ty`). O índice de coluna de **Nd** usado pela mesma *thread* é (`bx*TILE_WIDTH + tx`). Agora, estamos prontos para revisar o kernel da Figura 3.11 para uma versão que usa múltiplos blocos para calcular **Pd**.

A Figura 4.5 ilustra os passos da multiplicação em cada bloco de *thread*. Para a multiplicação de matriz pequena, as *threads* no bloco (0,0) produzem quatro produtos escalares: *Thread* (0,0) gera **Pd**$_{0,0}$ calculando o produto escalar da linha 0 de **Md** e coluna 0 de **Nd**. A *thread* (1,0) gera **Pd**$_{1,0}$ calculando o produto escalar da linha 0 de **Md** e coluna 1 de **Nd**. As setas de **Pd**$_{0,0}$, **Pd**$_{1,0}$, **Pd**$_{0,1}$ e **Pd**$_{1,1}$ mostram a linha e coluna usada para gerar seu valor resultante.

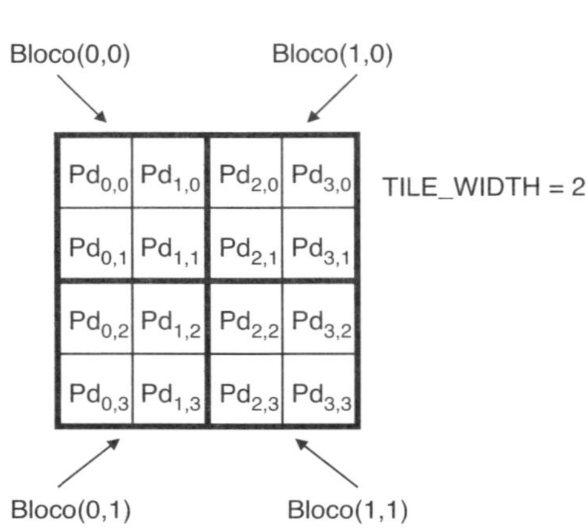

Figura 4.4

Um exemplo simplificado do uso de múltiplos blocos para calcular Pd.

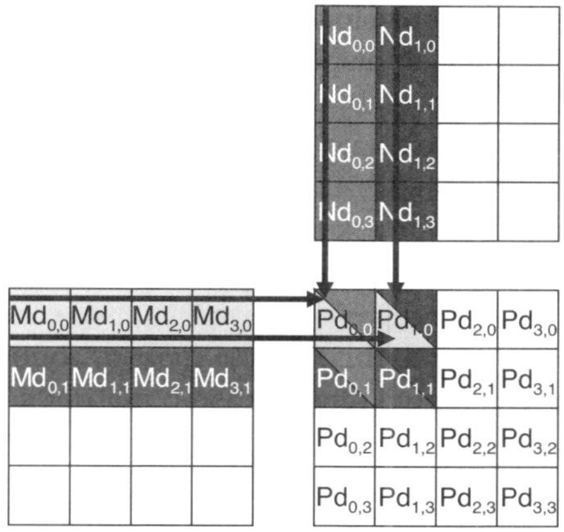

Figura 4.5

Ações de multiplicação de matriz de um bloco de thread.

```
__global__ voidMatrixMulKernel(float*Md, float*Nd, float* Pd, int Width)
{
  // Calcula o índice de linha do elemento de Pd e M
  int Row=blockIdx.y*TILE_WIDTH+threadIdx.y;
  // Calcula o índice de coluna de Pd e N
  int Col=blockIdx.x*TILE_WIDTH+threadIdx.x;

  float Pvalue=0;
  // cada thread calcula um elemento da sub-matriz do bloco
  for (int k=0; k < Width; ++k)
    Pvalue += Md[Row*Width+k] * Nd[k*Width+Col];

  Pd[Row*Width+Col]=Pvalue;
}
```

Figura 4.6

Kernel de multiplicação de matriz revisado usando múltiplos blocos.

A Figura 4.6 mostra uma função do kernel de multiplicação de matriz revisada, que agora usa múltiplos blocos. Na Figura 4.6, cada *thread* usa seus valores de `blockIdx` e `threadIdx` para identificar o índice de linha (`Row`) e o índice de coluna (`Col`) do elemento **Pd** pelo qual é responsável. Depois, ela realiza um produto escalar sobre a linha de **Md** e coluna de **Nd** para gerar o valor do elemento **Pd**. Por fim, ela escreve o valor de **Pd** no local apropriado da memória global. Observe que esse kernel pode lidar com matrizes de até 16 × 65.535 elementos em cada dimensão. Nas situações em que matrizes maiores do que esse novo limite devem ser multiplicadas, pode-se dividir a matriz **Pd** em submatrizes de um tamanho permitido pelo kernel. Cada submatriz ainda seria processada por um amplo número de blocos (65.535 × 65.535), que podem ser executados em paralelo uns com os outros e utilizarão todos os recursos de execução paralela de quaisquer processadores no futuro.

A Figura 4.7 mostra o código do host revisado a ser usado na sub function `MatrixMultiplication()` para disparar o kernel revisado. Observe que a `dimGrid` agora recebe

```
// Define a configuração de execução
  dim3 dimGrid(Width/TILE_WIDTH, Width/TILE_WIDTH);
  dim3 dimBlock(TILE_WIDTH, TILE_WIDTH);

// Dispara as threads de cálculo do device!
MatrixMulKernel<<<dimGrid, dimBlock>>>(Md, Nd, Pd, Width);
```

Figura 4.7

Novo código do host para disparar o kernel revisado.

o valor de `Width/TILE_WIDTH` para a dimensão x e para a dimensão y. O código revisado agora dispara o `MatrixMulKernel()` com múltiplos blocos. Observe que o código trata as matrizes Md, Nd e Pd como uma matriz unidimensional com layout de linha primeiro. O cálculo dos índices usados para acessar Md, Nd e Pd é o mesmo que aquele da Seção 3.3.

4.3 Sincronismo e escalabilidade transparente

CUDA permite que as *threads* no mesmo bloco coordenem suas atividades usando uma função de sincronismo de barreira, `__syncthreads()`. Quando uma função do kernel chama `__syncthreads()`, a *thread* que executa a chamada de função será mantida no local de chamada até que cada *thread* no bloco alcance o local. Isso garante que todas as *threads* em um bloco tenham completado uma fase de sua execução do kernel antes de que qualquer uma prossiga para o passo seguinte. Discutiremos um uso importante de `__syncthreads()` no Capítulo 5.

O sincronismo de barreira é um método simples e popular de coordenação de atividades paralelas. Na vida real, normalmente, usamos sincronismo de barreira para coordenar as atividades paralelas de várias pessoas. Por exemplo, suponha que quatro amigos vão a um shopping center de carro. Cada um deles vai para lojas diferentes para comprar suas próprias roupas. Essa é uma atividade paralela e é muito mais eficiente do que se todos permanecerem como um grupo e visitarem sequencialmente cada uma das lojas para comprar suas roupas. Porém, o sincronismo de barreira é necessário antes que eles saiam do shopping. Eles precisam esperar até que todos os quatro amigos tenham retornado ao carro antes que possam sair. Sem o sincronismo de barreira, uma ou mais pessoas poderiam ser deixadas no shopping quando o carro sair, prejudicando seriamente a amizade entre elas!

Em CUDA, uma instrução `__syncthreads()` precisa ser executada por todas as *threads* em um bloco. Quando uma instrução `__syncthreads()` é colocada em uma instrução *if*, ou todas as *threads* em um bloco executam o caminho que inclui o `__syncthreads()` ou nenhuma delas executa. Para uma instrução *if–then–else*, se cada caminho tem uma instrução `__syncthreads()`, então, ou todas as *threads* em um bloco executam o `__syncthreads()` no caso do *then* ou todas elas executam no caso do *else*. Os dois `__syncthreads()` são pontos de sincronismo de barreira diferentes. Se uma *thread* em um bloco executasse o caminho *then* e outra executasse o caminho *else*, então elas ficariam esperando em pontos de sincronismo de barreira diferentes, e acabariam esperando umas pelas outras indefinidamente.

A capacidade de sincronizar também impõe restrições de execução sobre as *threads* dentro de um bloco. Essas *threads* devem ser executadas próximas umas das outras em relação ao tempo para evitar tempos de espera excessivamente longos. Os sistemas de *runtime* CUDA satisfazem essa restrição atribuindo recursos de execução a todas as *threads* em um bloco como uma unidade; ou seja, quando uma *thread* de um bloco é atribuída a um recurso de execução, todas as outras *threads* no mesmo bloco também são atribuídas ao mesmo recurso, o que garante a proximidade de tempo de todas as *threads* em um bloco e evita tempo de espera excessivo durante o sincronismo de barreira.

Isso nos leva a um dilema importante no projeto do sincronismo de barreira em CUDA. Não permitindo que as threads em diferentes blocos realizem sincronismo de barreira entre si, o sistema de *runtime* CUDA pode executar blocos em qualquer ordem um em relação ao outro, pois nenhum deles precisa esperar pelo outro. Essa flexibilidade permite implementações escaláveis, como mostra a Figura 4.8. Em uma implementação de baixo custo, com apenas alguns recursos de execução, pode-se executar um pequeno número de blocos ao mesmo tempo (mostrado como a execução de dois blocos de cada vez no lado esquerdo da Figura 4.8). Em uma implementação mais sofisticada, com mais recursos de execução, pode-se executar um grande número de blocos ao mesmo tempo (mostrado como a execução de quatro blocos de cada vez no lado direito da Figura 4.8). A capacidade de executar o mesmo código de aplicação em várias velocidades permite a produção de uma grande faixa de implementações, de acordo com os requisitos de custo, potência e desempenho de determinados segmentos do mercado. Um processador móvel, por exemplo, pode executar uma aplicação lentamente, mas com um consumo de energia extremamente baixo, e um processador de desktop pode executar a mesma aplicação em uma velocidade mais alta, enquanto consome mais energia. Ambos executam exatamente o mesmo programa de aplicação, sem mudança no código. A capacidade de executar o mesmo código de aplicação no hardware com diferentes números de recursos de execução é conhecida como *escalabilidade transparente*, que diminui o trabalho dos desenvolvedores de aplicação e melhora a usabilidade das aplicações.

4.4 Atribuição de *threads*

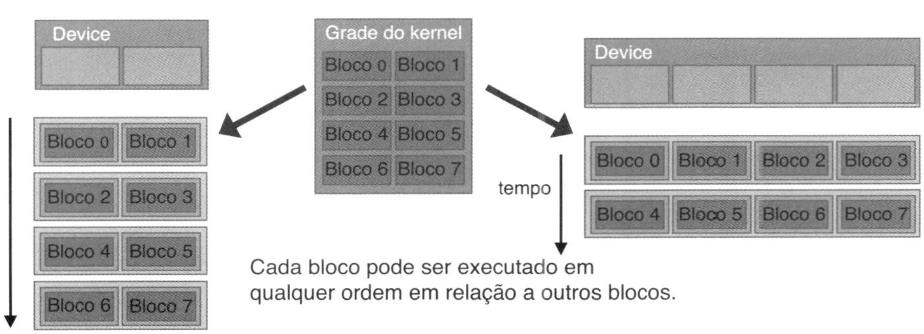

Figura 4.8

Escalabilidade transparente para programas CUDA, permitida pela ausência de restrições de sincronismo entre os blocos.

Quando um kernel é disparado, o sistema de *runtime* CUDA gera a grade de *threads* correspondente. Essas *threads* são atribuídas a recursos de execução com base em cada bloco. Na geração atual de hardware, os recursos de execução são organizados em multiprocessadores da streaming (SMs); por exemplo, a implementação NVIDIA® GT200 tem 30 multiprocessadores streaming, 2 dos quais aparecem na Figura 4.9. Até 8 blocos podem ser atribuídos a cada SM no projeto do GT200, desde que haja recursos suficientes para satisfazer as necessidades de todos os blocos. Em situações com uma quantidade insuficiente de um ou mais tipos de recursos necessários para a execução simultânea de 8 blocos, o *runtime* CUDA automaticamente reduz o número de blocos atribuídos a cada SM até que o uso do recurso esteja abaixo do limite. Com 30 SMs no processador GT200, até 240 blocos podem ser atribuídos simultaneamente a eles. A maioria das grades contém muito mais do que 240 blocos. O sistema de *runtime* mantém uma lista dos blocos que precisam ser executados e atribui novos blocos aos SMs à medida que completam a execução dos blocos previamente atribuídos a eles.

A Figura 4.9 mostra um exemplo em que três blocos de *threads* são atribuídos a cada SM. Uma das limitações de recursos do SM é o número de *threads* que podem ser acompanhadas e escalonadas simultaneamente. São necessários recursos de hardware para os SMs manterem as IDs de *thread* e de bloco, e acompanharem seu *status* de execução. No projeto do GT200, até 1024 *threads* podem ser atribuídas a cada SM. Isso poderia ser na forma de 4 blocos de 256 *threads* cada, 8 blocos de 128 *threads* cada etc. Deverá ser óbvio que 16 blocos de 64 *threads* cada não é possível, pois cada SM só pode acomodar até 8 blocos. Como o GT200 tem 30 SMs, até 30.720 *threads* podem ser atribuídas simultaneamente, residindo nos SMs para execução. O número de *threads* que podem ser atribuídas a cada SM aumentou do G80 para o GT200. Cada SM no G80 pode acomodar 768 *threads* e, como o G80 tem 16 SMs, até 12.288 *threads* podem estar residindo simultaneamente nos SMs para execução. A escalabilidade transparente da CUDA permite que o mesmo código de aplicação seja executado sem alteração no G80 e no GT200.

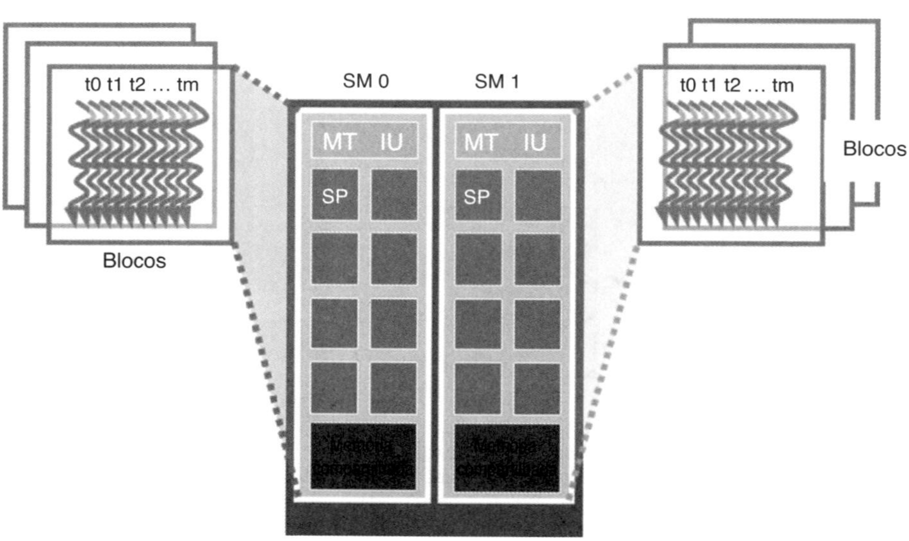

Figura 4.9

Atribuição de bloco de threads aos multiprocessadores de streaming (SMs).

4.5 Escalonamento de threads e tolerância à latência

O escalonamento de *threads* é estritamente um conceito de implementação, e por isso deverá ser discutido no contexto das implementações de hardware específicas. Na implementação do GT200, quando um bloco é atribuído a um multiprocessador de streaming, ele é dividido ainda em unidades de 32 *threads*, chamadas *warps*. O tamanho dos warps é específico da implementação. Na verdade, os warps não fazem parte da especificação CUDA; contudo, o conhecimento dos warps pode ser útil para entender e otimizar o desempenho das aplicações CUDA em arquiteturas específicas de devices CUDA. O warp é a unidade de escalonamento de *threads* nos SMs. A Figura 4.10 mostra a divisão de blocos em warps no GT200. Cada warp consiste em 32 *threads* de valores `threadIdx` consecutivos: as *threads* de 0 a 31 formam o primeiro warp, as *threads* de 32 a 63 formam o segundo warp, e assim sucessivamente. Neste exemplo, três blocos (Bloco 1, Bloco 2 e Bloco 3) são atribuídos a um SM. Cada um dos três blocos é dividido ainda mais em warps para fins de escalonamento.

Podemos calcular o número de warps que residem em um SM para determinado tamanho de bloco e determinado número de blocos atribuídos a cada SM. Na Figura 4.10, por exemplo, se cada bloco tem 256 *threads*, então, podemos determinar que cada bloco tem 256/32 ou 8 warps. Com 3 blocos em cada SM, temos $8 \times 3 = 24$ warps em cada SM. Esse, de fato, é o número máximo de warps que podem residir em cada SM no G80, pois

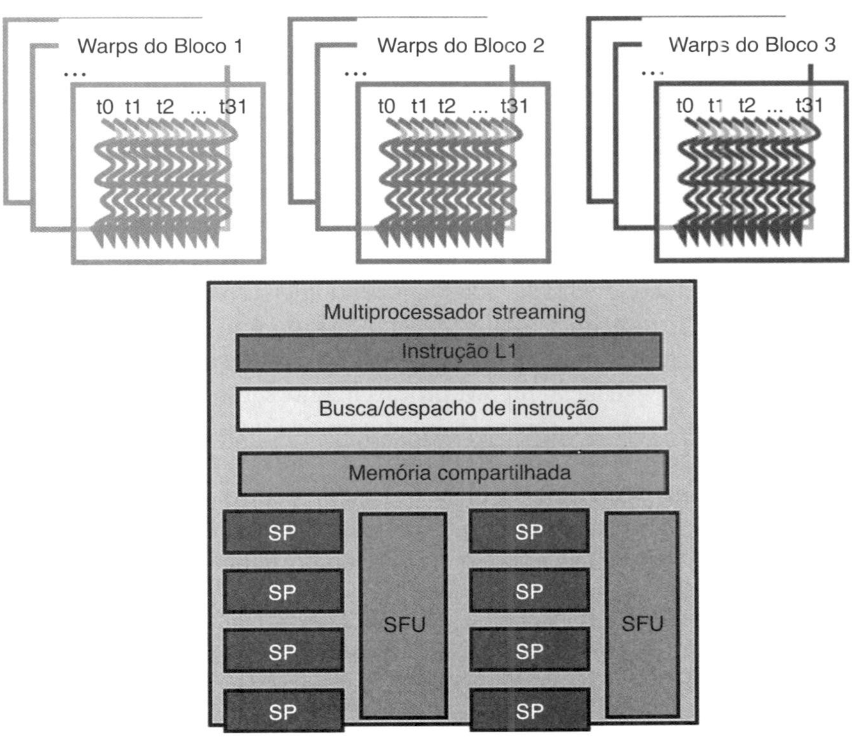

Figura 4.10

Blocos particionados em warps para escalonamento de threads.

não pode haver mais de 768 *threads* em cada SM, o que significa 768/32 = 24 warps. Esse número aumenta para 32 warps por SM no GT200.

Uma pergunta legítima é por que precisamos ter tantos warps em um SM se existem apenas 8 SPs em um SM? A resposta é que é assim que os processadores CUDA executam de modo eficiente as operações de longa latência, como os acessos à memória global. Quando uma instrução executada pelas *threads* em um warp precisa esperar pelo resultado de uma operação de longa latência iniciada anteriormente, o warp não é selecionado para execução. Outro warp residente que não está mais esperando pelos resultados é selecionado para execução. Se mais de um warp estiver pronto para execução, um mecanismo de prioridade é usado para selecionar alguém para a execução. Esse mecanismo de preencher a latência de operações dispendiosas com trabalho de outras *threads* normalmente é conhecido como *ocultação de latência.*

Observe que o escalonamento de warp também é usado para tolerar outros tipos de operações de longa latência, como a aritmética de ponto flutuante em pipeline e instruções de desvio. Com warps suficientes, o hardware provavelmente encontrará um warp para executar em qualquer ponto no tempo, fazendo assim uso completo do hardware de execução, apesar das operações de longa latência. A seleção de warps prontos para execução não introduz qualquer tempo ocioso na linha do tempo de execução, o que é conhecido como *escalonamento de thread de overhead zero*. Com o escalonamento de warp, o longo tempo de espera das instruções de warp é ocultado pela execução de instruções de outros warps. Essa capacidade de tolerar operações de longa latência é o motivo principal pelo qual as unidades de processamento gráfico (GPUs) não dedicam muita área do chip para memórias cache e mecanismos de previsão de desvio, como fazem as unidades centrais de processamento (CPUs). Como resultado, as GPUs podem dedicar mais de sua área do chip para recursos de execução de ponto flutuante.

Agora, estamos prontos para realizar um exercício simples.[1] Para a multiplicação de matriz em uma GT200, devemos usar blocos de *threads* de dimensões de 8×8, 16×16 ou 32×32? Para responder à pergunta, podemos analisar os prós e os contras de cada escolha. Se usarmos blocos de 8×8, cada bloco teria apenas 64 *threads*, e precisaremos de 1024/64 = 12 blocos para ocupar totalmente um SM; porém, como estamos limitados a 8 blocos em cada SM, acabaremos com apenas $64 \times 8 = 512$ *threads* em cada SM. Isso significa que os recursos de execução do SM provavelmente serão subutilizados, pois haverá menos warps para escalonar em torno das operações de longa latência.

Os blocos de dimensões de 16×16 geram 256 *threads* por bloco. Isso significa que cada SM pode apanhar 1024/256 = 4 blocos. Isso está dentro do limite de 8 blocos. Essa é uma boa configuração, pois teremos capacidade de *thread* total em cada SM e o número máximo de warps para escalonar as operações de longa latência. Os 32×32 blocos excedem o limite de até 512 *threads* por bloco.

[1] Observe que esse é um exercício demasiadamente simplificado. Conforme explicaremos no Capítulo 5, o uso de outros recursos, como registradores e memória compartilhada, também deve ser considerado quando se determina as dimensões de bloco mais apropriadas. Esse exercício destaca as interações entre o limite no número de blocos de threads e o limite no número de threads que podem ser atribuídos a cada SM.

4.6 Resumo

A configuração de execução do kernel define as dimensões de uma grade e seus blocos. Coordenadas exclusivas nas variáveis `blockIdx` e `threadIdx` permitem que as *threads* de uma grade identifiquem a si mesmas e seus domínios. É responsabilidade do programador usar essas variáveis nas funções do kernel de modo que as *threads* possam identificar corretamente a parte dos dados que irão processar. Esse modelo de programação obriga o programador a organizar as *threads* e seus dados em organizações hierárquicas e multidimensionais.

Quando uma grade é disparada, seus blocos são atribuídos a multiprocessadores streaming em ordem arbitrária, resultando na escalabilidade transparente de aplicações CUDA. A escalabilidade transparente vem com a limitação de que as *threads* em diferentes blocos não podem se sincronizar umas com as outras. A única maneira segura para as *threads* em diferentes blocos se sincronizarem entre si é terminar o kernel e iniciar um novo kernel para as atividades após o ponto de sincronismo.

As *threads* são atribuídas aos SMs para uma execução baseada em bloco por bloco. Para processadores GT200, cada SM pode acomodar até 8 blocos ou 1024 *threads*, o que se tornar uma primeira limitação. Quando um bloco é atribuído a um SM, ele é ainda dividido em warps. Em determinado momento, o SM executa apenas um subconjunto de seus warps residentes para execução. Isso permite que os outros warps esperem por operações de longa latência sem atrasar a vazão de execução geral do número maciço de unidades de execução.

4.7 Exercícios

4.1 Um aluno mencionou que foi capaz de multiplicar duas matrizes de 1024 × 1024 usando um código de multiplicação de matriz subdividida em ladrilhos com 1024 blocos de *thread* na G80. Ele mencionou ainda que cada *thread* em um bloco de *thread* calcula um elemento da matriz resultado. Qual seria a sua reação, e por quê?

4.2 O kernel a seguir é executado em uma grande matriz, que é dividida em submatrizes. Para manipular os ladrilhos, um novo programador CUDA escreveu o kernel de device a seguir para transpor cada ladrilho na matriz. Os ladrilhos são de tamanho `BLOCK_SIZE` e `BLOCK_SIZE`, e cada uma das dimensões da matriz A é conhecida como sendo um múltiplo de `BLOCK_SIZE`. A chamada do kernel e o código aparecem a seguir. `BLOCK_SIZE` é conhecido em tempo de compilação, mas poderia ser definido com qualquer valor entre 1 e 20.

```
dim3 blockDim(BLOCK_SIZE,BLOCK_SIZE);
dim3 gridDim(A_width/blockDim.x,A_height/blockDim.y);
BlockTranspose<<<gridDim, blockDim>>>(A, A_width, A_height);
__global__ void
BlockTranspose(float* A_elements, int A_width, int A_height)
{
  __shared__ float blockA[BLOCK_SIZE][BLOCK_SIZE];
  int baseIdx=blockIdx.x * BLOCK_SIZE+threadIdx.x;
  baseIdx += (blockIdx.y * BLOCK_SIZE +threadIdx.y) * A_width;
  blockA[threadIdx.y][threadIdx.x]=A_elements[baseIdx];
  A_elements[baseIdx]=blockA[threadIdx.x][threadIdx.y];
}
```

Dentre o intervalo de valores possíveis para `BLOCK_SIZE`, para que valores de `BLOCK_SIZE` esse kernel funcionará corretamente ao executar no device?

4.3 Se o código não for executado corretamente para todos os valores de `BLOCK_SIZE`, sugira uma conexão para o código para fazê-lo funcionar para todos os valores de `BLOCK_SIZE`.

CAPÍTULO

5 Memórias no CUDA

Sumário do Capítulo

Introdução

Até aqui, aprendemos a escrever uma função do kernel CUDA™ que é executada por um número maciço de *threads*. Os dados a serem processados por essas *threads* são primeiro transferidos da memória do host para a memória global do device. As *threads*, então, acessam sua parte dos dados a partir da memória global, usando suas IDs de bloco e IDs de *thread*. Também aprendemos mais detalhes da atribuição e escalonamento de *threads* para execução. Embora isso seja um ponto de partida muito bom, esses kernels CUDA simples provavelmente só alcançarão uma pequena fração da velocidade em potencial do hardware sendo usado. O desempenho fraco deve-se ao fato de que a memória global, que normalmente é implementada com memória de acesso aleatório dinâmico (DRAM), costuma ter longas latências de acesso (centenas de ciclos de clock) e largura de banda de acesso finita. Apesar do fato de ter muitas *threads* disponíveis para execução possa teoricamente tolerar longas latências de acesso à memória, facilmente é possível se deparar com uma situação na qual o congestionamento de tráfego nos caminhos de acesso da memória global impede quase todas as *threads* de fazerem progresso, tornando assim alguns dos multiprocessadores de streaming (SMs) ociosos. Para contornar esse congestionamento, CUDA oferece uma série de método adicionais para acessar a memória, o que pode remover a maioria das solicitações de dados para a memória global. Neste capítulo, você aprenderá a usar essas memórias para incrementar a eficiência da execução dos kernels CUDA.

5.1 Importância da eficiência do acesso à memória

Podemos ilustrar o efeito do acesso eficiente à memória calculando o nível de desempenho esperado do código do kernel para multiplicação de matriz na Figura 4.6, replicado aqui na Figura 5.1. A parte mais importante do kernel em termos do tempo de execução é o loop *for* que realiza os cálculos do produto escalar. Em cada iteração desse loop, dois acessos à memória global são realizados: para o cálculo de uma multiplicação de ponto flutuante e uma adição de ponto flutuante. Assim, a razão entre o cálculo de ponto flutuante e a operação de acesso à memória global é 1 para 1, ou 1,0. Vamos nos referir a essa razão como a *razão entre cálculo e acesso à memória global* (*CGMA*), definida como o número de cálculos de ponto flutuante realizados para cada acesso à memória global dentro de uma região de um programa CUDA.

A razão CGMA tem implicações importantes sobre o desempenho de um kernel CUDA. Por exemplo, o NVIDIA® G80 admite 86,4 gigabytes por segundo (GB/S) de largura de banda de acesso à memória global. A vazão do cálculo de ponto flutuante mais alto alcançável é limitada pela taxa em que os dados de entrada podem ser carregados pela memória global. Com 4 bytes em cada dado de ponto flutuante de precisão simples, pode-se esperar carregar nada mais do que 21,6 (86,4/4) giga de dados de precisão simples por segundo. Com uma razão CGMA de 1,0, o kernel de multiplicação de matriz não ultrapassará os 21,6 bilhões de operações de ponto flutuante (gigaflops) por segundo, pois cada operação requer um dado da memória global com precisão simples. Embora 21,6 gigaflops seja um número respeitável, ele é apenas uma pequena fração do desempenho de pico dos 367 gigaflops para o G80. Precisaremos aumentar a razão CGMA para alcançar um maior nível de desempenho para o kernel.

```
__global__ void MatrixMulKernel(float* Md, float* Nd, float* Pd, int Width)
{
// Calcula o índice de linha do elemento Pd e M
int Row=blockIdx.y*TILE_WIDTH+threadIdx.y;
// Calcula o índice de coluna de Pd e N
int Col=blockIdx.x*TILE_WIDTH+threadIdx.x;

float Pvalue=0;
// cada thread calcula um elemento da submatriz de blocos
for (interface k=0; k < Width; ++k)
 Pvalue += Md[Row*Width+k] * Nd[k*Width+Col];

Pd[Row*Width+Col]=Pvalue;
}
```

Figura 5.1

Kernel de multiplicação de matriz usando múltiplos blocos (ver Figura 4.6).

5.2 Tipos de memória do device CUDA

CUDA admite vários tipos de memória que podem ser usados pelos programadores para alcançar altas razões CGMA e, assim, altas velocidades de execução em seus kernels. A Figura 5.2 mostra essas memórias de device CUDA. Na parte inferior da figura, vemos a memória global e a memória constante. Esses tipos de memória podem ser escritos (W) e lidos (R) pelo host chamando funções da interface de programação de aplicação (API). Já apresentamos a memória global no Capítulo 3. A memória constante admite acesso de leitura com baixa latência, alta largura de banda pelo device quando todas as *threads* acessam simultaneamente o mesmo local.

Os registradores e a memória compartilhada na Figura 5.2 são memórias no chip. As variáveis que residem nesses tipos de memória podem ser acessadas em velocidade muito alta de uma maneira altamente paralela. Os registradores são alocados a *threads* individuais; cada *thread* só pode acessar seus próprios registradores. Uma função do kernel normalmente usa registradores para manter variáveis acessadas frequentemente, que são privadas a cada *thread*. A memória compartilhada é alocada em blocos de *threads* e todas as *threads* em um bloco podem acessar variáveis nos locais de memória compartilhada alocados nesse bloco. Um mecanismo eficiente para as *threads* cooperarem compartilhando seus dados de entrada e os resultados intermediários do seu trabalho é a memória compartilhada. E, declarando uma variável CUDA em um dos seus tipos de memória, um programador CUDA determina a visibilidade e a velocidade de acesso da variável.

A Tabela 5.1 apresenta a sintaxe CUDA para declarar variáveis do programa nos vários tipos de memória de device. Cada declaração desse tipo também dá à sua variável CUDA declarada um escopo e um tempo de vida. O escopo identifica o intervalo de *threads* que podem acessar a variável: por uma única *thread* apenas, por todas as *threads*

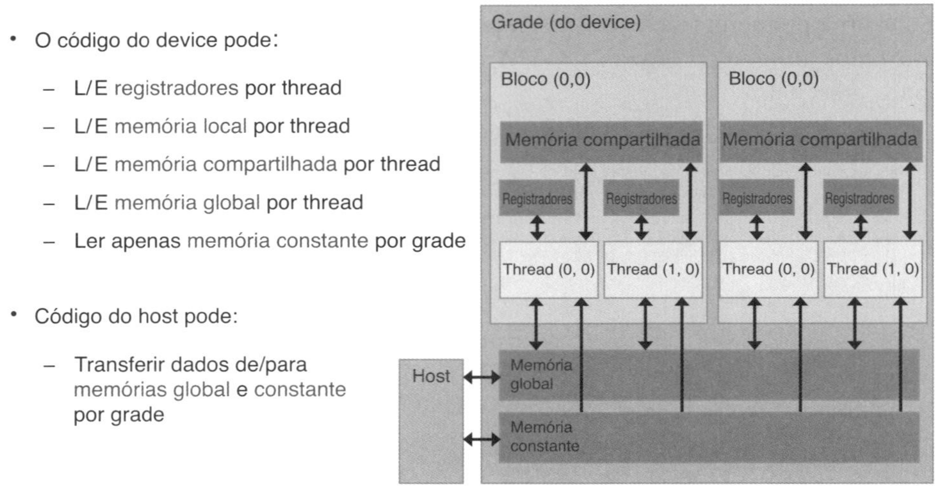

Figura 5.2

Visão geral do modelo de memória do device CUDA.

Declaração da variável	Memória	Escopo	Tempo de vida
Variáveis automáticas que não sejam matrizes	Registrador	Thread	Kernel
Variáveis automáticas de matriz	Local	Thread	Kernel
`__device__, __shared__, int SharedVar`	Compartilhada	Bloco	Kernel
`__device__, int GlobalVar;`	Global	Grade	Aplicação
`__device__, __constant__, int ConstVar;`	Constante	Grade	Aplicação

Tabela 5.1

Qualificadores de tipo de variável CUDA

de um bloco ou por todas as *threads* de todas as grades. Se o escopo de uma variável for uma única *thread*, uma versão privada da variável será criada para cada *thread*, em que cada uma só pode acessar sua versão privada da variável. Por exemplo, se um kernel declara uma variável cujo escopo é uma *thread* e ele é disparado com 1 milhão de *threads*, então 1 milhão de versões da variável serão criadas para que cada *thread* inicialize e use sua própria versão da variável.

O tempo de vida especifica o escopo em que a variável estará disponível ao longo da execução do programa: ou dentro da invocação do kernel ou durante a aplicação inteira. Se o tempo de vida de uma variável estiver dentro de uma invocação do kernel, ela deve ser declarada dentro do corpo da função do kernel e estará disponível para uso apenas pelo código do kernel. Se o kernel for invocado várias vezes, o conteúdo da variável não é mantido entre essas chamadas. Cada chamada precisa inicializar a variável para poder usá-las. Por outro lado, se o tempo de vida de uma variável for para toda a aplicação, ela deve ser declarada fora de qualquer corpo de função. O conteúdo da variável é mantido por toda a execução da aplicação e está disponível a todos os kernels.

Como vemos na Tabela 5.1, todas as variáveis escalares automáticas declaradas no kernel e funções do device são colocadas nos registradores. Vamos nos referir às variáveis que não são matrizes como variáveis *escalares*. Os escopos dessas variáveis automáticas estão dentro das *threads* individuais. Quando uma função do kernel declara uma variável automática, uma cópia privada dela é gerada para cada *thread* que executa a função do kernel. Quando uma *thread* termina, todas as suas variáveis automáticas também deixam de existir. Na Figura 5.1, as variáveis `tx`, `ty` e `Pvalue` são todas variáveis automáticas e entram nessa categoria. Observe que acessar essas variáveis é extremamente rápido e paralelo, mas é preciso ter cuidado para não exceder a capacidade limite do armazenamento de registradores nas implementações do hardware. Vamos detalhar esse ponto no Capítulo 6.

As variáveis de matriz automáticas não são armazenadas em registradores.[1] Em vez disso, elas são armazenadas na memória global e contraem longos atrasos de acesso e potenciais congestionamentos de acesso. O escopo desses matrizes, como as variáveis escalares, é limitado a *threads* individuais. Ou seja, uma versão privada de cada matriz

[1] Existem algumas exceções a essa regra. O compilador pode decidir armazenar uma matriz automática nos registradores se todos os acessos forem feitos com valores de índice constantes.

automático é criada e usada por cada *thread*. Quando uma *thread* termina sua execução, o conteúdo de suas variáveis de matriz automáticas também deixa de existir. Pela nossa experiência, raramente se precisa usar variáveis de matriz automáticas nas funções do kernel e funções do device.

Se uma declaração de variável for precedida pela palavra-chave `__shared__` (cada `__` consiste em dois caracteres `_`), ela declara uma variável compartilhada em CUDA. Pode-se também acrescentar um `__device__` opcional na frente do `__shared__` na declaração, para obter o mesmo efeito. Essas declarações normalmente residem dentro de uma função do kernel ou uma função do device. O escopo de uma variável compartilhada[2] é o de um bloco exclusivo de *threads*; ou seja, todas as *threads* em um bloco veem a mesma versão de uma variável compartilhada. Uma versão privada da variável compartilhada é criada e usada por cada bloco de *threads* durante a execução do kernel. O tempo de vida de uma variável compartilhada consiste na duração do kernel. Quando um kernel termina sua execução, o conteúdo de suas variáveis compartilhadas deixa de existir. As variáveis compartilhadas são um meio eficiente para as *threads* dentro de um bloco colaborarem umas com as outras. O acesso à memória compartilhada é extremamente rápido e altamente paralelo. Os programadores CUDA normalmente usam a memória compartilhada para manter a parte dos dados da memória global que são muito usados em uma fase de execução do kernel. Pode ser necessário ajustar os algoritmos desenvolvidos para criar etapas de execução que focalizam bastantes partes pequenas dos dados da memória global, conforme demonstraremos com a multiplicação de matriz na Seção 5.3.

Se uma declaração de variável for precedida pela palavra-chave `__constant__`, ela declara uma variável constante em CUDA. Pode-se também acrescentar um `__device__` opcional na frente de `__constant__` para obter o mesmo efeito. A declaração das variáveis constantes precisa estar fora de qualquer corpo de função. O escopo de uma variável constante são todas as grades, significando que todas as *threads* em todas as grades veem a mesma versão de uma variável constante. O tempo de vida de uma variável constante é a execução da aplicação inteira. As variáveis constantes normalmente são usadas para variáveis que oferecem valores de entrada para funções do kernel. As variáveis constantes são armazenadas na memória global, mas são mantidas em cache para que o acesso seja mais eficiente. Com padrões de acesso apropriados, acessar a memória constante é extremamente rápido e paralelo. Atualmente, o tamanho total das variáveis constantes em uma aplicação é limitado em 65.536 bytes. Pode ser necessário dividir o volume de dados de entrada para caber dentro dessa limitação, conforme ilustraremos no Capítulo 8.

Uma variável cuja declaração é precedida apenas pela palavra-chave `__device__` é uma variável global e será colocada na memória global. Os acessos a uma variável global são lentos; porém, as variáveis globais são visíveis a todas as *threads* de todos os kernels. Seu conteúdo também persiste pela execução inteira. Assim, as variáveis globais podem ser usadas como um meio para as *threads* colaborarem entre os blocos. Porém, é preciso estar ciente do fato de que atualmente não existe um meio de sincronização entre as *threads* de

---

[2] A notação "`extern_shared_SharedMatriz[]`" permite que o tamanho de uma matriz da memória compartilhada seja determinado em tempo de execução. Os leitores interessados deverão consultar mais detalhes no CUDA Programming Guide.

diferentes blocos ou garantir a consistência dos dados pelas *threads* ao acessar a memória global, a não ser terminando a execução do kernel atual. Portanto, as variáveis globais normalmente são usadas para passar informações de uma chamada do kernel para outra chamada do kernel.

Observe que existe uma limitação sobre o uso de ponteiros com variáveis CUDA declaradas na memória do device. Em geral, os ponteiros são usados para apontar para objetos de dados na memória global. Existem duas maneiras típicas em que o uso do ponteiro aparece nas funções do kernel e device. Primeiro, se um objeto for alocado por uma função do host, o ponteiro para o objeto é inicializado por `cudaMalloc()` e pode ser passado à função do kernel como um parâmetro; por exemplo, os parâmetros **Md**, **Nd** e **Pd** na Figura 5.1 são ponteiros desse tipo. O segundo tipo de uso é para atribuir o endereço de uma variável declarada na variável global a uma variável de ponteiro; por exemplo, a instrução `{float*ptr=&GlobalVar;}` em uma função do kernel atribui o endereço de `GlobalVar` à variável de ponteiro automática `ptr`.

5.3 Uma estratégia para reduzir o tráfego da memória global

Temos uma escolha intrínseca no uso das memórias do device em CUDA. A memória global é grande, porém lenta, enquanto a memória compartilhada é pequena, no entanto rápida. Uma estratégia comum é dividir os dados em subconjuntos, chamados *ladrilhos*, de modo que cada ladrilho se encaixe na memória compartilhada. O termo *ladrilho* vem da analogia de que uma parede grande (ou seja, os dados da memória global) normalmente pode ser coberta por ladrilhos (ou seja, subconjuntos que podem caber na memória compartilhada). Um critério importante é que os cálculos do kernel sobre esses ladrilhos pode ser feito independentemente um do outro. Observe que nem todas as estruturas de dados podem ser particionadas em ladrilhos, dada uma função de kernel arbitrária.

O conceito de ladrilho pode ser ilustrado com o exemplo de multiplicação de matriz. A Figura 5.3 mostra um pequeno exemplo de multiplicação de matriz usando múltiplos blocos. Ele corresponde à função do kernel na Figura 5.1. Esse exemplo considera que usamos quatro blocos de 2×2 para calcular a matriz **Pd**. A Figura 5.3 destaca o cálculo feito pelas quatro *threads* do bloco (0,0). Essas quatro *threads* calculam $\mathbf{Pd}_{0,0}$, $\mathbf{Pd}_{1,0}$, $\mathbf{Pd}_{0,1}$ e $\mathbf{Pd}_{1,1}$. Os acessos aos elementos **Md** e **Nd** pela *thread* (0,0) e a *thread* (1,0) do bloco (0,0) são destacados com setas pretas.

A Figura 5.4 mostra os acessos à memória global feitos por todas as *threads* no bloco (0,0). As *threads* são listadas na direção horizontal, com o tempo de acesso aumentando para baixo na direção vertical. Observe que cada *thread* acessa quatro elementos de **Md** e quatro elementos de **Nd** durante sua execução. Entre as quatro *threads* destacadas, existe uma sobreposição significativa em termos dos elementos de **Md** e **Nd** que elas acessam; por exemplo, tanto *thread* (0,0) quanto *thread* (1,0) acessam $\mathbf{Md}_{1,0,}$ bem como o restante da linha 0 de **Md**. De modo semelhante, tanto $thread_{1,0}$ quanto $thread_{1,1}$ acessam $\mathbf{Nd}_{1,0}$ bem como o restante da coluna 1 de **Nd**.

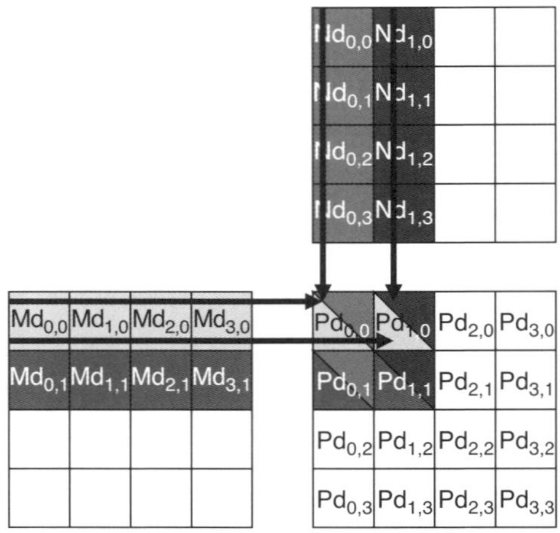

Figura 5.3

Um pequeno exemplo de multiplicação de matriz usando múltiplos blocos.

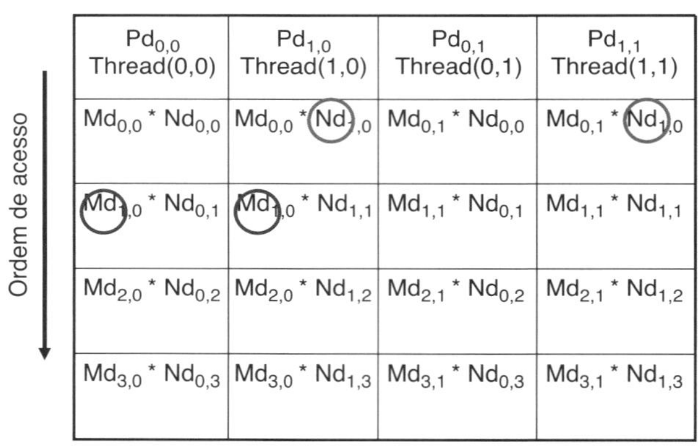

Figura 5.4

Acessos à memória global executados pelas threads no bloco (0,0).

O kernel na Figura 5.1 foi escrito de modo que tanto *thread* (0,0) quanto *thread* (1,0) acessem esses elementos da linha 0 de **Md** pela memória global. Se, de alguma forma, pudermos fazer com que *thread* (0,0) e *thread* (1,0) colaborem, de modo que esses elementos de **Md** só sejam lidos da memória global uma vez, podemos reduzir o número total de acessos à memória global pela metade. Em geral, podemos ver que cada elemento **Md** e **Nd** é acessado exatamente duas vezes durante a execução do bloco(0,0); portanto, se todas as quatro *threads* pudessem colaborar em seus acessos à memória global, poderíamos potencialmente reduzir o tráfego à memória global pela metade.

O leitor deverá verificar que a redução em potencial no tráfego da memória global no exemplo de multiplicação de matriz é proporcional à dimensão dos blocos utilizados.

Com $N \times N$ blocos, a redução em potencial do tráfego da memória global seria N. Ou seja, se usarmos 16×16 blocos, poderíamos potencialmente reduzir o tráfego da memória global para 1/16 através da colaboração entre as *threads*.

Agora, apresentamos um algoritmo no qual as *threads* colaboram para reduzir o tráfego para a memória global. A ideia básica é fazer com que as *threads* carreguem elementos de **Md** e **Nd** de forma colaborativa para a memória compartilhada, antes que utilizem individualmente esses elementos em seu cálculo de produto escalar. Lembre-se de que o tamanho da memória compartilhada é muito pequeno e é preciso ter cuidado para não exceder a capacidade da memória compartilhada ao carregar esses elementos **Md** e **Nd**. Isso pode ser feito dividindo-se as matrizes **Md** e **Nd** em ladrilhos menores, cujo tamanho é escolhido de modo que possam caber na memória compartilhada. Na forma mais simples, as dimensões são aquelas do bloco, conforme ilustramos na Figura 5.5.

Na Figura 5.5, dividimos **Md** e **Nd** em ladrilhos de 2×2, conforme delineado pelas linhas grossas. Os cálculos de produto escalar realizados por cada *thread* agora são divididos em etapas. Em cada etapa, todas as *threads* em um bloco colaboram para carregar um ladrilho de **Md** e um ladrilho de **Nd** para a memória compartilhada, o que é feito com cada *thread* em um bloco carregando um elemento de cada, conforme ilustramos na Figura 5.6. Cada linha da Figura 5.6 mostra as atividades de execução de uma *thread*. (Observe que o tempo agora prossegue da esquerda para a direita.) Só precisamos mostrar as atividades das *threads* no bloco (0,0); todos os outros blocos têm o mesmo comportamento. A matriz da memória compartilhada para os elementos de **Md** é chamada de **Mds**. A matriz da memória compartilhada para os elementos de **Nd** é chamada de **Nds**. No início da Etapa 1, as quatro *threads* do bloco (0,0) carregam de forma colaborativa um ladrilho de **Md** para a memória compartilhada; a *thread* (0,0) carrega $\mathbf{Md}_{0,0}$ para $\mathbf{Mds}_{0,0}$, a *thread* (1,0) carrega $\mathbf{Md}_{1,0}$ para $\mathbf{Mds}_{1,0}$, a *thread* (0,1) carrega $\mathbf{Md}_{0,1}$ para $\mathbf{Mds}_{0,1}$ e a *thread* (1,1) carrega

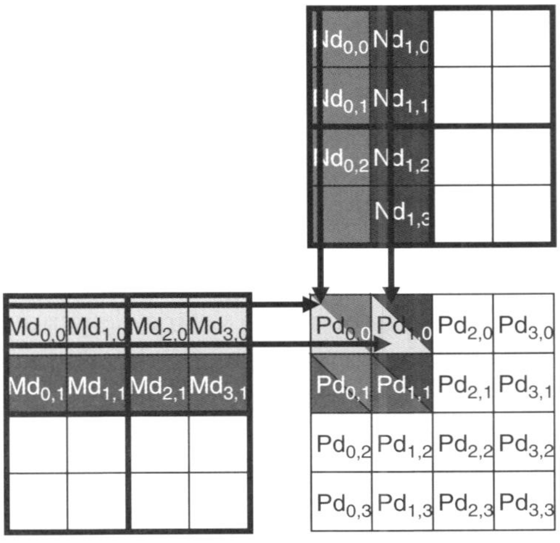

Figura 5.5

Ladrilhando Md e Nd para utilizar a memória compartilhada.

	Etapa 1			Etapa 2		
$T_{0,0}$	$\mathbf{Md_{0,0}}$ ↓ $Mds_{0,0}$	$\mathbf{Nd_{0,0}}$ ↓ $Nds_{0,0}$	$PValue_{0,0}$ += $Mds_{0,0}$*$Nds_{0,0}$ + $Mds_{1,0}$*$Nds_{0,1}$	$\mathbf{Md_{2,0}}$ ↓ $Mds_{0,0}$	$\mathbf{Nd_{0,2}}$ ↓ $Nds_{0,0}$	$PValue_{0,0}$ += $Mds_{0,0}$*$Nds_{0,0}$ + $Mds_{1,0}$*$Nds_{0,1}$
$T_{1,0}$	$\mathbf{Md_{1,0}}$ ↓ $Mds_{1,0}$	$\mathbf{Nd_{1,0}}$ ↓ $Nds_{1,0}$	$PValue_{1,0}$ += $Mds_{0,0}$*$Nds_{1,0}$ + $Mds_{1,0}$*$Nds_{1,1}$	$\mathbf{Md_{3,0}}$ ↓ $Mds_{1,0}$	$\mathbf{Nd_{1,2}}$ ↓ $Nds_{1,0}$	$PValue_{1,0}$ += $Mds_{0,0}$*$Nds_{1,0}$ + $Mds_{1,0}$*$Nds_{1,1}$
$T_{0,1}$	$\mathbf{Md_{0,1}}$ ↓ $Mds_{0,1}$	$\mathbf{Nd_{0,1}}$ ↓ $Nds_{0,1}$	$PdValue_{0,1}$ += $Mds_{0,1}$*$Nds_{0,0}$ + Mds_{11}*$Nds_{0,1}$	$\mathbf{Md_{2,1}}$ ↓ $Mds_{0,1}$	$\mathbf{Nd_{0,3}}$ ↓ $Nds_{0,1}$	$PdValue_{0,1}$ += $Mds_{0,1}$*$Nds_{0,0}$ + $Mds_{1,1}$*$Nds_{0,1}$
$T_{1,1}$	$\mathbf{Md_{1,1}}$ ↓ $Mds_{1,1}$	$\mathbf{Nd_{1,1}}$ ↓ $Nds_{1,1}$	$PdValue_{1,1}$ += $Mds_{0,1}$*$Nds_{1,0}$ + $Mds_{1,1}$*$Nds_{1,1}$	$\mathbf{Md_{3,1}}$ ↓ $Mds_{1,1}$	$\mathbf{Nd_{1,3}}$ ↓ $Nds_{1,1}$	$PdValue_{1,1}$ += $Mds_{0,1}$*$Nds_{1,0}$ + $Mds_{1.1}$*$Nds_{1,1}$

Tempo ⟶

Figura 5.6

Etapas de execução de uma multiplicação de matriz em ladrilhos.

$\mathbf{Md}_{1,1}$ para $\mathbf{Mds}_{1,1}$. Veja a segunda coluna da Figura 5.6. Um ladrilho de **Nd** também é carregado de maneira semelhante, como mostra a terceira coluna da Figura 5.6.

Depois que os dois ladrilhos de **Md** e **Nd** forem carregados para a memória compartilhada, esses valores são usados no cálculo do produto escalar. Observe que cada valor na memória compartilhada é usado duas vezes; por exemplo, o valor de $\mathbf{Md}_{1,1}$, carregado pela $thread_{1,1}$ em $\mathbf{Mds}_{1,1}$, é usado duas vezes: uma pela $thread_{0,1}$ e uma pela $thread_{1,1}$. Carregando cada valor da memória global na memória compartilhada, para que possa ser usado várias vezes, reduzimos o número de acessos à memória global. Nesse caso, reduzimos o número de acessos à memória global pela metade. O leitor deverá verificar que a redução é por um fator de N se os ladrilhos forem elementos $N \times N$.

Observe que o cálculo de cada produto escalar na Figura 5.6 agora é realizado em duas etapas, mostradas como Etapa 1 e Etapa 2. Em cada etapa, os produtos de dois pares dos elementos da matriz de entrada são acumulados na variável `Pvalue`. O cálculo da primeira etapa aparece na quarta coluna da Figura 5.6; a segunda fase está na sétima coluna. Em geral, se uma matriz de entrada tiver dimensão N e o tamanho do ladrilho for `TILE_WIDTH`, o produto escalar será realizado em N/`TILE_WIDTH` etapas. A criação dessas etapas é essencial para a redução dos acessos à memória global. Com cada etapa focalizando um pequeno subconjunto dos valores da matriz de entrada, as *threads* podem carregar colaborativamente o subconjunto para a memória compartilhada e usar os valores nela, a fim de satisfazer suas necessidades de entrada sobreposta na etapa.

Observe também que **Mds** e **Nds** são reutilizados para manter os valores de entrada. Em cada etapa, os mesmos **Mds** e **Nds** são usados para manter o subconjunto de elementos de **Md** e **Nd** usados na etapa. Isso permite que uma memória compartilhada muito menor atenda a maioria dos acessos à memória global. Isso porque cada etapa se concentra num pequeno subconjunto dos elementos da matriz de entrada. Esse comportamento de acesso focalizado é chamado de *localidade*. Quando um algoritmo apresenta localidade, existe uma oportunidade de usar memórias pequenas, de alta velocidade, para atender a maioria dos acessos e removê-los da memória global. A localidade é tão importante para alcançar um alto desempenho nas unidades centrais de processamento (CPUs) com múltiplos núcleos quanto nas unidades de processamento gráfico (GPUs) com muitos núcleos. Vamos retornar ao conceito de localidade no Capítulo 6.

Agora, estamos prontos para apresentar a função do kernel em ladrilhos que usa a memória compartilhada para reduzir o tráfego à memória global. O kernel mostrado na Figura 5.7 implementa as fases ilustradas na Figura 5.6. Na Figura 5.7, a linha 1 e a linha 2 declaram **Mds** e **Nds** como variáveis da memória compartilhada. Lembre-se de que o escopo das variáveis da memória compartilhada é um bloco. Assim, todas as *threads* de um bloco têm acesso às mesmas matrizes **Mds** e **Nds**. Isso é importante, pois todas as *threads* em um bloco precisam ter acesso aos valores de **Md** e **Nd** carregados em **Mds** e **Nds** por seus pares, de modo que possam usar esses valores para satisfazer suas necessidades de entrada.

As linhas 3 e 4 salvam os valores de `threadIdx` e `blockIdx` em variáveis automáticas e, assim, em registradores para que haja um acesso rápido. Lembre-se de que as variáveis escalares automáticas são mantidas nos registradores. Seu escopo é em cada *thread* individual. Ou seja, uma versão privada de `tx`, `ty`, `bx` e `by` é criada pelo sistema de *runtime* para cada *thread*. Elas residirão nos registradores que são acessíveis por uma *thread*. Elas são inicializadas com os valores de `threadIdx` e `blockIdx` e usadas muitas vezes durante o tempo de vida da *thread*. Quanto a *thread* termina, os valores dessas variáveis também deixam de existir.

```
__global__ void MatrixMulKernel(float* Md, float* Nd, float* Pd  int Width)
{
1.  __shared__float Mds[TILE_WIDTH][TILE_WIDTH];
2.  __shared__float Nds[TILE_WIDTH][TILE_WIDTH];

3.  int bx=blockIdx.x; int by=blockIdx.y;
4.  int tx=threadIdx.x; int ty=threadIdx.y;

// Identifica a linha e coluna do elemento de Pd onde se atuará
5.  int Row=by * TILE_WIDTH+ty;
6.  int Col=bx * TILE_WIDTH+tx;

7.  float Pvalue=0;
// Loop sobre ladrilhos Md e Nd exigido para calcular o elemento Pd
8.  for (int m=0; m < Width/TILE_WIDTH; ++m) {

// Carregamento colaborativo de ladrilhos Md e Nd na memória compartilhada
9.    Mds[ty][tx]=Md[Row*Width+(m*TILE_WIDTH+tx)];
10.   Nds[ty][tx]=Nd[(m*TILE_WIDTH+ty)*Width+Col];
11.   __syncthreads();

12.   for (int k=0; k < TILE_WIDTH; ++k)
13.     Pvalue += Mds[ty][k] * Nds[k][tx];
14.   __syncthreads();
    }
15. Pd[Row*Width+Col]=Pvalue;
}
```

Figura 5.7

Kernel de multiplicação de matriz em ladrilhos usando memórias compartilhadas.

As linhas 5 e 6 determinam o índice de linha e o índice de coluna do elemento de **Pd** que a *thread* deve produzir. Como vemos na Figura 5.8, o índice de coluna (x) do elemento de **Pd** a ser produzido por uma *thread* pode ser calculado como `bx*TILE_WIDTH+tx`, porque cada bloco cobre `TILE_WIDTH` elementos na dimensão x. Uma *thread* no bloco `bx` teria bx blocos de *threads*, ou `bx*TILE_WIDTH` *threads*, antes dela; elas cobrem `bx*TILE_WIDTH` elementos de **Pd**. Outra *thread* `tx` dentro do mesmo bloco cobriria outro elemento `tx` de **Pd**. Assim, a *thread* com `bx` e `tx` deve ser responsável por calcular o elemento de **Pd** cujo índice x é `bx*TILE_WIDTH+tx`. Para o exemplo na Figura 5.5, o índice x do elemento de **Pd** a ser calculado por *thread*(1,0) do bloco(0,1) é 0*2+1=1. De modo semelhante, o índice y pode ser calculado como `by*TILE_WIDTH+ty`. Na Figura 5.5, o índice y do elemento de **Pd** a ser calculado por *thread*(1,0) do bloco(0,1) é 1*2+0=2. Assim, o elemento de **Pd** a ser calculado por essa *thread* é $\mathbf{Pd}_{1,2}$.

A linha 8 da Figura 5.7 marca o início do loop que passa por todas as etapas de cálculo do elemento de **Pd** final. Cada iteração do loop corresponde a uma etapa do cálculo mostrado na Figura 5.6. A variável `m` indica o número de etapas que já foram feitas para o produto escalar. Lembre-se de que cada etapa usa um ladrilho de **Md** e um ladrilho de elementos de **Nd**; portanto, no início de cada etapa, pares `m*TILE_WIDTH` de elementos de **Md** e **Nd** foram processados por fases anteriores.

Lembre-se de que todas as *threads* em uma grade executam a mesma função do kernel. A variável `threadIdx` permite que elas identifiquem a parte dos dados que deve ser processada. Lembre-se também que a *thread* com `by=blockIdx.y` e `ty=threadIdx.y` processa a linha `(by*TILE_WIDTH+ty)` de **Md**, como mostra o lado esquerdo da Figura 5.8. A linha 5 armazena esse número na variável `Row` de cada *thread*. De modo semelhante, a *thread* com `bx=blockIdx.x` e `tx=threadIdx.x` processa a coluna `(bx*TILE_WIDTH+tx)` de **Nd**, como mostra o topo da Figura 5.8. A linha 6 armazena esse número na variável `Col` de cada *thread*. Tais variáveis serão usadas quando as *threads* carregarem os elementos **Md** e **Nd** na memória compartilhada.

Em cada etapa, a linha 9 carrega o elemento de **Md** apropriado para a memória compartilhada. Como já conhecemos o índice de linha de **Md** e o índice de coluna dos elementos de **Nd** a serem processados pela *thread*, vamos focalizar o índice de coluna de **Md** e o índice de linha de **Nd**. Como vemos na Figura 5.8, cada bloco tem $\texttt{TILE\_WIDTH}^2$ *threads* que colaborarão para carregar um total de $\texttt{TILE\_WIDTH}^2$ elementos de **Md** para a memória compartilhada. Assim, tudo o que precisamos é fazer com que cada *thread* carregue um elemento de **Md**, o que é feito convenientemente usando `blockIdx` e `threadIdx`. Observe que o índice inicial da seção de elementos de **Md** a ser carregada é `m*TILE_WIDTH`; portanto, um método fácil é fazer com que cada *thread* carregue um elemento do ponto identificado pelo valor de `threadIdx`. É exatamente isso que temos na linha 9, na qual cada *thread* carrega `Md[Row*Width+(m*TILE_WIDTH+tx)]`. Como o valor de `Row` é uma função linear de `ty`, cada uma das $\texttt{TILE\_WIDTH}^2$ *threads* carregará um elemento exclusivo de **Md** na memória compartilhada. Juntas, elas carregarão o subconjunto do quadrado central de **Md**, mostrado na Figura 5.8. O leitor deverá usar o pequeno exemplo das Figuras 5.5 e 5.6 para verificar se o cálculo de endereço funciona corretamente.

A linha 11 chama a função de sincronismo de barreira `__syncthreads()` para garantir que todas as *threads* no mesmo bloco completaram a carga dos ladrilhos de **Md** e **Nd** para

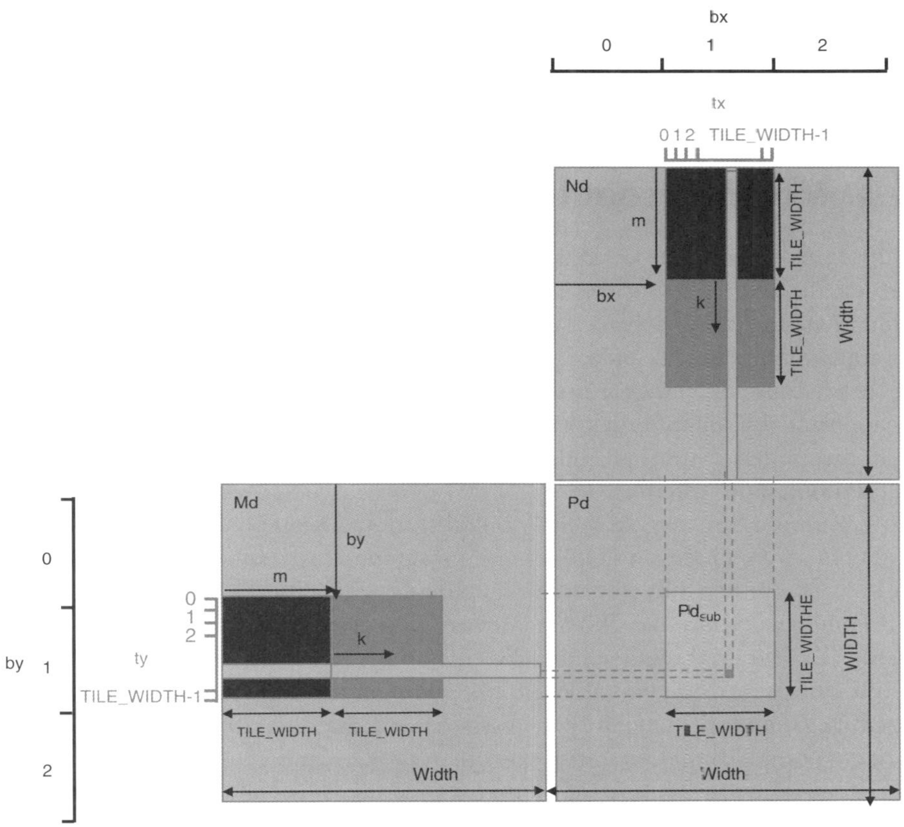

Figura 5.8

Cálculo dos índices de matriz na multiplicação em ladrilhos.

Mds e **Nds**. Quando todos os ladrilhos de **Md** e **Nd** estiverem carregados em **Mds** e **Nds**, o loop na linha 12 realiza as etapas do produto escalar com base nesses elementos. A progressão do loop para a *thread* (`tx, ty`) aparece na Figura 5.8, com a direção do uso de dados de **Md** e **Nd** indicada com k, a variável de loop da linha 12. Observe que os dados serão acessados a partir de **Mds** e **Nds**, as matrizes da memória compartilhada mantendo esses elementos de **Md** e **Nd**. A linha 14 chama a função de sincronismo de barreira `__syncthreads()` para garantir que todas as *threads* do bloco foram completadas usando o conteúdo de **Mds** e **Nds** antes que qualquer uma delas retorne à próxima iteração do loop e carregue o próximo ladrilho de **Md** e **Nd**.

O benefício do algoritmo em ladrilhos é substancial. Para a multiplicação de matriz, os acessos à memória global são reduzidos por um fator de `TILE_WIDTH`. Se forem usados ladrilhos de 16 × 16, podemos reduzir os acessos à memória global por um fator de 16. Essa redução permite que a largura de banda da memória global de 86,4 GB/s atenda a uma taxa de cálculo de ponto flutuante muito maior do que o algoritmo original. Mais especificamente, a largura de banda da memória global pode agora admitir

[(86,4/4) × 16] = 345,6 gigaflops, muito próximo do desempenho máximo de ponto flutuante do G80. Isso efetivamente remove a largura de banda da memória global como principal fator limitador do desempenho da multiplicação de matrizes.

5.4 Memória como fator limitador do paralelismo

Embora os registradores, a memória compartilhada e a memória constante CUDA possam ser extremamente eficazes na redução do número de acessos à memória global, é preciso ter cuidado para não exceder a capacidade dessas memórias. Cada device CUDA oferece uma quantidade limitada de memória CUDA, que limita o número de *threads* que podem residir simultaneamente nos multiprocessadores de streaming para determinada aplicação. Em geral, quanto mais locais de memória cada *thread* requer, menor o número de *threads* que podem residir em cada SM e, assim, menor o número de *threads* que podem residir no processador inteiro.

No G80, cada SM tem 8K (= 8192) registradores, o que chega a 128K (= 131.072) registradores para o processador inteiro. Esse é um número muito grande, mas só permite que cada *thread* use um número muito limitado de registradores. Lembre-se de que cada SM G80 pode acomodar até 768 *threads*. Para preencher essa capacidade, cada *thread* só pode usar 8K/768 = 10 registradores. Se cada *thread* usar 11 registradores, o número de *threads* que podem ser executadas simultaneamente em cada SM será reduzido. Essa redução é feita no nível de detalhamento do bloco. Por exemplo, se cada bloco contém 256 *threads*, o número de *threads* será reduzido em 256 de cada vez; assim, o próximo número inferior de *threads* após 768 seria 512, uma redução de 1/3 das *threads* que podem residir simultaneamente em cada SM. Isso pode reduzir bastante o número de warps disponíveis para o escalonamento, reduzindo assim a capacidade do processador de encontrar trabalho útil na presença de operações de longa latência.

O uso da memória compartilhada também pode limitar o número de *threads* atribuídas a cada SM. No G80, existem 16 kilobytes (KB) de memória compartilhada em cada SM, sendo que ela é usada por blocos, e cada SM pode acomodar até 8 blocos. Para alcançar esse máximo, o bloco não deverá usar mais do que 2 KB de memória compartilhada. Se cada bloco usar mais de 2 KB de memória, o número de blocos que podem residir em cada SM é tal que a quantidade total de memória compartilhada usada por eles não pode ultrapassar os 16 KB; por exemplo, se cada bloco usa 5 KB de memória compartilhada, não mais do que 3 blocos podem ser atribuídos a cada SM.

Para o exemplo de multiplicação de matriz, a memória compartilhada pode se tornar um fator limitador. Para um tamanho de ladrilho de 16 × 16, cada bloco requer 16 × 16 × 4 = 1 KB de armazenamento para **Mds**. Outros 1 KB são necessários para **Nds**. Assim, o bloco usa 2 KB de memória compartilhada, sendo que o tamanho de 16 KB permite a permanência de 8 blocos simultaneamente em um SM. Como isso é o mesmo que o máximo permitido pelo hardware de *threading*, a memória compartilhada não é um fator limitador para esse tamanho de ladrilho. Neste caso, a limitação real é a do hardware de *threading*, no qual somente 768 *threads* são permitidas em cada SM, o que limita o número de blocos em cada SM em 3. Como resultado, somente 3 × 2 KB = 6

KB da memória compartilhada serão utilizadas. Esses limites mudam de uma geração de device para outra, mas são propriedades que podem ser determinadas em *runtime*; por exemplo, a série de processadores GT200 pode admitir até 1024 *threads* em cada SM. Veja no Apêndice B as limitações de memória compartilhada e outros recursos em outros tipos de devices GPU.

5.5 Resumo

Resumindo, CUDA define registradores, memória compartilha e memória constante que podem ser acessados em velocidade mais alta e de uma forma mais paralela do que a memória global. Para usar essas memórias com eficiência, provavelmente será preciso reprojetar o algoritmo. Usamos a multiplicação de matrizes como um exemplo para ilustrar os algoritmos ladrilhados, uma estratégia popular para melhorar a localidade do acessos aos dados e permitir o uso eficaz da memória compartilhada. Demonstramos que, com o ladrilhamento de 16 × 16, os acessos à memória global não são mais o principal fator limitador para o desempenho da multiplicação de matrizes.

Contudo, é importante que os programadores CUDA saibam dos tamanhos limitados desses tipos de memória. Suas capacidades dependem da implementação. Quando suas capacidades são ultrapassadas, elas se tornam fatores limitadores para o número de *threads* que podem estar executando simultaneamente em cada SM. A capacidade de raciocinar sobre as limitações do hardware ao desenvolver uma aplicação é um aspecto importante do pensamento computacional. O leitor também deverá consultar o Apêndice B para obter um resumo das limitações de recursos de vários devices diferentes.

Embora tenhamos apresentado os algoritmos em ladrilho no contexto da programação CUDA, essa é uma estratégia eficiente para se alcançar um alto desempenho em praticamente todos os tipos de sistemas de computação paralela. O motivo é que uma aplicação precisa exibir localidade no acesso aos dados a fim de fazer uso eficaz das memórias de alta velocidade nesses sistemas. Em um sistema com CPU com múltiplos núcleos, por exemplo, a localidade de dados permite que uma aplicação efetivamente use as caches de dados no chip para reduzir a latência de acesso à memória e alcançar um desempenho mais alto. Os leitores verão que o algoritmo em ladrilhos é útil quando desenvolvem aplicações paralelas para outros tipos de sistemas de computação paralela, usando outros modelos de programação.

Nosso objetivo para este capítulo foi introduzir os diferentes tipos de memória CUDA. Apresentamos o algoritmo em ladrilhos como uma estratégia eficaz para usar a memória compartilhada, mas não discutimos o uso da memória constante. Explicaremos o uso da memória constante no Capítulo 8. Além do mais, no Capítulo 9, apresentaremos uma forma diferente de ladrilhamento, que permite o uso mais eficaz dos registradores.

5.6 Exercícios

5.1 Considere a adição de matrizes em que cada elemento da matriz de saída é a soma dos elementos correspondentes das duas matrizes de entrada. Você pode usar a memória compartilhada para reduzir o consumo da largura de banda da memória global? *Dica:* Analise os elementos acessados por cada *thread* e veja se existe alguma semelhança entre as *threads*.

5.2 Desenhe o equivalente da Figura 5.4 para uma multiplicação de matrizes de 8×8 com ladrilhamento 2×2 e 4×4. Verifique se a redução na largura de banda da memória global é realmente proporcional ao tamanho da dimensão dos ladrilhos.

5.3 Que tipo de comportamento de execução incorreto pode acontecer se alguém se esquecer de usar a função `__syncthreads()` no kernel da Figura 5.7? observe que existem duas chamadas para `__syncthreads()`, cada uma com finalidades diferentes.

5.4 Supondo que a capacidade não fosse um problema para registradores ou memória compartilhada, indique um caso em que seria valioso usar a memória compartilhada em vez de registradores para manter valores buscados da memória global. Explique sua resposta.

CAPÍTULO

6 Considerações de desempenho

Sumário do Capítulo

Introdução

Embora um kernel CUDA™ possa ser executado corretamente em qualquer device CUDA, sua velocidade de execução pode variar bastante, dependendo das restrições de recursos de cada device. Neste capítulo, vamos discutir os principais tipos de restrições de recursos em um device CUDA real e como eles podem restringir o nível de execução paralela nesse device. Para conseguir seus objetivos, os programadores normalmente precisam encontrar maneiras de alcançar um nível de desempenho que é mais alto do que aquele de uma versão inicial da aplicação. Em diferentes aplicações, diferentes restrições podem dominar e se tornar os fatores limitadores. Pode-se melhorar o desempenho de uma aplicação em um device CUDA em particular, às vezes dramaticamente, substituindo o uso de um recurso por outro. Essa estratégia funciona bem se a restrição de recurso aliviada for realmente a restrição dominante antes que a estratégia fosse aplicada e, assim, este trecho modificado não tiver efeitos negativos sobre a execução paralela. Sem entender isso, o ajuste do desempenho seria um trabalho de adivinhação; as estratégias plausíveis podem ou não levar à melhorias no desempenho. Além de percepções para essas restrições de recursos, este capítulo oferece ainda princípios e estudos de caso projetados para cultivar a intuição sobre o tipo de algoritmo que pode resultar em programas CUDA de alto desempenho. Ele também estabelece conceitos e ideias que provavelmente levarão a boas melhorias de desempenho durante os esforços de ajuste.

6.1 Mais sobre execução de threads

Primeiro, vamos discutir alguns aspectos da execução de *thread* que podem limitar o desempenho. Lembre-se de que iniciar um kernel CUDA gera uma grade de *threads* organizados como uma hierarquia de dois níveis: no superior, uma matriz de blocos unidimensional ou bidimensional e no inferior, cada bloco, por sua vez, consiste em uma matriz de *threads* uni, bi ou tridimensional. No Capítulo 4, discutimos o fato de que os blocos podem ser executados em qualquer ordem uns em relação aos outros, permitindo a escalabilidade transparente na execução paralela de kernels CUDA; porém, não dissemos muito sobre o tempo da execução das *threads* dentro de cada bloco.

Conceitualmente, deve-se assumir que as *threads* em um bloco podem ser executadas em qualquer ordem umas em relação às outras. Os sincronismos de barreira devem ser usados sempre que quisermos garantir que todas as *threads* tenham concluído uma fase comum de sua execução antes que qualquer uma delas inicie a fase seguinte. A exatidão da execução de um kernel não deverá depender do fato de que certas *threads* serão executadas em sincronismo umas com as outras. Dito isso, também queremos indicar que, devido a diversas considerações de custo do hardware, a geração atual de devices CUDA realmente agrupa várias *threads* para execução. Essa estratégia de implementação leva a limitações de desempenho para certos tipos de construções de código de função do kernel. É vantajoso para os desenvolvedores de aplicação mudarem esses tipos de construções para outras formas equivalentes, que funcionam melhor.

Conforme discutimos no Capítulo 4, a implementação G80/GT200 da NVIDIA® agrupa várias *threads* para execução, na qual cada bloco é dividido em warps. Essa técnica de implementação ajuda a reduzir os custos de hardware e permite algumas otimizações no atendimento a acessos à memória. No futuro próximo, esperamos que a divisão de warp permaneça como uma técnica de implementação popular; porém, o tamanho dos warps pode facilmente variar de uma implementação para outra. No G80/GT200, cada warp consiste em 32 *threads*. Usaremos a implementação G80/GT200 para explicar o particionamento de warp para o restante deste capítulo.

Os blocos de *thread* são particionados em warps com base em índices de *thread*. Se um bloco de *thread* for organizado em uma matriz unidimensional (o seja, somente `threadIdx.x` for usado), então a partição é simples. Os valores de `threadIdx.x` dentro de um warp são consecutivos e crescentes. Para um tamanho de warp de 32, o warp 0 começa com a *thread* 0 e termina com a *thread* 31, o warp 1 começa com a *thread* 32 e termina com a *thread* 63. Em geral, o warp n começa com a *thread* $32*n$ e termina com a *thread* $32(n+1)-1$. Para um bloco cujo tamanho não é um múltiplo de 32, o último warp será preenchido com threads extras até preencher as 32 *threads*; por exemplo, se um bloco tem 48 *threads*, ele será dividido em 2 warps e seu warp 1 será preenchido com 16 *threads* extras.

Para blocos que consistem em múltiplas dimensões de *threads*, as dimensões serão projetadas em uma ordem linear antes do particionamento em warps. A ordem linear é determinada pelo alinhamento da linha com as maiores coordenadas *y* e *z* após aquelas com as menores. Ou seja, se um bloco consistir em duas dimensões de *threads*, a ordem linear é formada colocando-se todas as *threads* cujo `threadIdx.y` é 1 depois daqueles cujo `threadIdx.y` é 0. As *threads* cujo `threadIdx.y` é 2 serão colocadas após aquelas cujo `threadIdx.y` é 1, e assim por diante.

A Figura 6.1 mostra um exemplo da colocação de *threads* de um bloco bidimensional (2D) em ordem linear. A parte superior mostra a visão 2D do bloco. Cada *thread* é mostrado como T(x,y), com *x* sendo `threadIdx.x` e *y* sendo `threadIdx.y` para a *thread*. A parte inferior mostra a visão linear do bloco. As quatro primeiras *threads* são aquelas *threads* cujo `threadIdx.y` é 0; elas são colocadas como valores crescentes de `threadIdx.x`. As quatro *threads* seguintes são aquelas cujo `threadIdx.y` é 1. Elas também são colocadas com seus valores de `threadIdx.x` crescentes. Para este exemplo, todas as 16 *threads* formam metade de um warp. O warp será preenchido com outras 16 *threads* para completar um warp de 32 *threads*. Imagine um bloco 2D com 8 × 8 *threads*. As 64 *threads* formarão 2 warps. O primeiro warp começa de T(0,0) e termina com T(3,7). O segundo warp começa com T(4,0) e termina com T(7,7). Seria um exercício útil desenhar a figura como um exercício.

Para um bloco tridimensional (3D), primeiro colocamos todas as *threads* cujo `threadIdx.z` é 0 na ordem linear. Entre essas *threads*, elas são tratadas como um bloco 2D, tal como mostra a Figura 6.1. Todas as *threads* cujo `threadIdx.z` é 1 serão então colocadas na ordem linear, e assim por diante. Para um bloco de 4 × 8 × 2 (4 na dimensão *x*, 8 na dimensão *y* e 2 na dimensão *z*), as 64 *threads* serão particionadas em 2 warps, com T(0,0,0) a T(3,7,0) no primeiro warp e T(0,0,1) a T(3,7,1) no segundo warp.

O hardware executa uma instrução para todas as *threads* no mesmo warp, antes de passar para a instrução seguinte. Esse estilo de execução, chamado *instrução única, múltiplas*

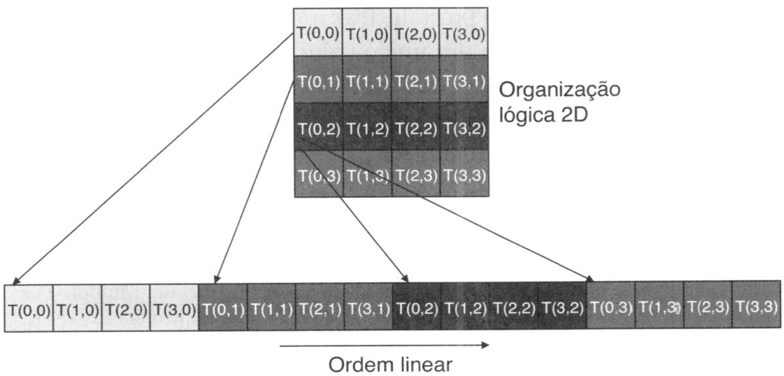

Figura 6.1

Colocando threads em ordem linear.

threads (SIMT),[1] é motivado pelas restrições de custo do hardware, pois permite que o custo de busca e processamento de uma instrução seja amortizado por um grande número de *threads*. Ele funciona bem quando todas as *threads* dentro de um warp seguem o caminho do fluxo de controle ao trabalhar com seus dados. Por exemplo, para uma construção *if--then-else*, a execução funciona bem quando todas as *threads* executam a parte *then* ou todas executam a parte *else*. Quando as *threads* dentro de um warp tomam caminhos de fluxo de controle diferentes, o estilo de execução simples já não funciona tão bem. Em nosso exemplo de *if-then-else*, quando algumas *threads* executam a parte *then* e outras executam a parte *else*, o estilo de execução SIMT não funciona mais muito bem. Em tais situações, a execução do warp exigirá várias passadas por esses caminhos divergentes. Uma passada será necessária para aquelas *threads* que seguem a parte *then* e outra passada para aquelas que seguem a parte *else*. Essas passadas são sequenciais uma à outra, aumentando assim o tempo de execução.

Quando as *threads* no mesmo warp seguem caminhos diferentes do fluxo de controle, dizemos que essas *threads* divergem em sua execução. No exemplo de *if–then–else*, se algumas *threads* no warp tomarem o caminho *then* e algumas o caminho *else*, uma passada será usada para executar todas as *threads* que tomam o caminho *then*. Outra passada será usada para executar as outras (aquelas que tomam o caminho *else*). A divergência também pode surgir em outras construções. Por exemplo, se as *threads* em um warp executam um loop *for* que pode ser executado 6, 7 ou 8 vezes para diferentes *threads*. Todas as *threads* terminarão as 6 primeiras iterações juntas. Duas passadas serão usadas para executar a 7ª iteração, uma passada para aquelas que realizarão a iteração e uma para aquelas que não a realizarão. Duas passadas serão usadas para executar todas as *threads* que precisam da 8ª iteração, uma passada para aquelas que precisarão da iteração e uma para aquelas que não precisarão da iteração.

Uma construção *if–then–else* pode resultar em divergência de *thread* quando sua condição de decisão for baseada em valores de `threadIdx`. Por exemplo, a instrução `if` faz com que as *threads* sigam dois caminhos de fluxo de controle divergentes; as *threads* 0, 1 e 2 seguem um caminho diferente das *threads* 3, 4 e 5 etc. De modo semelhante, um loop pode causar a divergência de *thread* se sua condição de loop for baseada em valores de `threadIdx`. Esses usos surgem naturalmente em alguns algoritmos paralelos importantes. Usaremos um algoritmo de redução para ilustrar esse ponto.

Um algoritmo de redução extrai um único valor de uma matriz de valores. Este valor isolado poderia também ser a soma, o valor máximo, o valor mínimo etc, entre todos os elementos. Todos esses tipos de reduções compartilham a mesma estrutura de algoritmo. Uma redução pode ser facilmente alcançada percorrendo-se sequencialmente cada elemento da matriz. Quando um elemento é visitado, a ação a ser tomada depende do tipo de

[1] Observe que SIMT é diferente das técnicas de implementação Single-Instruction, Multiple-Data (SIMD), como as populares Streaming SIMD Extensions (SSE) nas CPUs. Em uma implementação SSE, os múltiplos elementos de dados a serem processados por uma única instrução devem ser primeiro coletados e empacotados em um único registrador. Requisitos de alinhamento estritos são envolvidos e frequentemente exigem que os programadores usem instruções adicionais para satisfazer. Em SIMT, todas as *threads* processam dados em seus próprios registradores. Há muito menos trabalho para os programadores em termos da coleta e empacotamento de dados. A opção para divergência do fluxo de controle em SIMT também simplifica o requisito para os programadores usarem instruções extras para lidar com o fluxo de controle, em comparação com SSE.

redução realizada. Para uma redução de soma, o valor do elemento sendo visitado na etapa atual, ou o valor atual, é somado a uma soma acumulada. Para uma redução máxima, o valor atual é comparado com um valor máximo acumulado de todos os elementos visitados até o momento. Se o valor atual for maior que o valor máximo acumulado, o valor do elemento atual torna-se o valor máximo acumulado. Para uma redução mínima, o valor do elemento atualmente sendo visitado é comparado com um valor mínimo acumulado. Se o valor atual for menor que o mínimo acumulado, o valor do elemento atual torna-se o mínimo acumulado. O algoritmo sequencial termina quanto todos os elementos são visitados.

Quando existe um grande número de elementos na matriz, o tempo necessário para visitar todos os elementos de uma matriz torna-se grande o suficiente para motivar a execução paralela. Um algoritmo de redução paralelo normalmente é semelhante ao de um torneio de futebol. Na verdade, o processo de eliminação da Copa do Mundo é uma redução do "máximo", no qual o máximo é definido como a seleção que vence todas as outras seleções. A "redução" do torneio é feita por múltiplas rodadas. As seleções são divididas em pares. Durante a primeira rodada, todos os pares jogam em paralelo. Os vencedores da primeira rodada avançam para a segunda rodada, cujos vencedores avançam para a terceira rodada etc. Com 16 equipes entrando no torneio, os 8 vencedores surgirão da primeira rodada, 4 vencedores da segunda rodada, 2 vencedores da terceira rodada e 1 vencedor final da quarta rodada. Deve ficar fácil ver que, até mesmo com 1024 seleções, são necessárias apenas 10 rodadas para determinar o vencedor final. A solução é ter campos de futebol suficientes para manter os 512 jogos em paralelo durante a primeira rodada, 256 jogos na segunda rodada, 128 jogos na terceira rodada e assim por diante. Com campos suficientes, até mesmo com 60.000 seleções, podemos determinar o vencedor final em apenas 16 rodadas. Naturalmente, é preciso ter campos de futebol suficientes e juízes suficientes para acomodar os 30.000 jogos na primeira rodada.

A Figura 6.2 mostra uma função do kernel que realiza a redução de soma paralela. A matriz original está na memória global. Cada bloco de *thread* reduz uma seção da matriz carregando os elementos da seção na memória compartilhada e realizando a redução paralela. O código que carrega os elementos da memória global na memória compartilhada é omitido da Figura 6.2, para abreviar. A redução é feita *no local*, o que significa que os elementos na memória compartilhada serão substituídos por somas parciais. Cada iteração do loop `while` na função do kernel implementa uma rodada da redução. A instrução `—syncthreads()` no loop `for` garante que todas as somas parciais para a iteração anterior foram geradas e, assim, todas as *threads* estão prontas para entrar na iteração atual antes que qualquer *thread* tenha permissão para fazer isso. Desse modo, todas as *threads* que entram na segunda iteração estarão usando os valores produzidos na primeira iteração. Após a primeira rodada, os elementos pares serão substituídos pelas somas parciais geradas na primeira rodada. Após a segunda rodada, os elementos cujos índices são múltiplos de quatro serão substituídos pelas somas parciais. Após a rodada final, a soma total da seção inteira estará no elemento 0. Na Figura 6.2, a linha 3 inicializa a variável stride (passo) em 1. Durante a primeira iteração, a instrução *if* na linha 7 é usada para selecionar apenas as threads pares para realizar a adição entre dois elementos vizinhos.

A execução do kernel é ilustrada na Figura 6.3. As *threads* e elementos da matriz aparecem na figura como colunas, e o conteúdo da matriz ao final das iterações aparecem como

```
1. __shared__ float partialSum[]

2. unsigned int t=threadIdx.x;
3. for (unsigned int stride=1;
4.      stride<blockDim.x; stride *= 2)
5. {
6.  __syncthreads();
7.  if (t % (2*stride) == 0)
8.   partialSum[t] += partialSum[t+stride];
9. }
```

Figura 6.2

Um kernel simples de redução de soma.

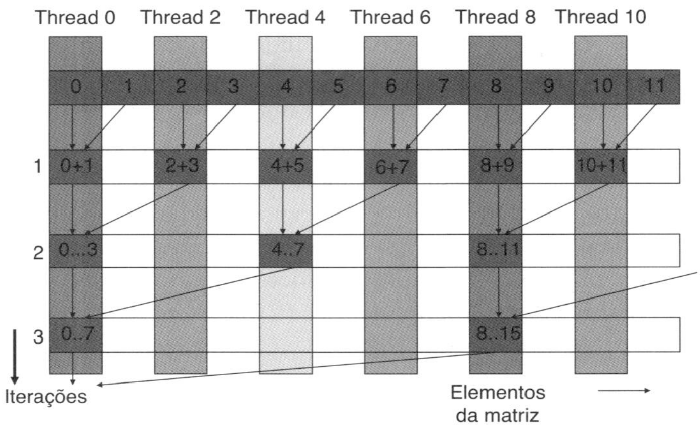

Figura 6.3

Execução do kernel de redução de soma.

linhas. O tempo prossegue de cima para baixo. Como vemos na linha 1 da Figura 6.3, os elementos pares da matriz agora contêm as somas parciais de cada par após a iteração 1. Antes da segunda iteração, o valor da variável de passo (`stride`) é dobrado para 2. Durante a segunda iteração, somente as *threads* cujos índices são múltiplos de quatro na Figura 6.3 executarão a instrução de soma na linha 8 da Figura 6.2. Cada *thread* gera uma soma parcial que cobre 4 elementos, como mostra a linha 2 da Figura 6.2. Com 512 elementos em cada seção, a função do kernel gerará o total para a seção inteira após 9 iterações. Usando `blockDim.x` como limite do loop na linha 4 da Figura 6.2, o kernel assume que ele é disparado com o mesmo número de *threads* que o número de elementos na seção; ou seja, para um tamanho de seção de 512, o kernel precisa ser disparado com 512 *threads*.[2]

O kernel na Figura 6.2 claramente possui divergência de *thread*. Durante a primeira iteração do loop, somente as *threads* cujos valores de `threadIdx.x` são pares executarão a

[2] Observe que usar o mesmo número de threads que o número de elementos em uma seção é um desperdício. Metade das threads em um bloco nunca será executada. Encorajamos o leitor a modificar o kernel e os parâmetros de configuração de execução da chamada do kernel para eliminar esse desperdício (ver Exercício 6.1).

instrução de soma. Uma passada será necessária para executar essas *threads*, e uma passada adicional será necessária para executar aquelas que não foram executadas na linha 8. Em cada iteração sucessiva, menos *threads* executarão a linha 8, mas duas passadas ainda serão necessárias para executar todas as *threads*. Essa divergência pode ser reduzida com uma ligeira mudança no algoritmo.

A Figura 6.4 mostra um kernel modificado com um algoritmo ligeiramente diferente para a redução da soma. Em vez de acrescentar elementos vizinhos na primeira rodada, ele acrescenta elementos que estão na metade de uma seção em relação ao outro. Isto é feito inicializando o passo para ser a metade do tamanho da seção. Todos os pares somados durante a primeira rodada estão no tamanho da metade da seção um do outro. Após a primeira iteração, todas as somas de pares são armazenadas na primeira metade da matriz. O loop divide o passo por 2 antes de entrar na próxima iteração. Isso é feito deslocando o valor do passo para a direita em 1 bit, um modo menos dispendioso de implementar a "divisão por 2" do que por uma divisão de inteiro real. Assim, para a segunda iteração, o valor da variável de passo é um quarto do tamanho da seção; ou seja, o algoritmo soma elementos que estão a um quarto de seção distantes um do outro durante a segunda iteração.

Observe que o kernel na Figura 6.4 ainda tem uma instrução *if* (linha 7) no loop. O número de *threads* que executam a linha 8 continua o mesmo da Figura 6.2. Assim, por que deveria haver uma diferença de desempenho entre os dois kernels? A resposta está nas posições das *threads* que executam a linha 8 em relação àquelas que não executam.

A Figura 6.5 ilustra a execução do kernel revisado. Durante a primeira iteração, todas as *threads* cujos valores de `threadIdx.x` são menores que metade do tamanho da seção executam a linha 8. Para uma seção de 512 elementos, as *threads* de 0 a 255 executam a instrução de soma durante a primeira iteração, enquanto as *threads* de 256 a 511 não faz isso. As somas de pares são armazenadas nos elementos de 0 a 255 após a primeira iteração. Como um warp consiste em 32 *threads* com valores de `threadIdx.x` consecutivos, todas as *threads* nos warps de 0 a 7 executam a instrução de soma, enquanto todos os warps de 8 a 15 saltam a instrução de soma. Como todas as *threads* em cada warp seguem pelo mesmo caminho, não existe divergência de *thread*!

O kernel na Figura 6.4 não elimina completamente a divergência devida à instrução *if*. O leitor deverá verificar que, começando com a 5ª iteração, o número de *threads* que executam a linha 8 cairá para menos de 32. Ou seja, as 5 iterações finais terão apenas 16, 8, 4, 2 e 1 *threads* realizando a adição. Isso significa que o código ainda terá divergência nessas iterações.

```
1. __shared__ float partialSum[]

2. unsigned int t=threadIdx.x;
3. for (unsigned int stride=blockDim.x>>1;
4.  stride>0; stride >>= 1)
5. {
6.   __syncthreads();
7.   if (t<stride)
8.    partialSum[t] += partialSum[t+stride];
9. }
```

Figura 6.4

Um kernel com menos divergência de thread.

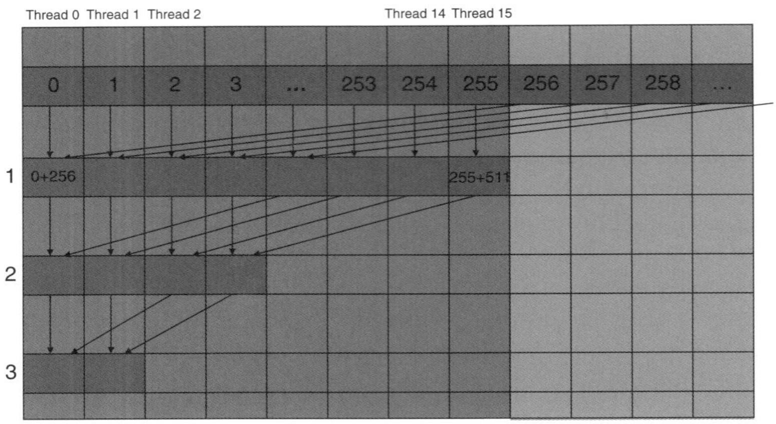

Figura 6.5

Execução do algoritmo revisado.

6.2 Largura de banda da memória global

Uma das dimensões mais importantes do desempenho do kernel CUDA é o acesso aos dados na memória global. Aplicações CUDA exploram o paralelismo de dados maciço; ou seja, aplicações CUDA normalmente processam uma quantidade maciça de dados da memória global dentro de um curto período de tempo. No Capítulo 5, discutimos as técnicas de ladrilhamento que utilizam memórias compartilhadas para reduzir a quantidade total de dados que devem ser acessados por uma coleção de *threads* no bloco de *threads*. Neste capítulo, vamos discutir mais sobre técnicas de aglutinação de memória que podem mover dados mais eficientemente da memória global para as memórias compartilhadas e registradores. As técnicas de aglutinação de memória normalmente são usadas em conjunto com as técnicas de ladrilhamento para permitir que devices CUDA alcancem seu potencial de desempenho utilizando de modo mais eficiente a largura de banda da memória global.[3]

A memória global em um sistema CUDA normalmente é implementada com memórias de acesso aleatório dinâmicas (DRAMs). Os bits de dados são armazenados nas células da DRAM, que são capacitores muito fracos, nos quais a presença ou ausência de uma pequena quantidade de carga elétrica distingue entre 0 e 1. A leitura de dados de uma célula de DRAM que contém 1 requer que o capacitor fraco compartilhe sua pequena quantidade de carga com um sensor e acione um mecanismo de detecção que determina se uma quantidade suficiente de carga está presente no capacitor. Como esse é um processo muito lento, as DRAMs modernas usam um processo paralelo para aumentar sua taxa de acesso aos dados. Toda vez que um local é acessado, muitos locais consecutivos, incluindo

[3] Conforme discutiremos no Capítulo 12, os devices CUDA do futuro provavelmente terão uma cache grande no chip para dados da memória global, que aglutinará automaticamente mais dos padrões de acesso do kernel e reduzirá a necessidade de os programadores reorganizarem manualmente seus padrões de acesso; porém, com mais de 100 milhões de devices CUDA atuais e da geração anterior em uso, os programadores de aplicação ainda acharão as técnicas de aglutinação úteis no futuro próximo.

o local solicitado, são acessados. Muitos sensores são fornecidos em cada chip de DRAM e eles trabalham em paralelo, cada um sentindo o conteúdo de um bit dentro desses locais consecutivos, que quando detectados pelos sensores, podem ser transferidos em velocidade muito alta ao processador. Se uma aplicação puder utilizar os dados de vários locais consecutivos antes de prosseguir para outros locais, as DRAMs podem fornecer os dados a uma taxa muito mais alta do que se uma sequência verdadeiramente aleatória de locais fosse acessada. Para conseguir algo próximo da largura de banda de pico da memória global anunciada, um kernel precisa arrumar seus acessos aos dados de modo que cada solicitação às DRAMs seja para um grande número de locais consecutivos na DRAM.

Reconhecendo a organização das DRAMs modernas, os projetos do G80/GT200 empregam uma técnica que permite que os programadores alcancem uma alta eficiência de acesso à memória global organizando os acessos à memória das *threads* em padrões favoráveis. Essa técnica tira proveito do fato de que as *threads* em um warp executam a mesma instrução em determinado ponto no tempo. Quando todas as *threads* em um warp executam uma instrução load, o hardware detecta se as *threads* acessam locais consecutivos da memória global. Ou seja, o padrão de acesso mais favorável é alcançado quando a mesma instrução para todas as *threads* em um warp acessa locais consecutivos da memória global. Nesse caso, o hardware combina, ou *aglutina*, todos esses acessos em um acesso consolidado para locais consecutivos das DRAM. Por exemplo, para determinada instrução load de um warp, se a *thread* 0 acessa o local da memória global N,[4] a thread 1 acessa o local $N+1$, a *thread* 2 acessa o local $N+2$ etc, e depois todos esses acessos serão aglutinados, ou combinados em uma única solicitação para todos os locais consecutivos ao acessar as DRAMs. Esse acesso aglutinado permite que as DRAMs entreguem dados em uma taxa próxima à largura de banda de pico da memória global.

A Figura 6.6 ilustra padrões de acesso a dados de matriz no programa CUDA favoráveis e não favoráveis para aglutinação da memória. A Figura 6.6A ilustra o padrão de acesso a dados de um loop, no qual cada *thread* lê uma linha da matriz **Md**. Suponha que as *threads* em um warp leiam linhas adjacentes; ou seja, durante a iteração 0, as *threads* em um warp leem o elemento 0 das linhas de 0 a 31. Durante a iteração 1, essas mesmas *threads* leem o elemento 1 das linhas de 0 a 31. Nenhum dos acessos será aglutinado. Um pa-

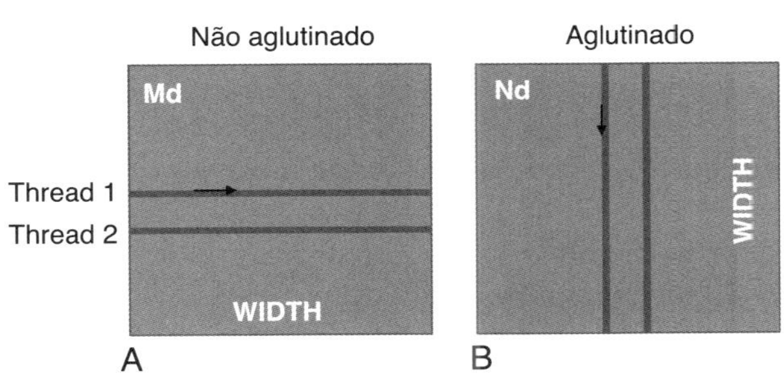

Figura 6.6

Padrões de acesso à memória para aglutinação.

[4] N também precisa estar alinhado com os limites de 16 palavras; ou seja, os 6 bits inferiores de N devem ser todos bits 0. Discutiremos as técnicas que resolvem esse requisito de alinhamento no Capítulo 9.

drão de acesso mais favorável aparece na Figura 6.6B, no qual cada *thread* lê uma coluna de **Nd**. Durante a iteração 0, as *threads* no warp 0 leem o elemento 0 das colunas de 0 a 1. Todos esses acessos serão aglutinados. Para entender por que o padrão na Figura 6.6B é mais favorável do que o da Figura 6.6A, precisamos entender como esses elementos de matriz são dispostos na memória global.

Todos os locais na memória global formam um único espaço de endereços consecutivo, de modo que cada local na memória global possui um endereço exclusivo, semelhante a uma rua muito longa, onde cada casa tem o próprio endereço. Por exemplo, se a memória global contém 1024 locais, eles serão acessados pelo endereço de 0 a 1023. O GT200 pode ter até 4 GB (2^{32}) locais; os endereços variam de 0 a $2^{32} - 1$. Todas as variáveis de um programa CUDA são colocadas nesse espaço de endereços linear e receberão um endereço.

Conforme mostramos no Capítulo 3 (Figura 3.5), os elementos de matriz em C e CUDA são colocados em locais endereçados linearmente, de acordo com a convenção de linha primeiro. Ou seja, os elementos da linha 0 de uma matriz são primeiro colocados na ordem em locais consecutivos. Eles são seguidos pelos elementos da linha 1 da matriz, e assim por diante. Em outras palavras, todos os elementos em uma linha são colocados em locais consecutivos e as linhas inteiras são colocadas uma após a outra. O termo *linha primeiro* refere-se ao fato de que o posicionamento dos dados preserva a estrutura das linhas; todos os elementos adjacentes em uma linha são colocados em locais consecutivos no espaço de endereços. A convenção de linha primeiro é ilustrada na Figura 6.7 (a mesma da Figura 3.5), em que os 16 elementos da matriz **M** 4 × 4 são colocados em locais endereçados linearmente. Os quatro elementos da linha 0 são primeiro colocados em sua ordem de aparecimento na linha. Os elementos na linha 1 são então colocados, seguidos pelos elementos da linha 2, seguidos pelos elementos da linha 3. Deverá ficar claro que $\mathbf{M}_{0,0}$ e $\mathbf{M}_{0,1}$, embora pareçam ser consecutivos na matriz bidimensional, são colocados a quatro locais de distância na memória endereçada linearmente.

Agora que revisamos o posicionamento dos elementos da matriz na memória global, estamos prontos para discutir mais sobre os padrões de acesso favoráveis e não favoráveis aos dados da matriz na Figura 6.6. A Figura 6.8 mostra um pequeno exemplo do padrão de

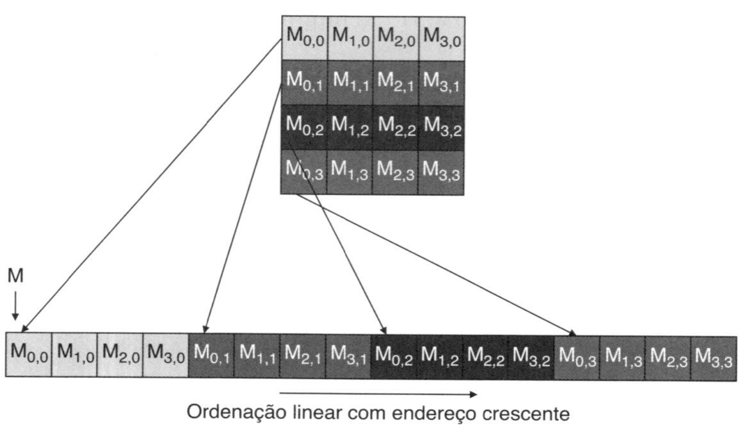

Figura 6.7

Rearranjo de elementos da matriz em ordem linear.

acesso favorável no acesso de uma matriz de 4 × 4. A seta na parte superior da Figura 6.8 mostra o padrão de acesso do código do kernel para uma *thread*. Os acessos são gerados por um loop em que as *threads* em um warp acessam os elementos de ordem 0 das colunas na primeira iteração. Como vemos na parte inferior da Figura 6.8, esses elementos de ordem 0 estão em locais consecutivos da memória global. A parte inferior também mostra que esses locais consecutivos são acessados pelas *threads* T(0) a T(3). O hardware detecta que esses acessos são locais consecutivos na memória global e aglutina esses acessos em um acesso consolidado. Isso permite que as DRAMs forneçam dados em uma taxa mais alta.

A Figura 6.9 mostra um exemplo de um padrão de acesso aos dados da matriz que não é aglutinado. A seta na parte superior da figura mostra que o código do kernel para cada *thread* acessa elementos de uma linha na sequência. Os acessos são gerados por um loop em que as *threads* (T(0), T(1), T(2), T(3)) no mesmo warp acessam os elementos de ordem 0 ($M_{0,0}$, $M_{0,1}$, $M_{0,2}$, $M_{0,3}$) das quatro linhas durante a primeira iteração. Como vemos na parte inferior da Figura 6.9, esses elementos estão em locais que são quatro elementos afastados um do outro. A caixa "load de iteração 1" na parte inferior mostra como as *threads* acessam esses locais não consecutivos na primeira iteração. O hardware determinará que os acessos a esses elementos não podem ser aglutinados. Como resultado, quando um loop do kernel percorre uma linha, os acessos à memória global são muito menos eficientes do que o caso em que um kernel percorre uma coluna.

Se o algoritmo intrinsecamente exige que um código do kernel percorra os dados dentro das linhas, pode-se usar a memória compartilhada para permitir o aglutinamento da memória. A técnica é ilustrada na Figura 6.10 para multiplicação de matriz. Cada *thread* lê uma linha de **Md**, um padrão que não pode ser aglutinado. Felizmente, o algoritmo ladrilhado pode ser usado para permitir a aglutinação. Conforme discutimos no Capítulo 5, as threads de um bloco podem primeiro carregar cooperativamente os ladrilhos na memória compartilhada. Deve-se ter o cuidado de garantir que esses ladrilhos sejam carregados em um padrão aglutinado. Quando os dados estão na memória compartilhada, eles podem ser acessados ou por linha ou por coluna, sem qualquer prejuízo no desempenho, pois as memórias compartilhadas são implementadas intrinsecamente como

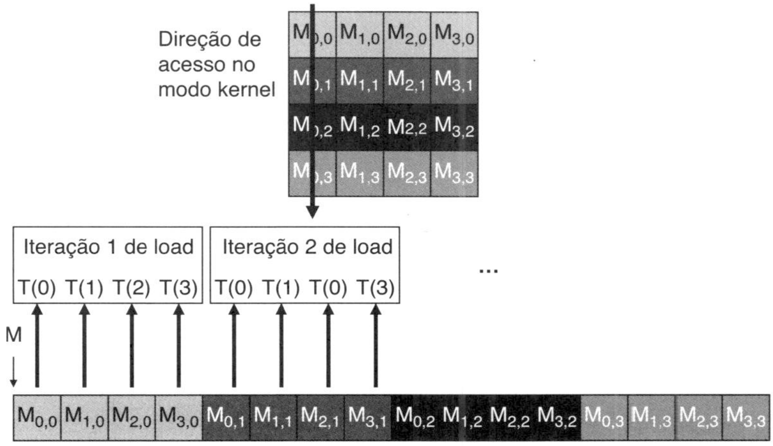

Figura 6.8

Um padrão de acesso aglutinado.

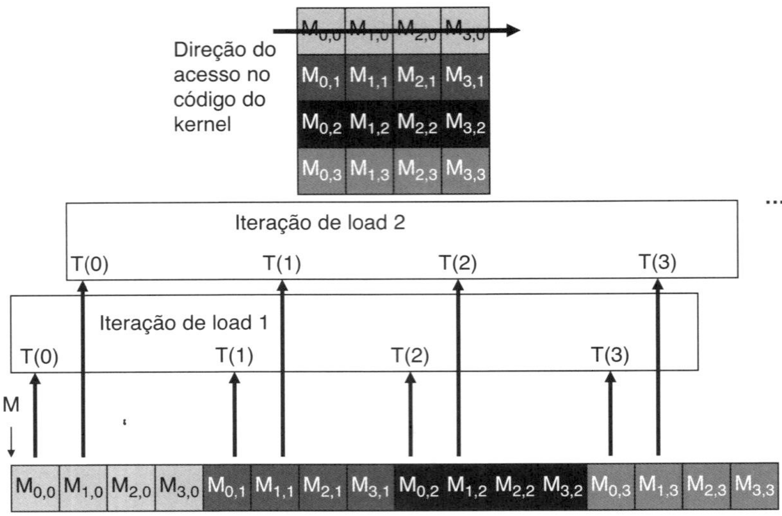

Figura 6.9

Um padrão de acesso não aglutinado.

memória no chip, de alta velocidade, que não requer aglutinação para alcançar uma alta taxa de acesso aos dados.

Replicamos a Figura 5.7 aqui como a Figura 6.11, em que o kernel de multiplicação de matriz carrega dois ladrilhos de matrizes **Md** e **Nd** na memória compartilhada. Observe que cada *thread* em um bloco de *threads* é responsável por carregar um elemento de **Md** e um elemento de **Nd** em **Mds** e **Nds** em cada fase, conforme definido pelo loop `for` na linha 8. Lembre-se de que existem `TILE_WIDTH`^{2} *threads* envolvidos em cada ladrilho. As *threads* usam `threadIdx.y` e `threadIdx.y` para determinar o elemento de cada matriz a carregar.

Os elementos de **Md** são carregados na linha 9, em que o cálculo do índice para cada *thread* usa `m` para localizar a ponta esquerda do ladrilho. Cada linha do ladrilho é então carregada por `TILE_WIDTH` *threads* cujos valores de `threadIdx` diferem na dimensão *x*. Como essas *threads* possuem valores consecutivos de `threadIdx.x`, elas estão no mesmo warp. Além disso, o cálculo de índice `Md[row * Width+m*TILE_WIDTH+tx]` faz essas *threads* acessarem elementos na mesma linha. A questão é se *threads* adjacentes no warp realmente acessam elementos adjacentes na linha. Isso porque todos os termos do índice `m*TILE_WIDTH+tx` são idênticos para todas as *threads* exceto por `tx` e todas as *threads* em um warp possuem valores de `tx` adjacentes. O hardware detecta que essas *threads* no mesmo warp acessam locais consecutivos na memória global e os combinam em um acesso aglutinado.

No caso de **Nd**, todos os termos do índice `(m*TILE_WIDTH+ty)*Width+Col` têm o mesmo valor para todas as *threads* no mesmo warp, exceto para o termo `tx` em `Col`. Observe que todas as *threads* no mesmo warp possuem valores de `tx` adjacentes; portanto, as *threads* adjacentes em um warp acessam elementos adjacentes em uma linha. O hardware detecta que essas *threads* no mesmo warp acessam locais consecutivos na memória global e os combinam em um acesso aglutinado.

O leitor achará útil desenhar um diagrama com base no código do kernel da Figura 6.11 e identificar os valores de `threadIdx.y` e `threadIdx.x` das *threads* que carregam cada

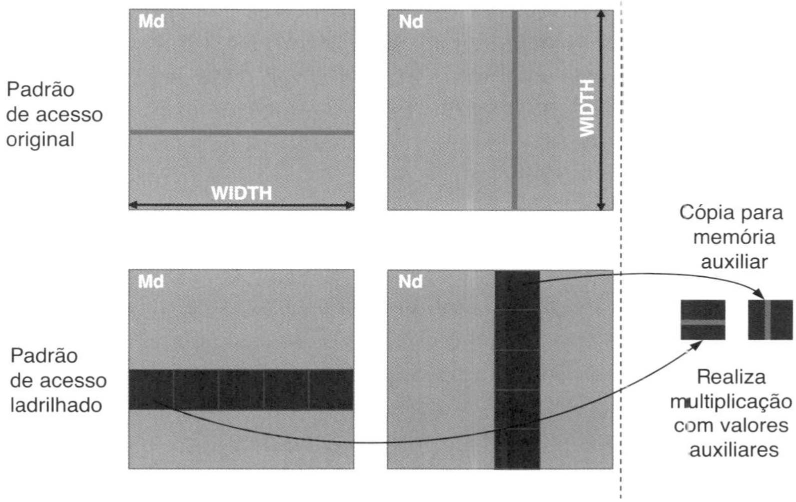

Figura 6.10

Usando a memória compartilhada para permitir a aglutinação.

```
__global__ void MatrixMultkernel(float* Md, float* Nd, float* Pd, int Width)
{
__shared__float Mds[TILE_WIDTH][TILE_WIDTH];
__shared__float Nds[TILE_WIDTH][TILE_WIDTH];

int bx=blockIdx.x; int by=blockIdx.y;
int tx=threadIdx.x; int ty=threadIdx.y;

// Identifica a linha e coluna do elemento de Pd em que se atuará
 int Row=by * TILE_WIDTH+ty;
 int Col=bx * TILE_WIDTH+tx;

 float Pvalue=0;
// Loop sobre os ladrilhos Md e Nd exigidos para calcular o elemento de Pd
 for (interface m=0; m<Width/TILE_WIDTH; ++m) {

// Carga colaborativa de ladrilhos de Md e Nd na memória compartilhada
    Mds[ty][tx]=Md[Row*width+(m*TILE_WIDTH+tx)];
    Nds[ty][tx]=Nd[(m*TILE_WIDTH+ty)*Width+Col];
    __syncthreads();

  for (int k=0; k<TILE_WIDTH; ++k)
    Pvalue += Mds[ty][k] * Nds[k][tx];

  Pd[Row][Col]=Pvalue;
  }
}
```

Figura 6.11

Kernel de multiplicação de matriz ladrilhado usando memórias compartilhadas.

elemento do ladrilho. As linhas 5, 6, 9, 10 na Figura 6.11 formam um padrão de programação frequentemente usado para carregar elementos da matriz na memória compartilhada nos algoritmos ladrilhados. Também gostaríamos de encorajar o leitor a analisar o padrão de acesso aos dados pelo loop de produto escalar nas linhas 12 e 13. Observe que as *threads* em um warp não acessam locais consecutivos de **Mds**. Isso não é problema, pois **Mds** está na memória compartilhada, que não requer aglutinação para conseguir acesso aos dados em alta velocidade.

6.3 Particionamento dinâmico de recursos do SM

Os recursos de execução em um multiprocessador de streaming (SM) incluem registradores, slots de bloco de *threads* e slots de *threads*. Esses recursos são particionados dinamicamente e atribuídos às *threads* para dar suporte à sua execução. No Capítulo 4, vimos que cada SM GT200 tem 1024 slots de *threads*, cada um podendo acomodar uma *thread*. Esses slots de *threads* são particionados e atribuídos a blocos de *threads* durante o *runtime*. Se cada bloco de *threads* consiste em 256 *threads*, os 1024 slots de *threads* são particionados e atribuídos a quatro blocos. Nesse caso, cada SM pode acomodar até 4 blocos de *threads* devido às limitações sobre os slots de *threads*. Se cada bloco de *threads* contém 128 *threads*, os 1024 slots de *threads* são particionados e atribuídos a 8 blocos de *threads*. A capacidade de particionar dinamicamente os slots de *threads* entre os blocos de *threads* torna os multiprocessadores de streaming versáteis. Eles podem executar muitos blocos de *threads*, cada um consistindo em poucas *threads*, ou executar alguns blocos de *threads*, cada um consistindo em muitas *threads*. Isso é o oposto do que seria um método de particionamento fixo, no qual cada bloco recebe uma quantidade fixa de recursos, independente de suas necessidades reais. O particionamento fixo resulta em slots de *threads* desperdiçados quando um bloco tem menos *threads* e não dá suporte a blocos que exigem mais slots de *threads* do que a partição fixa permite.

O particionamento dinâmico de recursos pode resultar em interações sutis entre limitações de recursos, que por sua vez pode causar subutilização de recursos. Essas iterações podem ocorrer entre slots de blocos e slots de *threads*. Se cada bloco tem 64 *threads*, os 1024 slots de *threads* podem ser particionados e atribuídos a 16 blocos; porém, como existem apenas 8 slots de blocos em cada SM, apenas 8 blocos serão permitidos. Isso significa que apenas 512 dos slots de *threads* serão utilizados. Para utilizar totalmente os slots de blocos e os slots de *threads*, é preciso pelo menos 128 *threads* em cada bloco.

O arquivo de registradores é outro recurso particionado dinamicamente. O número de registradores em cada device CUDA não é especificado no modelo de programação e varia entre as implementações. No G80, existe um arquivo de registradores de 8192 entradas para cada SM. Esses registradores são usados para manter variáveis do programador e geradas pelo compilador, usadas com frequência, para reduzir sua latência de acesso e economizar largura de banda da memória. Conforme mencionamos no Capítulo 5, as variáveis automáticas declaradas em um kernel CUDA são colocadas em registradores. Alguns kernels podem usar lotes de variáveis automáticas e outros podem usar poucas delas. Assim, deve-se esperar que alguns kernels exijam muitos registradores e alguns exijam poucos. Particionando dinamicamente os registradores entre os blocos, o SM pode acomodar mais blocos se eles exigirem menos registradores e menos blocos se exigirem mais registradores. Contudo, é preciso estar ciente das interações em potencial entre limitações de registrador e limitações de outros recursos.

No exemplo de multiplicação de matriz, suponha que o código do kernel use 10 registradores por *thread*. Se tivermos 16 × 16 blocos de *threads*, quantas *threads* podem ser executadas em cada SM? Podemos responder a essa pergunta primeiro calculando o número de registradores necessários para cada bloco, que é 10 × 16 × 16 = 2560. O número de registradores exigidos por três blocos é 7680, que está abaixo do limite de 8192. A inclusão de outro bloco exigiria 10.240 registradores, que ultrapassa o limite; portanto, como vemos na Figura 6.12A, a limitação de registradores permite que 3 blocos, que no total têm 768 *threads*, sejam executados em cada SM, que também se encaixa dentro do limite de 8 slots de blocos e 768 slots de *threads*.

Agora, suponha que o programador declare outra variável automática no kernel e aumente o número de registradores usados por cada *thread* para 11. Considerando os mesmos blocos de 16 × 16, cada bloco agora requer 11 × 16 × 16 = 2.816 registradores. O número de registradores exigidos por 3 blocos agora é 8448, que ultrapassa o limite de registradores. Como vemos na Figura 6.12B, o SM lida com essa situação reduzindo o número de blocos em 1, reduzindo assim o número de registradores exigidos para 5.632. Isso, porém, reduz o número de *threads* rodando em um SM de 768 para 512; ou seja, usando 1 variável automática extra, o programa viu uma redução de 1/3 no paralelismo de warp na execução no G80! Isso às vezes é conhecido como *precipício de desempenho*, no qual um pequeno aumento no uso de recursos pode resultar em uma redução dramática no paralelismo e desempenho alcançados. O leitor poderá consultar o CUDA *Occupancy Calculator* [NVIDIA 2009], uma planilha do Excel que pode ser baixada, que calcula o número real de threads rodando em cada SM para determinada implementação de device dado o uso de recursos por um kernel.

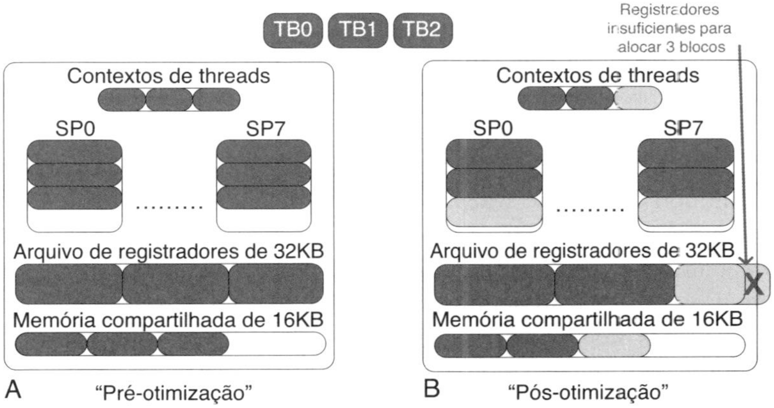

Figura 6.12

Interação das limitações de recursos.

Em alguns casos, a inclusão de uma variável automática pode permitir que o programador melhore a velocidade de execução de threads individuais iniciando antes os acessos demorados à memória que consomem mais tempo, conforme explicaremos com mais detalhes na Seção 6.4. A melhoria dentro de cada *thread* pode ser suficiente para contornar a perda do paralelismo em nível de *thread*. Por exemplo, suponha que, no kernel original, existam quatro instruções independentes entre uma carga de memória global e seu uso. No G80, cada instrução ocupa 4 ciclos de clock para processar, de modo que as 4 instruções independentes dão uma folga de 16 ciclos para o acesso à memória. Com uma latência de memória global de 200 ciclos, precisamos ter pelo menos $200/(4 \times 4) = 14$ warps disponíveis para o escalonamento com overhead zero a fim de manter as unidades de execução totalmente utilizadas.

Suponha que o registrador adicional permita que o programador ou o compilador use uma técnica de transformação de programa para aumentar o número de instruções independentes de 4 para 8. Essas instruções independentes dão uma folga de 32 ciclos para o acesso à memória. Com a mesma latência de memória global de 200 ciclos, agora precisamos ter apenas $200/(4 \times 8) = 7$ warps disponíveis para escalonamento com overhead zero para manter as unidades de execução totalmente utilizadas. Embora tenhamos acabado de reduzir o número de blocos de 3 para 2, e assim o número de warps de 24 para 16, podemos ter warps suficientes para utilizar totalmente as unidades de execução em cada SM. Assim, o desempenho pode realmente aumentar! Um programador normalmente precisa experimentar cada alternativa e escolher o código com melhor desempenho. Esse pode ser um processo trabalhoso e tedioso. Ryoo e outros [Ryoo 2008] propuseram uma metodologia para automatizar o processo de experimentação para reduzir os esforços de programação exigidos para atingir um arranjo ideal para cada variedade de hardware CUDA.

6.4 Pré-busca de dados

Uma das limitações de recursos mais importantes para a computação paralela em geral é que a memória global tem largura de banda limitada no atendimento dos acessos aos dados, e esses acessos levam muito tempo para concluir. As técnicas de ladrilhamento para uso da memória compartilhada resolvem o problema da largura de banda limitada da memória global. O modelo de *threading* CUDA tolera uma longa latência de acesso à memória permitindo que alguns warps prossigam enquanto outros esperem por seus resultados do acesso à memória. Esse é um mecanismo muito poderoso, mas pode não ser suficiente em alguns casos, em que todas as *threads* estão esperando por seus resultados do acesso à memória. Tal situação pode surgir se todas as *threads* tiverem um número muito pequeno de instruções independentes entre as instruções de acesso à memória e o consumidor dos dados acessados.

Uma solução complementar útil para o problema é a pré-busca dos próximos elementos de dados enquanto se consuma os elementos de dados atuais, o que aumenta o número de instruções independentes entre os acesso à memória e os consumidores dos dados acessados. As técnicas de pré-busca normalmente são combinadas com o ladrilhamento para resolver simultaneamente os problemas de largura de banda limitada e longa latência. Mostramos essa técnica combinada na Figura 6.13.

O algoritmo na Figura 6.13A corresponde ao kernel de multiplicação de matriz ladrilhado na Figura 6.10. As linhas 9 e 10 na Figura 6.11 correspondem ao passo Carrega ladrilho atual na memória compartilhada" da Figura 6.13A. Essa é a parte que carrega dados da memória global para a memória compartilhada. A instrução na linha 9 realmente tem duas partes. A primeira parte carrega um elemento de **Md** de um local da memória global para um registrador. A segunda parte armazena o conteúdo do registrador em um local da memória compartilhada. Observe que não existem instruções independentes entre essas duas partes. Os warps que carregam seus ladrilhos atuais provavelmente precisarão esperar um longo tempo antes que possam calcular o ladrilho atual; portanto, provavelmente precisaremos de muitos warps para manter as unidades de ponto flutuante ocupadas.

A Figura 6.13B mostra uma versão de pré-busca de um kernel de multiplicação de matriz. Antes de entrarmos no loop `while`, carregamos o primeiro ladrilho nos registradores. Quando entramos no loop, movemos os dados carregados para a memória compartilhada. Como esse é um consumidor dos dados carregados, as *threads* provavelmente permanecerão inativas, esperando por seus dados carregados enquanto outras *threads* prosseguem. À medida que os dados chegam, os warps são selecionados para execução, e eles depositam os dados do ladrilho de seus registradores para a memória compartilhada. Quando todas as *threads* de um bloco acabam de depositar seus dados, elas passam pelo ponto de sincronismo de barreira e começam a carregar o próximo ladrilho em seus re-

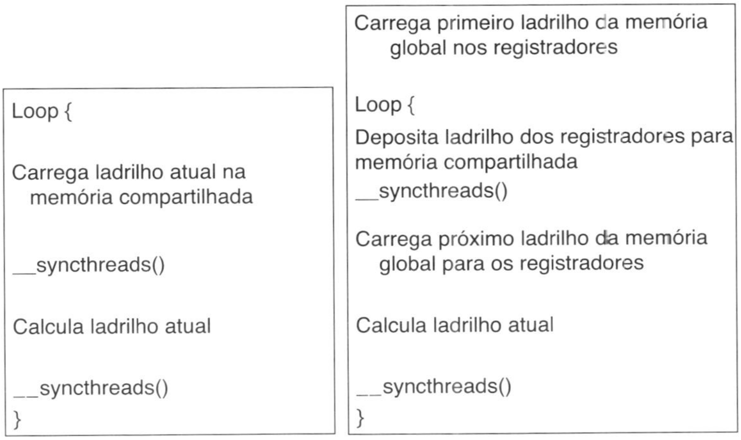

A Sem pré-busca B Com pré-busca

Figura 6.13

Pré-busca de dados.

gistradores. A chave é que os dados do próximo ladrilho carregado não são consumidos imediatamente; ao invés disso, o bloco atual é processado a partir da memória compartilhada pelo loop do produto escalar das linhas 12 e 13 da Figura 6.11.

Quando o loop repete, o "próximo ladrilho" na iteração atual torna-se o "ladrilho atual" da próxima iteração. Assim, o depósito do "ladrilho atual" na memória compartilhada corresponde ao "próximo ladrilho" carregado na iteração anterior. A execução do loop do produto escalar oferece muitas instruções independentes entre as duas partes. Isso reduz a quantidade de tempo que as threads terão que esperar pelos seus dados de acesso à memória global.

Gostaríamos de encorajar o leitor a revisar o kernel da Figura 6.11 para usar a pré-busca. Além de usar o dobro da quantidade de memória compartilhada, a pré-busca de dados também usa duas variáveis automáticas (registradores) adicionais. Conforme discutimos na Seção 6.3, o uso de registradores adicionais pode reduzir o número de blocos que podem ser executados em um SM; porém, essa técnica ainda pode ter resultados melhores, se reduzir significativamente a quantidade de tempo que cada *thread* espera por seus dados de carga da memória global.

6.5 Mistura de instruções

Nas unidades de processamento gráfico (GPUs) CUDA da geração atual, cada núcleo do processador tem uma largura de banda limitada para o processamento de instruções. Cada instrução consome parte da largura da banda de processamento de instrução, seja uma instrução de cálculo de ponto flutuante, uma instrução load ou uma instrução de desvio. A Figura 6.14A mostra o loop de produto escalar do kernel de multiplicação de matriz. O loop acarreta instruções extras para atualizar o contador do loop `k` e realiza desvio condicional ao final de cada iteração. Além do mais, o uso do contador de loop `k` para indexar as matrizes **Ms** e **Ns** acarreta instruções de aritmética de endereço. Essas instruções competem com as instruções de cálculo de ponto flutuante pela largura da banda de processamento de instruções que é limitada. Por exemplo, o loop do kernel na Figura 6.14A executa duas instruções aritméticas de ponto flutuante, uma instrução de desvio de loop, duas instruções aritméticas de endereço e uma instrução de incremento do contador do loop. Ou seja, somente 1/3 das instruções executadas são instruções de cálculo de ponto flutuante. Com a largura de banda limitada para processamento de instruções, essa mistura de instruções limita o desempenho alcançável para não mais do que 1/3 da largura de banda máxima.

Um método bastante utilizado para melhorar a mistura de instruções é desdobrar o loop, como mostra a Figura 6.14B. Dado um tamanho de ladrilho, pode-se simplesmente desdobrar todas as iterações e expressar o cálculo do produto escalar como uma longa expressão de multiplicação-adição. Isso elimina a instrução de desvio e a atualização do contador de loop. Além do mais, como os índices são constantes, ao invés de `k`, o compilador pode usar offsets do modo de endereçamento das instruções load para eliminar as instruções aritméticas de endereço. Como resultado, a expressão longa pode ser executada próximo do desempenho máximo!

```
for (int k=0; k<BLOCK_SIZE; ++k)
    Pvalue += Ms[ty][k] * Ns[k][tx];
```

(a) Loop acarreta instruções de overhead.

```
[LIST]
Pvalue += Ms[ty][0] * Ns[0][tx]+...
          Ms[ty][15] * Ns[15][tx];
```

(b) Desdobrando-se o loop melhora-se a mistura de instruções.

Figura 6.14

Considerações sobre a mistura de instruções.

O ideal é que o desdobramento do loop seja feito automaticamente pelo compilador. Essa é uma das áreas em que a tecnologia de compilador provavelmente será melhorada rapidamente no futuro próximo. Até que as ferramentas amadureçam, muitos programadores provavelmente ainda desdobrarão loops em seu código fonte para alcançar um alto desempenho.

6.6 Detalhamento de threads

Uma decisão algorítmica importante no ajuste do desempenho é o detalhamento das *threads*. Normalmente, é vantajoso colocar mais trabalho em cada *thread* e usar menos *threads*. A vantagem surge quando algum trabalho redundante existe entre as *threads*. A Figura 6.15 ilustra tal oportunidade na multiplicação de matriz. O algoritmo ladrilhado da Figura 6.11 usa uma *thread* para calcular um elemento da matriz de saída **Pd**. Isso requer um produto escalar entre uma linha de **Md** e uma coluna de **Nd**.

A oportunidade para ajuste de detalhamento de *thread* vem do fato de que múltiplos blocos carregam cada ladrilho de **Md** de forma redundante. Como podemos ver na Figura 6.15, o cálculo de dois elementos de **Pd** em ladrilhos adjacentes usam a mesma linha de **Md**. Com o algoritmo ladrilhado original, a mesma linha de **Md** é carregada de forma redundante pelos dois blocos atribuídos para gerar esses dois ladrilhos de **Pd**. Pode-se eliminar essa redundância juntando os dois blocos de *threads* em um. Cada *thread* no novo bloco de *threads* agora calcula dois elementos **Pd**. Isso é feito revisando o kernel de modo que cada dois produtos escalares são calculados pelo kernel. Ambos os produtos escalares usam a mesma linha de **Mds**, mas diferentes colunas de **Nds**. Isso reduz o acesso à memória global em 1/4. Isso também aumenta o número de instruções independentes no caso de um algoritmo de pré-busca na Figura 6.14, pois existem dois produtos escalares calculados entre o carregamento dos ladrilhos em registradores e o depósito desses ladrilhos nas memórias compartilhadas. Encorajamos o leitor a escrever o novo kernel.

A desvantagem em potencial é que o novo kernel agora usa ainda mais registradores e memória compartilhada. Assim, o número de blocos que podem estar rodando em cada SM pode diminuir. Ele também reduz o número total de blocos de *thread* pela metade, que

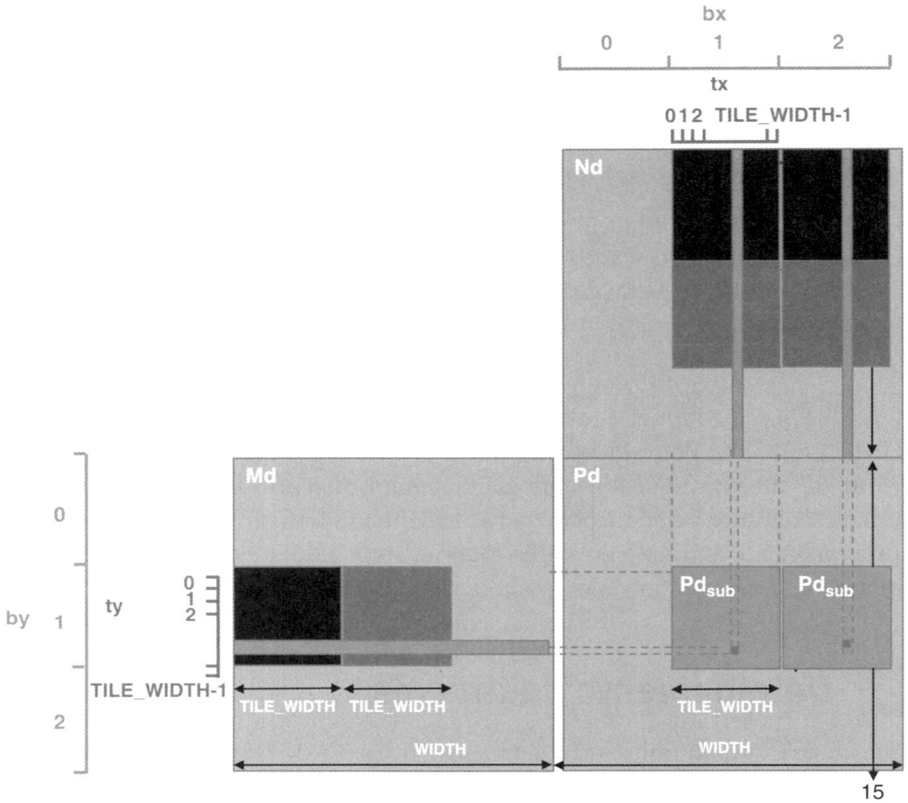

Figura 6.15

Crescimento do detalhamento de threads com ladrilhos retangulares.

pode resultar em uma quantidade insuficiente de paralelismo para matrizes de dimensões menores. Para o G80/GT200, achamos que combinar quatro blocos horizontais adjacentes para o cálculo de ladrilhos horizontais adjacentes gera o melhor desempenho para uma multiplicação de matriz de 2048×2048.

6.7 Desempenho medido e resumo

Os efeitos combinados de várias técnicas de melhoria de desempenho no kernel de multiplicação de matriz são mostrados na Figura 6.16. As técnicas cobertas são ladrilhamento, desdobramento de loop, pré-busca de dados e detalhamento de *thread*. O lado esquerdo do gráfico mostra o ladrilhamento 8×8 e o lado direito 16×16. Para cada tamanho de ladrilho, mostramos o código básico, o código após mesclar dois blocos e o código após mesclar quatro blocos no ajuste de detalhamento. Dentro de cada detalha-

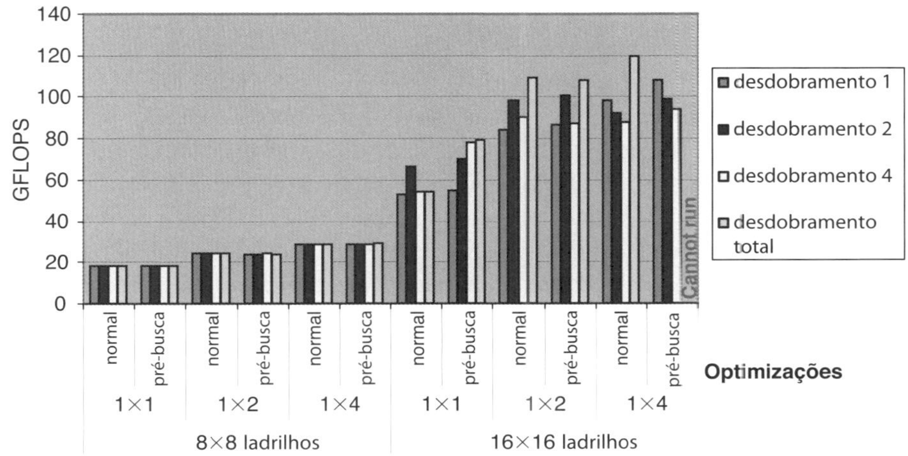

Figura 6.16

Desempenho medido com várias técnicas.

mento, mostramos os efeitos do detalhamento e os efeitos da pré-busca. Podemos fazer pelo menos quatro observações.

Primeiro, o tamanho do ladrilho desempenha uma função importante no desempenho. Até que o tamanho do ladrilho alcance 16 × 16, nem o desdobramento do loop nem a pré-busca de dados ajuda. Isso é refletido pelo fato de que todas as oito barras em cada trecho de detalhamento são do mesmo tamanho. Para tamanho de ladrilho pequenos, como 8 × 8, a largura de banda de memória global saturada limita tanto o desempenho da execução que transformações como desdobramento de loop e pré-busca de dados simplesmente não importam. Por outro lado, como o ajuste do detalhamento pode reduzir os acessos à memória global, deve-se esperar que isso melhore o desempenho. Ou seja, o ladrilhamento retangular 1 × 2 reduz o acesso à memória global por 1/4 e o ladrilhamento de 1 × 4 por 3/8. Observe que 1 × 8 teria reduzido o tráfego em apenas 7/16, um retorno pequeno que o torna muito menos atraente do que usar um tamanho de ladrilho maior. As reduções nos acessos à memória global realmente ajudam a melhorar o desempenho mostrado na Figura 6.16.

Em segundo lugar, quando o tamanho do ladrilho se torna suficientemente grande (16 × 16, neste caso) para aliviar a saturação da largura de banda da memória global, o desdobramento de loop e a pré-busca de dados se tornam muito mais importantes. Na maioria dos casos, desdobrar completamente o loop pode resultar em mais de 20% de melhoria de desempenho.

A terceira observação é que, embora a pré-busca de dados seja muito benéfica para o ladrilhamento 1 × 1, ela não ajuda muito para o ladrilhamento retangular 1 × 2. De fato, para o ladrilhamento retangular 1 × 4, o uso do registrador por um bloco de 16 × 16 do kernel de pré-busca de dados excede o número total de registradores no SM. Isso torna o código não executável no G80! Essa é uma boa ilustração do fato de que, quando se aplicam várias técnicas para um kernel, essas técnicas provavelmente interagirão reduzindo os recursos disponíveis para outras técnicas.

Finalmente, as combinações apropriadas das técnicas de ajuste de desempenho podem fazer uma diferença muito grande no desempenho alcançado pelo kernel de multiplicação de matriz. Na Figura 6.16, a velocidade do kernel executando no G80 aumentou de 18 gigaflops para 120 GFLOPS; porém, os esforços de programação exigidos para encontrar essas combinações é atualmente muito grande. Veja em Ryoo e outros [RRB2008] um estudo mais extenso dos efeitos da melhoria de desempenho. Muito trabalho tem sido feito na academia e na indústria para reduzir a quantidade de esforço de programação necessária para alcançar essas melhorias de desempenho com ferramentas automatizadas.

6.8 Exercícios

6.1 Os kernels nas Figuras 6.2 e 6.4 desperdiçam o uso de *threads*; metade das *threads* em cada bloco nunca é executada. Modifique os kernels para eliminar esse desperdício. Indique os valores dos parâmetros de configuração de execução da chamada do kernel. Existe um custo em termos da operação aritmética extra necessária? Que limitação de recurso pode ser resolvida potencialmente com tal modificação? *Dicas:* A linha 2 e/ou a linha 4 podem ser ajustadas em cada caso, e o número de elementos na seção pode aumentar.

6.2 Compare os kernels modificados que você escreveu para o Exercício 6.1. Que modificação introduziu menos operações aritméticas adicionais?

6.3 Escreva um kernel completo baseado no Exercício 6.1: (1) acrescentando as instruções que carregam uma seção da matriz de entrada da memória global para a memória compartilhada, (2) usando `blockIdx.x` para permitir que vários blocos trabalhem sobre diferentes seções da matriz de entrada e (3) escrevendo o valor da redução para a seção em um local de acordo com o `blockIdx.x`, de modo que todos os blocos depositarão seu valor de redução de seção na parte inferior da matriz de entrada na memória global.

6.4 Elabore um programa de redução baseado no kernel que você escreveu para o Exercício 6.3. O código do host deverá: (1) transferir uma grande matriz de entrada para a memória global e (2) usar um loop para chamar repetidamente o kernel que você escreveu para o Exercício 6.3 com valores ajustados dos parâmetros de configuração da execução, de modo que o resultado da redução para a matriz de entrada por fim seja produzido.

6.5 Para o kernel de multiplicação de matriz na Figura 6.11, desenhe os padrões de acesso das *threads* em um warp das linhas 9 e 10 para um pequeno tamanho de matriz de 16×16. Calcule os valores de `tx` e os valores de `ty` para cada *thread* em um warp e use esses valores nos cálculos de índice de **Md** e **Nd** nas linhas 9 e 10. Mostre que as threads realmente acessam locais consecutivos de **Md** e **Nd** na memória global durante cada iteração.

6.6 Escreva uma função do kernel de multiplicação de matriz que corresponda ao projeto ilustrado na Figura 6.15.

6.7 O seguinte código de produto escalar testa seu conhecimento do modelo CUDA básico. O código a seguir calcula 1024 produtos escalares, cada um calculado a partir de um par de vetores de 256 elementos. Suponha que o código seja executado no G80. Use o código para responder às perguntas seguintes.

```
1  #define VECTOR_N 1024
2  #define ELEMENT_N 256
3  const int DATA_N          = VECTOR_N * ELEMENT_N;
4  const int DATA_SZ         = DATA_N * sizeof(float);
5  const int RESULT_SZ       = VECTOR_N * sizeof(float);
   ...
6  float *d_A, *d_B, *d_C;
   ...
7  cudaMalloc((void **)&d_A, DATA_SZ);
8  cudaMalloc((void **)&d_B, DATA_SZ);
9  cudaMalloc((void **)&d_C, RESULT_SZ);
   ...
10 scalarProd<<<VECTOR_N, ELEMENT_N>>>(d_C, d_A, d_B, ELEMENT_N);
11
12 __global__ void
13 scalarProd(float *d_C, float *d_A, float *d_B, int ElementN)
14 {
15     __shared__ float accumResult[ELEMENT_N];
16     // Bases de vetores atuais
17     float *A=d_A+ElementN * blockIdx.x;
18     float *B=d_B+ElementN * blockIdx.x;
19     int tx=threadIdx.x;
20
21     accumResult[tx]=A[tx] * B[tx];
22
23     for(int stride=ElementN /2; stride>0; stride >>= 1)
24     {
25         __syncthreads();
26         if(tx<stride)
27         accumResult[tx] += accumResult[stride+tx];
28     }
30     d_C[blockIdx.x]=accumResult[0];
31 }
```

a. Quantas *threads* existem no total?

b. Quantas *threads* existem em um warp?

c. Quantas *threads* existem em um bloco?

d. Quantos loads e stores da memória global são feitos para cada *thread*?

e. Quantos acessos à memória compartilhada são feitos para cada bloco? (4 pts.)

f. Liste as linhas do código fonte, se houver, que causam conflitos no banco de memória compartilhada. (2 pts.)

g. Quantas iterações do loop `for` (linha 23) terão divergência de desvio? Mostre sua derivação.

h. Identifique uma oportunidade para reduzir significativamente o requisito de largura de banda na memória global. Como você conseguiria isso? Quantos acessos você pode eliminar?

6.8 No Exercício 4.2, do total de valores possíveis para `BLOCK_SIZE`, para que valores de `BLOCK_SIZE` o kernel evitará completamente os acessos não aglutinados à memória global?

6.9 Em uma tentativa de melhorar o desempenho, um jovem engenheiro brilhante mudou o código CUDA do Exercício 6.8 para o código a seguir.

```
__shared__ float partialSum[];
unsigned int tid=threadIdx.x;
for (unsigned int stride=n>>1; stride >= 32; stride >>= 1) {
     __syncthreads();
     if (tid<stride)
          shared[tid] += shared[tid+stride];
}
__syncthreads();
if (tid<32) { // unroll last 5 predicated steps
    shared[tid] += shared[tid+16];
    shared[tid] += shared[tid+8];
    shared[tid] += shared[tid+4];
    shared[tid] += shared[tid+2];
    shared[tid] += shared[tid+1];
}
```

a. Você acredita que o desempenho melhorará na G80? Por que ou por que não?

b. O engenheiro deve receber uma recompensa ou uma aula? Por quê?

Referências e leitura adicional

NVIDIA Corp, *CUDA Occupancy Calculator.* Santa Clara, CA:. (http://news.developer.nvidia.com/2007/03/cuda_occupancy_.html).

RYOO, S., RODRIGUES, C. I., BAGHSORKHI, S. S. & STONE, S. S. (2008). Optimization Principles and Application Performance Evaluation of a Multithreaded GPU using CUDA. Em *Proceedings of the 13th ACM SIGPLAN Symposium on Principles and Practice of Parallel Programming* (pp. 73–82). Salt Lake City, UT.

RYOO, S., RODRIGUES, C. I., STONE, S. S., BAGHSORKHI, S. S., UENG, S. Z., STRATTON, J. A. e outros (2008). Program Pruning for a Multithreaded GPU. Em *Code Generation and Optimization: Proceedings of the Sixth Annual IEEE/ACM International Symposium on Code Generation and Optimization* (pp. 195–204). Boston, MA.

CAPÍTULO 7

Considerações de ponto flutuante

Sumário do Capítulo

Introdução

Nos primeiros dias da computação, a capacidade de aritmética de ponto flutuante era encontrada apenas em mainframes e supercomputadores. Embora muitos microprocessadores projetados na década de 1980 começassem a ter coprocessadores de ponto flutuante, suas operações aritméticas de ponto flutuante eram extremamente lentas — cerca de três ordens de grandeza mais lentas do que os mainframes e supercomputadores. Com os avanços na tecnologia de microprocessador, muitos microprocessadores projetados na década de 1990, como o Intel® Pentium® III e o AMD® Athlon™, começaram a ter capacidades de ponto flutuante de alto desempenho que competiam com os supercomputadores. A aritmética de ponto flutuante de alta velocidade tornou-se um recurso padrão dos microprocessadores e unidades de processamento gráfico (GPUs) de hoje. Como resultado, também tornou-se importante para os programadores de aplicação entenderem e tirarem proveito da aritmética de ponto flutuante no desenvolvimento de suas aplicações.

Em particular, vamos focalizar a precisão da aritmética de ponto flutuante, a precisão da representação numérica de ponto flutuante e como eles devem ser levados em consideração na computação paralela.

7.1 Formato do ponto flutuante

O padrão de ponto flutuante IEEE 754 original, publicado em 1985, foi um esforço feito pelos fabricantes de computador para se ajustarem a uma representação e comportamento aritmético comum para dados de ponto flutuante. A maioria, se não todos os fabricantes de computador do mundo, aceitou esse padrão. Em particular, praticamente todos os microprocessadores projetados no futuro obedecerão totalmente, ou em boa parte, ao padrão de ponto flutuante IEEE-754 e sua revisão mais recente, IEEE 754-2008 [IEEE 2008]. Portanto, é importante que os desenvolvedores de aplicação entendam o conceito e as considerações práticas desse padrão.

Um sistema numérico de ponto flutuante começa com a representação de um valor numérico como padrões de bits. No padrão de ponto flutuante do IEEE, um valor numérico é representado em três grupos de bits: sinal (S), expoente (E) e mantissa (M). Cada padrão (S, E, M) identifica exclusivamente um valor numérico de acordo com a seguinte fórmula:

$$\text{Valor} = (-1)^S \times M \times \{2^E\}, \text{ onde } 1{,}0 \leq M < 2{,}0 \qquad (1)$$

A interpretação de S é simples: $S = 0$ indica um número positivo e $S = 1$ um número negativo. Matematicamente, qualquer número, incluindo -1, quando elevado à potência 0, resulta em 1; assim, o valor é positivo. Por outro lado, quando -1 é elevado à potência 1, ele é o próprio -1. Com uma multiplicação por -1, o valor torna-se negativo. A interpretação dos bits M e E, porém, é muito mais complexa. Usaremos o exemplo a seguir para ajudar a explicar a interpretação destes bits.

Suponha, para simplificar, que cada número de ponto flutuante consiste em um sinal de 1 bit, um expoente de três bits e uma mantissa de 2 bits. Usaremos esse formato hipotético de 6 bits para ilustrar os desafios envolvidos na codificação de E e M, à medida que discutirmos valores numéricos, e, às vezes, precisaremos expressar um número ou em notação decimal ou em notação de casa binária. Os números expressos com notação decimal terão o subscrito D e aqueles expressos como binários terão o subscrito B. Por exemplo, $0{,}5_D$ (5×10^{-1}, pois o termo à direita do ponto decimal leva um peso de 10^{-1}) é o mesmo que $0{,}1_B$ (1×2^{-1}, pois o termo à direita do ponto decimal leva um peso de 2^{-1}).

7.1.1 Representação normalizada de M

A fórmula (1) estipula que $1{,}0_B \leq M < 10{,}0_B$, o que torna o valor da mantissa para cada número de ponto flutuante exclusivo; por exemplo, o único valor da mantissa permitido para $0{,}5_D$ é $M = 1{,}0$:

$$0{,}5_D = 1{,}0_B \times 2^{-1}$$

Outro candidato em potencial seria $0{,}1_B \times 2^0$, mas o valor da mantissa seria muito pequeno de acordo com a regra. De modo semelhante, $10{,}0_B \times 2^{-2}$ não é válido porque o valor da mantissa é muito grande. Em geral, com a restrição de que $1,0_B \leq M < 10,0_B$, cada número de ponto flutuante tem exatamente um valor de mantissa válido. Os números que satisfazem essa restrição serão chamados de números normalizados. Como todos os valores de mantissa que satisfazem a restrição têm a forma 1,xx, podemos omitir a parte "1," da representação; portanto, o valor da mantissa de 0,5 em uma representação de mantissa com 2 bits é 00, que é deduzido pela omissão do "1," de 1,00. Isso torna uma mantissa de 2 bits efetivamente uma mantissa de 3 bits. Em geral, com o formato IEEE, uma mantissa de *n* bits é efetivamente uma mantissa de $(n + 1)$ bits.

7.1.2 Codificação em excesso de E

O número de bits usados para representar E determina a faixa de números que podem ser representados. Grandes valores positivos de E resultam em valores de ponto flutuante muito grandes; por exemplo, se o valor de E for 64, o número de ponto flutuante sendo representado é entre 2^{64} ($>10^{18}$) e 2^{65}. Você ficaria muito feliz se esse fosse o saldo de sua conta de poupança! Grandes valores negativos de E resultam em valores de ponto flutuante muito pequenos; por exemplo, se o valor de E for -64, o número sendo representado está entre 2^{-64} ($<10^{-18}$) e 2^{-63}. Esse é um número fracionário muito pequeno. O campo E permite que uma representação de número de ponto flutuante represente uma grande faixa de números. Voltaremos a esse ponto quando examinarmos os números representáveis de um formato.

O padrão IEEE adota uma convenção de codificação para E. Se *n* bits forem usados para representar o expoente E, então $(2^{n-1} - 1)$ é somado à representação de complemento a dois para o expoente formar sua representação em excesso. Uma representação de complemento a dois é um sistema em que o valor negativo de um número pode ser derivado primeiro complementando cada bit do valor e somando 1 ao resultado. Em nossa representação de expoente em 3 bits, existem três bits no expoente; portanto, o valor $2^{3-1} - 1 = 011$ será somado à representação do complemento a dois do valor do expoente. A Figura 7.1 mostra a representação de complemento a dois e a representação em excesso de cada valor de expoente decimal. Em nosso exemplo, o expoente para $0,5_D$ é -1.

Complemento a dois	Valor decimal	Representação em excesso
000	0	011
001	1	100
010	2	101
011	3	110
100	Padrão reservado	111
101	−3	000
110	−2	001
111	−1	010

Figura 7.1

Codificação excesso de 3, classificada pela ordenação do complemento a dois.

A representação de complemento a dois de -1 pode ser derivada primeiro complementando 001, a representação de 1, para 110 e depois somando 001 para obter 111. A representação em excesso soma outro 011 à representação de complemento a dois, como mostra a figura, o que resulta em 010.

A vantagem da representação em excesso é que um comparador sem sinal pode ser usado para comparar números com sinal. Como vemos na Figura 7.2, o código excesso de 3 aumenta monotonicamente de −3 a 3 quando vista como números sem sinal. O código de -3 é 000 e o de 3 é 110. Assim, se alguém usar um comparador de número sem sinal para comparar o código excesso de 3 para qualquer número de −3 a 3, o comparador gera o resultado de comparação correto em termos de qual número é maior, menor etc. Por exemplo, se alguém compara os códigos excesso de 3 aos 001 e 100 com um comparador sem sinal, 001 é menor que 100. Essa é a conclusão correta, pois os valores que eles representam (−2 e 1) têm exatamente a mesma relação. Essa é uma propriedade desejável para a implementação no hardware, pois os comparadores sem sinal são menores e mais rápidos do que os comparadores com sinal.

Agora, estamos prontos para representar $0{,}5_D$ com nosso formato de 6 bits:

$$0{,}5_D = 0\ 010\ 00, \text{ onde } S = 0,\ E = 010, \text{ e } M = \cancel{(1.)}00$$

Ou seja, a representação em 6 bits para 0,5D é 001000.

Em geral, com mantissa normalizada e expoente codificado em excesso, o valor de um número com um expoente de *n* bits é

$$(-1)^S\ 1{,}M \times 2^{(E-(2^\wedge(n-1))+1)}$$

Complemento de dois	Valor decimal	Excesso de 3
100	(padrão reservado)	111
101	−3	000
110	−2	001
111	−1	010
000	0	011
001	1	100
010	2	101
011	3	110

Figura 7.2

Codificação excesso de 3, classificada por ordem de excesso de 3.

7.2 Números representáveis

Os números representáveis de um formato numérico são aqueles que podem ser representados exatamente no formato; por exemplo, os números representáveis para um formato de inteiro sem sinal com 3 bits aparecem na Figura 7.3. Nem −1 nem 9 podem

000	0
001	1
010	2
011	3
100	4
101	5
110	6
111	7

Figura 7.3

Números representáveis de um formato sem sinal com 3 bits.

ser representados nesse formato. Podemos desenhar uma linha de números para identificar todos os números representáveis, como mostra a Figura 7.4, em que todos os números representáveis do formato inteiro sem sinal com 3 bits são marcados com uma estrela.

Os números representáveis de um formato de ponto flutuante podem ser visualizados de uma maneira semelhante. Na Figura 7.5, mostramos todos os números representáveis daquilo que temos até aqui e duas variações. Usamos um formato de 5 bits para manter o tamanho da tabela mais compacto. O formato consiste em 1 bit para S, 2 bits para E (codificado com excesso de 1) e 2 bits para M (com a parte "1," omitida). A coluna não zero mostra os números representáveis do formato que discutimos até aqui. O leitor poderá gerar pelo menos uma parte da coluna não zero tomando como base a fórmula dada na Seção 7.1. Observe que, com esse formato, 0 não é um dos números representáveis.

Uma olhada rápida em como esses números representáveis preenchem a linha de números, como mostra a Figura 7.6, nos dá uma observação melhor desses números representáveis. Na Figura 7.6, mostramos apenas os números representáveis positivos. Os números negativos são simétricos aos seus correspondentes positivos no outro lado do 0.

Podemos fazer cinco observações. Primeiro, os bits de expoente definem os intervalos principais dos números representáveis. Na Figura 7.6, existem três intervalos principais em cada lado do 0, pois existem dois bits de expoente. Basicamente, os intervalos principais são entre as potências de dois. Com dois bits de expoentes, existem três potências de dois ($2^{-1} = 0{,}5_D$, $2^0 = 1{,}0_D$, $2^1 = 2{,}0_D$), e cada uma inicia um intervalo de números representáveis.

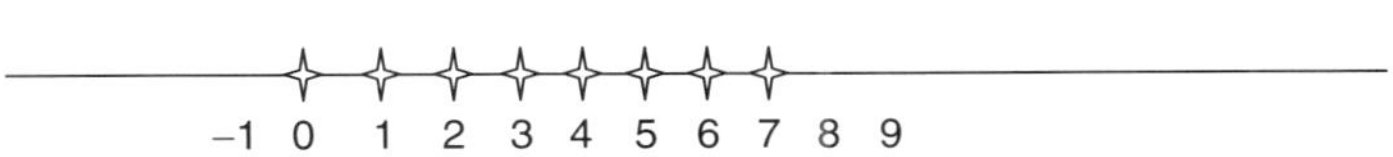

Figura 7.4

Números representáveis de um formato sem sinal com 3 bits.

		Não zero		Underflow brusco		Desnormalizado	
E	**M**	**S=0**	**S=1**	**S=0**	**S=1**	**S=0**	**S=1**
00	00	2^{-1}	$-(2^{-1})$	0	0	0	0
	01	$2^{-1}+(1\times 2^{-3})$	$-[2^{-1}+(1\times 2^{-3})]$	0	0	1×2^{-2}	$-(1\times 2^{-2})$
	10	$2^{-1}+(2\times 2^{-3})$	$-[2^{-1}+(2\times 2^{-3})]$	0	0	2×2^{-2}	$-(2\times 2^{-2})$
	11	$2^{-1}+(3\times 2^{-3})$	$-[2^{-1}+(3\times 2^{-3})]$	0	0	3×2^{-2}	$-(3\times 2^{-2})$
01	00	2^{0}	$-(2^{0})$	2^{0}	$-(2^{0})$	2^{0}	$-(2^{0})$
	01	$2^{0}+(1\times 2^{-2})$	$-[2^{0}+(1\times 2^{-2})]$	$2^{0}+(1\times 2^{-2})$	$-[2^{0}+(1\times 2^{-2})]$	$2^{0}+(1\times 2^{-2})$	$-[2^{0}+(1\times 2^{-2})]$
	10	$2^{0}+(2\times 2^{-2})$	$-[2^{0}+(2\times 2^{-2})]$	$2^{0}+(2\times 2^{-2})$	$-[2^{0}+(2\times 2^{-2})]$	$2^{0}+(2\times 2^{-2})$	$-[2^{0}+(2\times 2^{-2})]$
	11	$2^{0}+(3\times 2^{-2})$	$-[2^{0}+(3\times 2^{-2})]$	$2^{0}+(3\times 2^{-2})$	$-[2^{0}+(3\times 2^{-2})]$	$2^{0}+(3\times 2^{-2})$	$-[2^{0}+(3\times 2^{-2})]$
10	00	2^{1}	$-(2^{1})$	2^{1}	$-(2^{1})$	2^{1}	$-(2^{1})$
	01	$2^{1}+(1\times 2^{-1})$	$-[2^{1}+[1\times 2^{-1})]$	$2^{1}+(1\times 2^{-1})$	$-[2^{1}+(1\times 2^{-1})]$	$2^{1}+(1\times 2^{-1})$	$-[2^{1}+(1\times 2^{-1})]$
	10	$2^{1}+(2\times 2^{-1})$	$-[2^{1}+(2\times 2^{-1})]$	$2^{1}+(2\times 2^{-1})$	$-[2^{1}+(2\times 2^{-1})]$	$2^{1}+(2\times 2^{-1})$	$-[2^{1}+(2\times 2^{-1})]$
	11	$2^{1}+(3\times 2^{-1})$	$-[2^{1}+(3\times 2^{-1})]$	$2^{1}+(3\times 2^{-1})$	$-[2^{1}+(3\times 2^{-1})]$	$2^{1}+(3\times 2^{-1})$	$-[2^{1}+(3\times 2^{-1})]$
11	Padrão reservado						

Figura 7.5

Números representáveis dos formatos não zero, underflow brusco e desnormalizado.

A segunda observação é que os bits da mantissa definem a quantidade de números representáveis em cada intervalo. Com dois bits de mantissa, temos quatro números representáveis em cada intervalo. Em geral, com N bits de mantissa, temos 2^N números representáveis em cada intervalo. Se um valor a ser representado cair dentro de um dos intervalos, ele será arredondado para um desses números representáveis. Obviamente, quanto maior a quantidade de números representáveis em cada intervalo, mais precisamente podemos representar um valor na região; portanto, o número de bits da mantissa estipula a *precisão* da representação.

A terceira observação é que 0 não é representável nesse formato. Ele está faltando nos números representáveis na coluna não zero da Figura 7.5. Como 0 é um dos números mais importantes, não poder representar 0 em um sistema de representação numérica é uma deficiência séria. Resolveremos essa deficiência mais tarde.

A quarta observação é que os números representáveis tornam-se mais próximos um do outro nas proximidades de 0. Cada intervalo tem a metade do tamanho do intervalo anterior quando nos movemos em direção ao zero. Na Figura 7.6, o intervalo mais à direita tem largura 2, o próximo tem largura 1, e o próximo tem largura 0,5. Como cada intervalo tem os mesmos números representáveis (quatro, na Figura 7.6), os números representáveis tornam-se mais próximos uns dos outros quando nos movemos em direção a zero. Essa é uma tendência desejável, pois quando o valor absoluto desses números se torna menor, é mais importante representá-los com mais precisão. Por exemplo, se você tiver R$ 1 bilhão na sua conta bancária, pode nem sequer notar um erro de arredondamento de R$ 1 no cálculo do seu saldo; porém, se o saldo total for R$ 10, então ter um erro de arredondamento de R$ 1 seria muito mais observável!

Ter os números representáveis mais próximos um do outro torna possível representá-los com mais precisão; por exemplo, na Figura 7.6, existem quatro números representáveis. Infelizmente, essa tendência não se mantém nas proximidades de 0, o que nos leva à quinta observação: existe uma lacuna nos números representáveis nas proximidades de 0. Isso porque o intervalo da mantissa normalizada exclui o 0. Esta é outra deficiência séria. A representação introduz erros significativamente maiores (4x) ao representar números entre 0 e 0,5 em comparação com os erros para números maiores, entre 0,5 e 1,0. Em geral, com N bits na mantissa, esse estilo de representação introduziria 2^N vezes mais erro no intervalo mais próximo de zero do que o intervalo seguinte. Para métodos numéricos que contam com a detecção de precisão das condições de convergência com base em valores de dados muito pequenos, essa deficiência pode causar instabilidade no tempo de execução e na exatidão dos resultados. Além do mais, alguns algoritmos geram números pequenos podendo utilizá-los como denominadores. Os erros na representação deles podem ser bastante amplificados no processo de divisão e causar instabilidade numérica nesses algoritmos.

Figura 7.6

Números representáveis da representação não zero.

Um método que pode acomodar 0 em um sistema numérico de ponto flutuante normalizado é a convenção de *underflow brusco*, que é ilustrada na segunda coluna da Figura 7.5. Sempre que E é 0, o número é interpretado como 0. Em nosso formato de 5 bits, esse método retira 8 números representáveis (4 positivos e 4 negativos) nas proximidades de 0 e os torna todos 0. Devido à sua simplicidade, alguns minicomputadores na década de 1980 usavam o underflow brusco. Embora esse método torne 0 um número representável, ele cria uma lacuna ainda maior entre os números representáveis nas proximidades de 0, como mostra a Figura 7.7. É óbvio, quando comparada com a Figura 7.6, que a lacuna de números representáveis foi ampliada significativamente de 0,5 a 1,0. Conforme já explicamos, isso é bastante problemático para muitos algoritmos numéricos, cuja exatidão conta com a representação precisa de números pequenos, próximos de 0.

O método real adotado pelo padrão IEEE é chamado de desnormalização. O método relaxa o requisito de normalização para números muito próximos de 0. Como vemos na Figura 7.9, sempre que E=0, a mantissa não é mais considerada como sendo na forma 1, *xx*. Ao invés disso, ela é considerada como sendo 0,*xx*. O valor do expoente é considerado como sendo o mesmo do intervalo anterior. Por exemplo, na Figura 7.5, a representação desnormalizada 00001 tem um valor de expoente 00 e um valor de mantissa 01. A mantissa é considerada como sendo 0,01, e o valor do expoente é considerado como sendo o mesmo do intervalo anterior: 0 em vez de −1. Ou seja, o valor que 00001 representa é $0{,}01 \times 2^0 = 2^{-2}$. A Figura 7.8 mostra os números representáveis para o formato de desnormalização. A representação agora tem números espaçados uniformemente nas proximidades do 0. Intuitivamente, a convenção desnormalizada apanha os quatro números do último intervalo de números representáveis de uma representação não zero e os espalha para cobrir a área da lacuna. Isso elimina a lacuna indesejável nos dois métodos anteriores. Observe que as distâncias entre números representáveis nos dois últimos intervalos são realmente idênticas. Em geral, se o expoente de *n* bits for 0, então o valor é

$$0{,}\text{M} \times 2^{-2\wedge(n-1)+2}$$

Resumindo, a precisão de uma representação de ponto flutuante é medida pelo erro máximo que podemos introduzir em um número de ponto flutuante, representando-o como um dos números representáveis. Quanto menor for o erro, maior a precisão. A precisão de uma representação de ponto flutuante pode ser melhorada somando mais bits à mantissa. A soma de um bit à representação da Figura 7.8 melhoraria a precisão reduzindo o erro máximo pela metade; assim, um sistema numérico tem maior precisão quando usa mais bits para a mantissa.

Figura 7.7

Números representáveis no formato de underflow brusco.

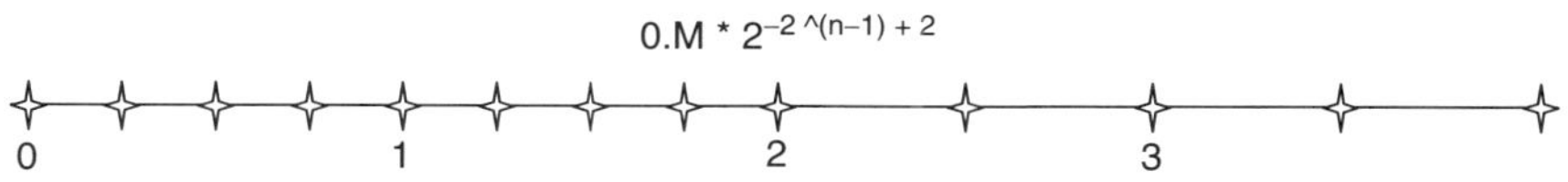

Figura 7.8

Números representáveis no formato desnormalizado.

7.3 Padrões de bits especiais e precisão

O formato IEEE real tem mais um padrão de bits especial. Quando todos os bits de expoente são uns, o número representado é um valor infinito se a mantissa for zero. Ele é um NaN (Not a Number — não um número) se a mantissa não for zero. Todos os padrões de bits especiais do formato de ponto flutuante IEEE aparecem na Figura 7.9.

Todos os outros números são números de ponto flutuante normalizados. Os números com precisão simples têm 1 bit para S, 8 bits para E e 23 bits para M. Os números com precisão dupla têm 1 bit para S, 11 bits para E e 52 bits para M. Como um número de precisão dupla tem 29 bits a mais para a mantissa, o maior erro para a representação de um número é reduzido para $1/2^{29}$ do erro de um formato de precisão simples! Com os três bits adicionais do expoente, o formato de precisão dupla também estende o número de intervalos de números representáveis. Isso estende o intervalo dos números representáveis para valores muito grandes e também muito pequenos.

Todos os números representáveis ficam entre $-\infty$ (infinito negativo) e $+\infty$ (infinito positivo). Um ∞ pode ser criado por overflow (por exemplo, dividido por zero). Qualquer número representável dividido por $+\infty$ ou $-\infty$ resulta em 0.

Um NaN é gerado por operações cujos valores de entrada não fazem sentido — por exemplo, $0/0$, $0 \times \infty$, ∞/∞, $-\infty$. Eles também são usados para dados que não foram devidamente inicializados em um programa. Existem dois tipos de NaNs no padrão IEEE: sinalizador e silencioso. NaNs sinalizadores (SNaNs) são representados com o bit mais significativo da mantissa zerado, enquanto NaNs silenciosos são representados com o bit mais significativo da mantissa marcado.

Expoente	Mantissa	Significado
11 ... 1	$\neq 0$	NaN
11 ... 1	$= 0$	$(-1)^S \times \infty$
00 ... 0	$\neq 0$	Desnormalizado
00 ... 0	$= 0$	0

Figura 7.9

Padrões de bits especiais no formato padrão IEEE.

Um NaN sinalizador causa uma exceção quando usado como entrada para operações aritméticas; por exemplo, a operação (1,0 + SNaN) gera uma exceção. NaNs sinalizadores são usados em situações em que o programador gostaria de garantir que a execução do programa seja interrompida sempre que quaisquer valores NaN forem usados nos cálculos de ponto flutuante. Essas situações normalmente significam que existe algo errado com a execução do programa. Em aplicações críticas, a execução não pode continuar até que a validade da execução possa ser verificada com um meio separado. Por exemplo, os engenheiros de software normalmente marcam todos os dados não inicializados como NaN sinalizador. Essa prática garante a detecção do uso de dados não inicializados durante a execução do programa. A geração atual de hardware de GPU não admite NaN sinalizador. Isso se deve à dificuldade de dar suporte à sinalização precisa durante a execução maciçamente paralela.

O NaN silencioso gera um NaN silencioso quando usado como entrada para operações aritméticas; por exemplo, a operação (1,0 + NaN silencioso) gera um NaN silencioso. NaNs silenciosos normalmente são usados em aplicações nas quais o usuário pode rever a saída e decidir se a aplicação deve ser executada novamente com uma entrada diferente para obter mais resultados válidos. Quando os resultados são impressos, os NaNs silenciosos são impressos como "NaN", de modo que o usuário pode facilmente localizá-los no arquivo de saída. É assim que se pode detectar adulteração de dados em aplicações CUDA™.

7.4 Precisão aritmética e arredondamento

Agora que temos um bom conhecimento do formato de ponto flutuante do IEEE, estamos prontos para discutir o conceito de precisão aritmética. Embora a precisão seja determinada pelo número dos bits da mantissa usados em um formato numérico de ponto flutuante, a precisão é determinada pelas operações realizadas sobre um número de ponto flutuante. A precisão de uma operação aritmética de ponto flutuante é medida pelo erro máximo introduzido pela operação. Quanto menor o erro, maior a precisão. A fonte de erro mais comum na aritmética de ponto flutuante é quando a operação gera um resultado que não pode ser representado com exatidão e, assim, requer arredondamento. O arredondamento ocorre se a mantissa do valor resultante precisar de muitos bits para ser representada com exatidão. A causa do arredondamento normalmente é o pré-deslocamento na aritmética de ponto flutuante. Quando dois operandos de entrada para uma adição ou subtração em ponto flutuante possuem expoentes diferentes, a mantissa daquele com o menor expoente normalmente é deslocada para a direita até que os expoentes sejam iguais. Por causa disso, o resultado final pode ter mais bits do que o formato é capaz de acomodar.

Isso pode ser ilustrado com um exemplo simples, baseado na representação de 5 bits da Figura 7.5. Suponha que precisemos somar $1{,}00 \times 2^{-2}$ (0, 00, 01) a $1{,}00 \times 2^{1}$ (0, 10, 00); ou seja, precisamos realizar $(1{,}00 \times 2^{1}) + (1{,}00 \times 2^{-2})$. Devido à diferença nos valores dos expoentes, o valor da mantissa do segundo número deve ser deslocada para a direita antes de ser somada ao valor da primeira mantissa; ou seja, a adição torna-se $(1{,}00 \times 2^{1}) + (0{,}001 \times 2^{1})$.

O resultado ideal seria $1{,}001 \times 2^1$; porém, podemos ver que esse resultado ideal não é um número representável em uma representação de 5 bits. Seriam necessários 3 bits de mantissa; assim, o melhor que se pode fazer é gerar o número representável mais próximo, que é $1{,}01 \times 2^1$. Fazendo isso, introduzimos um erro ($0{,}001 \times 2^1$), que é metade do valor da casa menos significativa. Vamos nos referir a isso como 0,5 unidade na última casa (UUC). Se o hardware for projetado para realizar operações aritméticas e de arredondamento perfeitamente, o maior erro que se deve introduzir não deverá ser mais do que 0,5 UUC. Essa é a precisão alcançada pelas operações de adição e subtração no G80 e GT200 da NVIDIA®.

Na prática, algumas das unidades de hardware aritmético mais complexas, como funções de divisão e transcendentais, normalmente são implementadas com algoritmos de aproximadamente iterativos. Se o hardware não realizar um número suficiente de iterações, o resultado pode ter um erro maior que 0,5 UUC. A operação de inversão no G80 e GT200 pode introduzir um erro que é o dobro do valor da posição menos significativa da mantissa, ou 2 UUC. As operações aritméticas nas GPUs da geração mais nova são muito mais precisas.

7.5 Considerações de algoritmo

Algoritmos numéricos normalmente precisam somar uma grande quantidade de valores. Por exemplo, o produto escalar na multiplicação de matriz precisa somar produtos de elementos da matriz de entrada em pares. O ideal é que a ordem da soma desses valores não afete o total final, pois a adição é uma operação associativa; porém, com a precisão finita, a ordem da soma desses valores pode afetar a precisão do resultado final, como se precisássemos realizar uma redução da soma sobre 4 números em nossa representação de 5 bits: $(1{,}00 \times 2^0) + (1{,}00 \times 2^0) + (1{,}00 \times 2^{-2}) + (1{,}00 \times 2^{-2})$. Se somarmos os números na ordem sequencial estrita, temos a seguinte sequência de operações:

$$
\begin{aligned}
&(1{,}00 \times 2^0) + (1{,}00 \times 2^0) + (1{,}00 \times 2^{-2}) + (1{,}00 \times 2^{-2}) \\
&= (1{,}00 \times 2^1) + (1{,}00 \times 2^{-2}) + (1{,}00 \times 2^{-2}) \\
&= (1{,}00 \times 2^1) + (1{,}00 \times 2^{-2}) \\
&= 1{,}00 \times 2^1
\end{aligned}
$$

Observe que, na segunda e terceira etapas, os operandos menores simplesmente desaparecem, pois são muito pequenos em comparação com os operandos maiores.

Agora, vamos considerar um algoritmo paralelo no qual os dois primeiros valores são somados e os outros dois operandos são somados em paralelo. O algoritmo então realiza a soma em pares:

$$
\begin{aligned}
&[(1{,}00 \times 2^0) + (1{,}00 \times 2^0)] + [(1{,}00 \times 2^{-2}) + (1{,}00 \times 2^{-2})] \\
&= (1{,}00 \times 2^1) + (1{,}00 \times 2^{-1}) \\
&= 1{,}01 \times 2^1
\end{aligned}
$$

Observe que os resultados são diferentes do resultado sequencial! Isso porque a soma do terceiro e quarto valores é tão grande que agora pode afetar o resultado da adição.

Essa discrepância entre algoritmos sequenciais e algoritmos paralelos normalmente surpreende os desenvolvedores de aplicações, que não estão acostumados com considerações de precisão em ponto flutuante. Embora tenhamos mostrado um cenário no qual um algoritmo paralelo produziu um resultado mais exato do que um algoritmo sequencial, o leitor deverá conseguir chegar a algo ligeiramente diferente, em que o algoritmo paralelo produz um resultado menos preciso do que um algoritmo sequencial. Os desenvolvedores de aplicação experientes garantem que a variação no resultado final pode ser tolerada ou que os dados são classificados, ou agrupados, de modo que o algoritmo paralelo gere resultados mais precisos.

Uma técnica comum para maximizar a precisão aritmética de ponto flutuante é apresentar dados antes de um cálculo de redução. Em nosso exemplo de redução de soma, se classificarmos os dados previamente de acordo com a ordem numérica crescente, teremos o seguinte:

$$(1.00 \times 2^{-2}) + (1.00 \times 2^{-2}) + (1.00 \times 2^{0}) + (1.00 \times 2^{0})$$

Quando dividimos os números em grupos em um algoritmo paralelo (digamos, o primeiro par em um grupo e o segundo par em outro grupo), garantimos que os números com valores numéricos próximos um do outro estão no mesmo grupo. Portanto, quando realizamos a adição nesses grupos, provavelmente teremos resultados precisos. Além do mais, os algoritmos paralelos por fim realizarão operações sequenciais dentro de cada grupo. Ter os números classificados em ordem crescente permite que uma adição sequencial alcance maior precisão. Esse é um motivo importante para a classificação ser frequentemente usada nos algoritmos numéricos maciçamente paralelos.

7.6 Resumo

Este capítulo introduziu os conceitos do formato de ponto flutuante e números representáveis, que são o fundamento para se entender a precisão. Com base nesses conceitos, também explicamos os números desnormalizados e por que eles são importantes em muitas aplicações numéricas. Nos primeiros devices CUDA, como o G80, os números desnormalizados não eram aceitos; porém, outras gerações de hardware, como o GT200, aceitam números desnormalizados. Também explicamos o conceito da precisão aritmética das operações de ponto flutuante. É importante que os programadores CUDA entendam que operações aritméticas rápidas podem causar uma precisão inferior, quando implementadas nas unidades de função especial. Mais importante, o leitor agora deverá entender melhor por que os algoritmos paralelos normalmente podem afetar a precisão dos resultados de cálculo e como se pode potencialmente utilizar a classificação para melhorar a precisão do seu cálculo.

7.7 Exercícios

7.1 Desenhe o equivalente da Figura 7.5 para um formato de 6 bits (1 bit de sinal, 3 bits de mantissa, 2 bits de expoente). Use seu resultado para explicar o que cada bit de mantissa adicional faz para o conjunto de números representáveis na linha de números.

7.2 Desenhe o equivalente da Figura 7.5 para outro formato de 6 bits (1 bit de sinal 2 bits de mantissa, 3 bits de expoente). Use seu resultado para explicar o que cada bit de mantissa adicional faz para o conjunto de números representáveis na linha de números.

7.3 Suponha que, em um novo projeto de processador, devido a dificuldades técnicas, a unidade aritmética de ponto flutuante que realiza adição só pode "arredondar para zero" (arredondar truncando o valor para 0). O hardware mantém um número suficiente de bits, de modo que o único erro introduzido é devido ao arredondamento. Qual é o valor máximo do erro na UUC para operações de adição nessa máquina?

7.4 Um aluno de graduação escreveu um kernel CUDA para reduzir uma matriz grande de ponto flutuante para a soma de todos os seus elementos. A matriz sempre será classificada dos menores valores para os maiores valores. Para evitar a divergência de desvio, ele decidiu implementar o algoritmo da Figura 6.4. Explique por que isso pode reduzir a precisão de seus resultados.

7.5 Suponha que, em um projeto de unidade aritmética, o hardware implemente um algoritmo de aproximação iterativa que gera dois bits de mantissa com precisão adicional do resultado para a função sin() em cada ciclo de clock. O arquiteto decidiu permitir que a função aritmética repita nove ciclos de clock. Suponha que o preenchimento do hardware em todos os bits de mantissa restantes seja 0. Qual seria o erro de UUC máximo da implementação do hardware da função sin() nesse projeto para os números IEEE de precisão simples? Suponha que o bit da mantissa "1," omitido também deva ser gerado pela unidade aritmética.

Referência

IEEE Microprocessor Standards Committee. (2008). *Draft Standard for Floating-point Arithmetic P754*. Piscataway, NJ: Institute of Electrical and Electronics Engineers.

Estudo de caso de aplicação: reconstrução IRM avançada

CAPÍTULO

8

Sumário do Capítulo

Introdução

Os estudos de caso de aplicação são capazes de ensinar o pensamento computacional e técnicas de programação práticas de uma maneira concreta. Eles também ajudam a demonstrar como as técnicas individuais se encaixam em um processo de desenvolvimento de cima para baixo. Mais importante, eles nos ajudam a visualizar o uso prático dessas técnicas na solução de problemas. Neste capítulo, começamos com a base e a formulação do problema de uma aplicação relativamente simples. Mostramos que a execução paralela não apenas agiliza as técnicas existentes, mas também permite que os especialistas da aplicação persigam técnicas conhecidas por oferecer benefício, mas que eram ignoradas anteriormente devido aos seus requisitos computacionais excessivos. Depois, usamos um algoritmo de exemplo e seu código fonte da implementação dessa técnica para ilustrar como um desenvolvedor pode sistematicamente determinar a estrutura de paralelismo do kernel, atribuir variáveis a memórias CUDA™, contornar limitações do hardware, validar resultados e avaliar o impacto das melhorias no desempenho.

8.1 Fundamentos da aplicação

As imagens por ressonância magnética (IRM) normalmente são usadas pela comunidade médica para sondar de modo seguro e não invasivo a estrutura e a função de tecidos biológicos em todas as regiões do corpo. As imagens que são geradas usando IRM têm tido um impacto profundo nos cenários clínico e de pesquisa. IRM consiste em duas fases: aquisição (varredura) e reconstrução. Durante a fase de aquisição, o scanner apanha dados no domínio do espaço de *k* dimensões (ou seja, o domínio de frequência espacial ou domínio de transformada de Fourier) ao longo de uma trajetória prédefinida. Essas amostras são, então, transformadas na imagem desejada durante a fase de reconstrução.

A aplicação de IRM normalmente é limitada pelos altos níveis de ruído, artefatos de imagem significativos e longos tempos de aquisição de dados. Em situações clínicas, tempos de varredura curtos não apenas aumentam a vazão da varredura, mas também reduzem o desconforto do paciente, que tende a aliviar artefatos relacionados ao movimento. Alta resolução e fidelidade da imagem são importantes porque permitem a detecção antecipada da patologia, levando a um melhor prognóstico para os pacientes; porém, todos estes objetivos (curto tempo de varredura, alta resolução e alta relação sinal-ruído (RSR) normalmente entram em conflito. As melhorias em uma medição costumam vir às custas de uma ou duas características. São necessárias inovações tecnológicas novas e contestadoras para poder simultaneamente melhorar todas as três dimensões. Esse estudo apresenta um caso em que a computação maciçamente paralela oferece essa inovação contestadora.

O leitor deverá consultar livros-texto de IRM como Liang e Lauterbur (Liang, 1999) para entender os princípios físicos por trás do IRM. Para este estudo de caso, vamos focalizar a complexidade computacional na fase de reconstrução e como a complexidade é afetada pela trajetória de amostragem no espaço *k*. A trajetória de amostragem no espaço *k* usada pelo scanner de IRM pode afetar significativamente a qualidade da imagem reconstruída, a complexidade de tempo do algoritmo de reconstrução e o tempo exigido para o scanner adquirir as amostras. A Equação (1) a seguir mostra uma formulação que relaciona as amostras do espaço *k* à imagem reconstruída para uma classe de métodos de reconstrução.

$$\hat{m}(\mathbf{r}) = \sum_j W(\mathbf{k}_j) s(\mathbf{k}_j) e^{i2\pi \mathbf{k}_j \cdot \mathbf{r}} \qquad (1)$$

Na Equação (1), $\hat{m}(r)$ é a imagem reconstruída, $s(k)$ são os dados medidos do espaço *k* e $W(k)$ é a função de peso que considera a amostragem não uniforme; ou seja, $W(k)$ diminui a influência dos dados das regiões do espaço *k* com uma densidade maior dos pontos de amostragem. Para essas reconstruções de classe, $W(k)$ também pode servir como uma função de apodização que reduz a influência do ruído e reduz artefatos devido à amostragem finita.

Se os dados são adquiridos em pontos de uma grade cartesiana e espaçados uniformemente no espaço *k* sob condições ideais, então a função de peso *W*(*k*) é uma constante e, assim, pode ser fatorada do somatório na Equação (1). Como resultado, a reconstrução de *m*(*r*) torna-se uma transformada de Fourier rápida (FFT) inversa sobre *s*(*k*), um método de cálculo extremamente eficiente. Uma coleção de dados medidos em tais pontos de grade Cartesiana uniformemente espaçados é conhecida como *trajetória de varredura Cartesiana*. A Figura 8.1A representa uma trajetória de varredura Cartesiana. Na prática, as trajetórias de varredura cartesianas permitem a implementação direta sobre scanners e são muito usadas em situações clínicas.

Embora a reconstrução FFT inversa dos dados de varredura Cartesiana seja computacionalmente eficiente, as trajetórias de varredura não Cartesianas normalmente oferecem as vantagens de sensitividade reduzida ao movimento do paciente, melhor capacidade de oferecer informações de falta de homogeneidade do campo de autocalibragem e requisitos reduzidos sobre o desempenho do hardware de scanner. Como resultado, trajetórias de varredura não Cartesianas, como espirais (mostradas na Figura 8.1C), linhas radiais (imagens de projeção) e rosetas têm sido propostas para reduzir os artefatos relacionados ao movimento e resolver limitações de desempenho de hardware do scanner.

A reconstrução da imagem a partir de dados de trajetória não Cartesianos apresenta desafios e oportunidades. O principal desafio surge do fato de que os termos exponenciais não são mais espaçados uniformemente; o somatório não tem mais a forma de uma FFT. Portanto, não se pode mais realizar a reconstrução aplicando diretamente uma FFT inversa para as amostras no espaço *k*. Em uma técnica muito utilizada, chamada *gridding*, as amostras são primeiro interpoladas em uma grade Cartesiana uniforme e depois reconstruídas usando a FFT (ver Figura 8.1B). Por exemplo, uma técnica de convolução para o gridding apanha um ponto *k* de dados do espaço, junta-o com um kernel de gri-

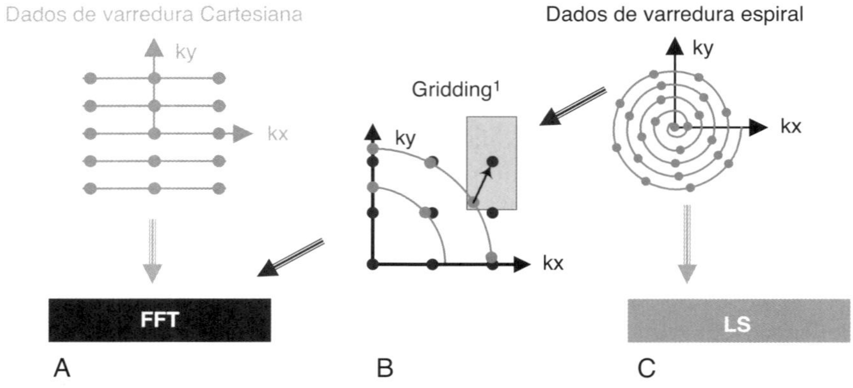

Figura 8.1

Trajetórias de scanner no espaço *k* e suas estratégias de reconstrução associadas: (A) Trajetória cartesiana com reconstrução FFT, (B) trajetória espiral (ou trajetória não Cartesiana em geral) seguida por gridding para permitir a reconstrução FFT e (c) trajetória espiral (não Cartesiana) com reconstrução baseada em solver linear.

dding e acumula os resultados em uma grade Cartesiana. A convolução é bastante intensa computacionalmente. A aceleração da computação em gridding em processadores com muitos núcleos facilita a aplicação da técnica de FFT atual a dados de trajetória não Cartesianos. Como estaremos examinando um cálculo no estilo de convolução no Capítulo 9, não veremos isso aqui.

Neste capítulo, vamos abordar um método iterativo, de reconstrução de imagem estatisticamente ideal, que pode modelar com precisão a física da imagem e vincular o erro do ruído em cada valor de pixel de imagem. Isso permite que os valores de pixel da imagem reconstruída sejam usados para medir fenômenos sutis, como anomalias de química do tecido, antes que se tornem patologia anatômica. A Figura 8.2 mostra tal medição que gera um mapa de sódio, uma substância altamente regulada nos tecidos humanos normais. Como o sódio é muito menos abundante do que as moléculas de água nos tecidos humanos, uma medida confiável dos níveis de sódio requer uma SNR mais alta. Um método de reconstrução iterativo, estatisticamente ideal, pode ser usado para conseguir o nível necessário de SNR; porém, essas reconstruções iterativas têm sido pouco práticas para problemas tridimensionais (3D) de larga escala, devido aos seus requisitos computacionais excessivos em comparação com o gridding. Recentemente, essas reconstruções têm se tornado viáveis em situações clínicas quando aceleradas em unidades de processamento gráficas (GPUs). Em particular, mostraremos que um algoritmo de reconstrução iterativo que levava horas usando uma unidade central de processamento (CPU) sequencial avançada agora leva apenas minutos usando o NVIDIA™ G80 para produzir uma imagem de resolução moderada, um atraso importante em situações clínicas.

8.2 Reconstrução iterativa

Haldar e Liang propuseram um algoritmo de reconstrução iterativo baseado num solver linear para dados de varredura não Cartesiana, como mostra a Figura 8.1C. O algoritmo permite a modelagem explícita e compensação da física do processo de aquisição de dados do scanner, e com isso pode reduzir os artefatos na imagem reconstruída. Porém, isso exige muito cálculo. O tempo de reconstrução em CPUs sequenciais avançadas tem sido horas para imagens com resolução moderada; assim, essa técnica não é prática para uso clínico. Usamos isso como um exemplo de métodos inovadores que têm exigido muito tempo de cálculo para serem considerados práticos. Mostraremos que o paralelismo maciço nas GPUs pode reduzir o tempo de reconstrução para a ordem de um minuto, de modo que se possa começar a implantar as novas modalidades de IRM, como imagiologia a sódio em ambientes clínicos.

A Figura 8.3 mostra uma solução da formulação do problema de estimativa quase Bayesiana da técnica de reconstrução baseada no solver linear, em que ρ é um vetor contendo valores de voxel para a imagem reconstruída, $\mathbf{F}$ é uma matriz que modela a física do processo de imagiologia, $\mathbf{d}$ é um vetor de amostras de dados do scanner e $\mathbf{W}$ é uma matriz que pode incorporar informação anterior, como restrições anatômicas. Em ambientes clínicos, as restrições anatômicas representadas em $\mathbf{W}$ são derivadas de uma ou mais varreduras de molécula de água de alta resolução e alta SNR do paciente.

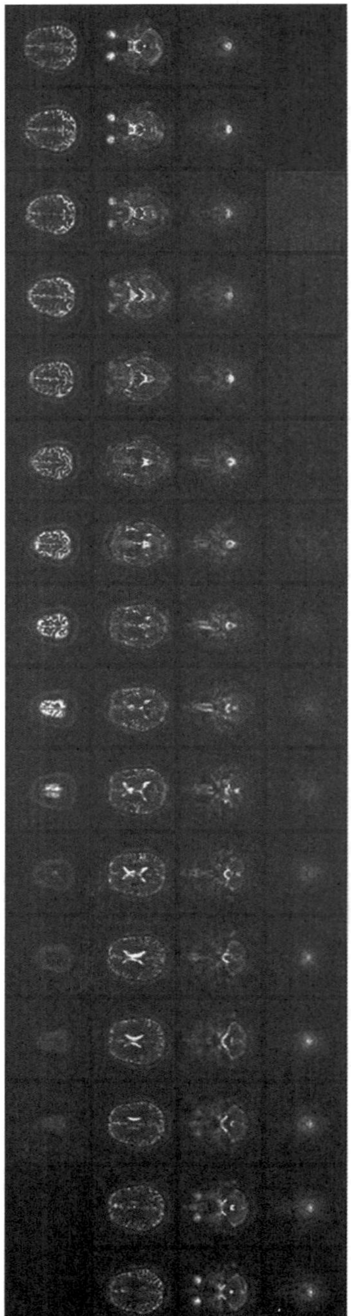

Cortesia da Keith Thulborn e Ian Atkinson, Center for MR Research, Universidade do Illinois em Chicago.

Figura 8.2

O uso da trajetória da amostra no espaço *k* não Cartesiano e a reconstrução baseada no solver linear resultou em novas modalidades de IRM com aplicações médicas interessantes. A SNR melhorada permite uma coleta confiável de dados de concentração vivas sobre substâncias químicas, como sódio, nos tecidos humanos. A variação do deslocamento da concentração de sódio é um sinal antecipado do deslocamento da doença ou morte de tecidos; por exemplo, o mapa de sódio de um cérebro humano pode oferecer uma indicação antecipada da responsividade do tecido ao tumor no cérebro para protocolos de quimioterapia, permitindo assim a medicina individualizada.

Essas varreduras de molécula de água revelam características como o local das estruturas anatômicas. A matriz **W** é derivada dessas imagens de referência. O problema é solucionar, para um dado ρ, todas as outras matrizes e vetores.

Na superfície, a solução computacional para a formulação do problema da Figura 8.3 deve ser muito simples. Ela envolve multiplicações e adição matriz-matriz $(\mathbf{F}^H\mathbf{F}+\lambda\mathbf{W}^H\mathbf{W})$, multiplicação matriz-vetor $(\mathbf{F}^H\mathbf{d})$, inversão de matriz $(\mathbf{F}^H\mathbf{F}+\lambda\mathbf{W}^H\mathbf{W})^{-1}$ e finalmente multiplicação matriz-matriz $[(\mathbf{F}^H\mathbf{F}+\lambda\mathbf{W}^H\mathbf{W})^{-1}\mathbf{F}^H\mathbf{d}]$. Porém, os tamanhos das matrizes tornam essa técnica simples extremamente demorada. $\mathbf{F}^H$ e **F** são matrizes 3D cujas dimensões são determinadas pela resolução da imagem reconstruída ρ. Até mesmo em uma resolução moderada para a reconstrução de 128^3 voxels, existem 128^3 colunas em **F** com N elementos em cada coluna, em que N é o número de amostras do espaço k utilizadas. Obviamente, **F** é extremamente grande.

Os tamanhos das matrizes envolvidas são tão grandes que as operações de matriz exigidas para uma solução direta da equação na Figura 8.3 são praticamente intratáveis. Portanto, um método iterativo para inversão de matriz, como o algoritmo de gradiente conjugado (GC), é preferível. O algoritmo de gradiente conjugado reconstrói a imagem solucionando iterativamente a equação na Figura 8.3 para ρ. Durante cada iteração, o algoritmo GC atualiza a estimativa da imagem atual ρ para melhorar o valor da função de custo quase Bayesiana. A eficiência computacional da técnica de GC é em grande parte determinada pela eficiência das operações de multiplicação matriz-vetor envolvendo $\mathbf{F}^H\mathbf{F}+\lambda\mathbf{W}^H\mathbf{W}$ e ρ, pois essas operações são exigidas durante cada iteração do algoritmo GC.

Felizmente, a matriz **W** normalmente tem uma estrutura esparsa, que permite a multiplicação eficiente de $\mathbf{W}^H\mathbf{W}$, e a matriz $\mathbf{F}^H\mathbf{F}$ é uma matriz de Toeplitz que permite a multiplicação eficiente matriz-vetor por meio do FFT. Stone et al. [Stone 2008] apresentaram um método acelerado por GPU para calcular Q, uma estrutura de dados que nos permite calcular rapidamente a multiplicação matriz-vetor envolvendo $\mathbf{F}^H\mathbf{F}$ sem realmente calcular o próprio $\mathbf{F}^H\mathbf{F}$. O cálculo de Q pode levar dias em um núcleo de CPU moderno. Isso precisa ser feito apenas uma vez para determinada trajetória e pode ser usado para múltiplas varreduras.

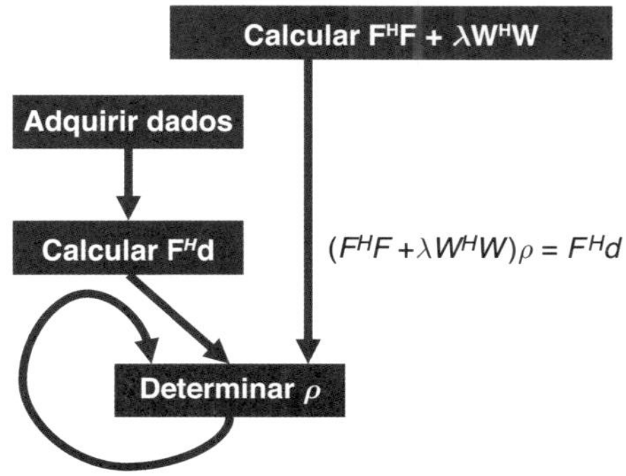

Figura 8.3

Uma técnica baseada em solver linear iterativo para a reconstrução de dados de amostra do espaço k não Cartesiano.

A multiplicação matriz-vetor para calcular $\mathbf{F}^H\mathbf{d}$ leva cerca de uma ordem de grandeza a menos do que Q, mas ainda pode exigir cerca de 3 horas para uma reconstrução de 128^3 voxels em uma CPU sequencial avançada. Como $\mathbf{F}^H\mathbf{d}$ precisa ser calculado para cada aquisição de imagem, é desejável reduzir o tempo de cálculo de $\mathbf{F}^H\mathbf{d}$ para minutos. Mostraremos os detalhes desse processo. Acontece que a estrutura computacional do núcleo de Q é idêntica à de $\mathbf{F}^H\mathbf{d}$. Como resultado, a mesma metodologia pode ser usada para acelerar o cálculo de ambos.

A etapa "determinar ρ" realiza o GC real com base em $\mathbf{F}^H\mathbf{d}$. Conforme já explicamos, o pré-cálculo de Q torna essa etapa computacionalmente muito menos intensa do que $\mathbf{F}^H\mathbf{d}$, e é responsável por menos de 1% da execução da reconstrução de cada imagem em uma CPU sequencial. Como resultado, omitiremos isso do escopo da paralelização e focalizaremos $\mathbf{F}^H\mathbf{d}$ neste capítulo. Porém, retornaremos seu *status* ao final do capítulo.

8.3 Calculando F^Hd

A Figura 8.4A mostra uma implementação em C sequencial dos cálculos para calcular Q, e a Figura 8.4B mostra isso para $\mathbf{F}^H\mathbf{d}$. Deve ficar claro, olhando rapidamente para a Figura 8.4A e a Figura 8.4B, que Q e $\mathbf{F}^H\mathbf{d}$ possuem estrutura idêntica. Os dois cálculos começam com um loop externo, que por sua vez contém um loop interno. As únicas diferenças são o cálculo específico feito em cada corpo de loop e o fato de Q envolver um *m* muito maior, pois implementa uma multiplicação matriz-matriz, ao contrário de uma multiplicação matriz-vetor, exigindo assim um tempo de execução muito maior. Basta discutir um deles aqui, e adotaremos o $\mathbf{F}^H\mathbf{d}$, pois é o que terá que ser executado para cada imagem sendo reconstruída.

```
for (m = 0; m < M; m++) {

 phiMag[m] = rPhi[m]*rPhi[m] +
           iPhi[m]*iPhi[m];

 for (n = 0; n < N; n++) {
  expQ = 2*PI*(kx[m]*x[n] +
              ky[m]*y[n] +
              kz[m]*z[n]);

  rQ[n] +=phiMag[m]*cos(expQ);
  iQ[n] +=phiMag[m]*sin(expQ);
 }
}
     (A) Cálculo de Q
```

```
for (m = 0; m < M; m++) {

 rMu[m] = rPhi[m]*rD[m] +
        iPhi[m]*iD[m];
 iMu[m] = rPhi[m]*iD[m] -
        iPhi[m]*rD[m];

 for (n = 0; n < N; n++) {
  expFHd = 2*PI*(kx[m]*x[n] +
               ky[m]*y[n] +
               kz[m]*z[n]);

  cArg = cos(expFHd);
  sArg = sin(expFHd);

  rFHd[n] += rMu[m]*cArg -
           iMu[m]*sArg;
  iFHd[n] += iMu[m]*cArg +
           rMu[m]*sArg;
 }
}      (B)Cálculo de FHd
```

Figura 8.4

Cálculo de Q e $\mathbf{F}^H\mathbf{d}$.

Uma olhada rápida na Figura 8.4B mostra que a implementação C de $\mathbf{F}^H\mathbf{d}$ é um candidato excelente para aceleração na GPU, pois exibe um paralelismo de dados substancial. O algoritmo primeiro calcula os componentes real e imaginário de `Mu` (`rMu` e `iMu`) em cada ponto de amostra no espaço *k*, depois calcula os componentes real e imaginário de $\mathbf{F}^H\mathbf{d}$ em cada voxel no espaço da imagem. O valor de $\mathbf{F}^H\mathbf{d}$ em qualquer voxel depende dos valores de todos os pontos de amostra no espaço *k*, mas nenhum elemento de voxel de $\mathbf{F}^H\mathbf{d}$ depende de quaisquer outros elementos de $\mathbf{F}^H\mathbf{d}$; portanto, todos os elementos de $\mathbf{F}^H\mathbf{d}$ podem ser calculados em paralelo. Especificamente, todas as iterações do loop externo podem ser feitas em paralelo e todas as iterações do loop interno podem ser feitas em paralelo. Os cálculos do loop interno, porém, têm uma dependência sobre o cálculo feito pelas instruções anteriores na mesma iteração do loop externo.

Apesar do grande paralelismo inerente ao algoritmo, são evidentes alguns potenciais gargalos. Primeiro, no loop que calcula os elementos de $\mathbf{F}^H\mathbf{d}$, a razão entre as operações de ponto flutuante e os acessos à memória é, na melhor das hipóteses, 3:1, e na pior, 1:1. O melhor caso considera que as operações trigonométricas sin e cos são calculadas usando a série de Taylor de 5 elementos, que exige 13 e 12 operações de ponto flutuante, respectivamente. O pior caso considera que cada operação trigonométrica é calculada como uma única operação no hardware. Como vimos no Capítulo 15, uma razão de acesso entre uma operação de ponto flutuante e a memória de 16:1 ou mais é necessária para que o kernel não seja limitado pela largura de banda da memória. Assim, os acessos à memória claramente limitam o desempenho do kernel, a menos que a razão seja drasticamente aumentada.

Segundo, a razão entre a aritmética de ponto flutuante e as funções trigonométricas de ponto flutuante é de apenas 13:2; assim, a implementação baseada na GPU deve tolerar ou evitar interrupções devido a operações `sin` e `cos` de longa latência. Sem uma boa maneira de reduzir o custo das funções trigonométricas, o desempenho provavelmente será dominado pelo tempo gasto nessas funções.

Agora, estamos prontos para realizar as etapas para converter $\mathbf{F}^H\mathbf{d}$ de código C sequencial para kernel CUDA.

Etapa 1. Determine a estrutura de paralelismo do kernel

A conversão de um loop em um kernel CUDA é conceitualmente direta. Como todas as iterações do loop externo da Figura 8.4B podem ser executadas em paralelo, podemos simplesmente converter o loop externo em um kernel CUDA mapeando suas iterações para *threads* CUDA. A Figura 8.5 mostra um kernel dessa conversão direta. Cada *thread* implementa uma iteração do loop externo original; ou seja, usamos cada *thread* para calcular a contribuição de uma amostra no espaço *k* para todos os elementos de $\mathbf{F}^H\mathbf{d}$. O loop externo original tem *M* iterações, e *M* pode ser em milhões. Obviamente, precisamos ter vários blocos de *threads* para gerar *threads* suficientes para implementar todas essas iterações.

Para facilitar o ajuste do desempenho, declaramos uma constante, `FHd_THREADS_PER_BLOCK`, que define o número de *threads* em cada bloco de *threads* quando chamamos o kernel `cmpFHd`. Assim, usaremos `M/FHd_THREADS_PER_BLOCK` para o tamanho da grade (em termos de número de blocos) e `FHd_THREADS_PER_BLOCK` para o tamanho do bloco (em termos do número de *threads*) para a chamada do kernel. Dentro do kernel, cada *thread* calcula a iteração original do loop mais externo que é atribuído para cobrir o uso da fórmula `blockIdx.x*FHd_THREADS_PER_BLOCK+threadIdx.x`. Por exemplo, suponha que existam 65.536 amostras no espaço *k* e decidamos usar 512 *threads* por bloco. O tamanho da grade na chamada do kernel seria 65.536/512 = 128 blocos. O tamanho do bloco seria 512. O cálculo de *m* para cada *thread* seria equivalente a `blockIdx.x*512+threadIdx.x`.

Embora o kernel da Figura 8.5 explore um paralelismo amplo, ele sofre de um problema importante: todas as *threads* escrevem em todos os elementos de voxel `rFHd` e `iFHd`. Isso significa que o kernel precisa usar operações atômicas na memória global no loop interno a fim de evitar que as *threads* destruam as contribuições umas das outras para o valor do voxel. Isso pode afetar seriamente o desempenho de um kernel. Observe que, como se encontra, o código nem sequer será executado corretamente, pois nenhuma operação indivisível é utilizada. Precisamos explorar outras opções.

A outra opção é usar cada *thread* para calcular um valor de `FHd` a partir das amostras no espaço *k*. Para fazer isso, precisamos primeiro trocar o loop interno e o loop externo de modo que cada uma das novas iterações do loop externo processe um elemento de `FHd`; ou seja, cada uma das novas iterações de loop externo executará o novo loop interno que acumula a contribuição de todas as amostras no espaço *k* para o elemento de `FHd` tratado pela iteração do loop externo. Essa transformação na estrutura do loop é chamada de *intercâmbio de loop*. Ela requer um loop perfeitamente aninhado, significando que não existe instrução entre o loop `for` externo e a instrução do loop `for` interno. Contudo, isso não é verdade para o código de `FHd` na Figura 8.4B. Precisamos encontrar um meio de tirar do caminho o cálculo dos elementos `rMu` e `iMu`.

Com uma rápida inspeção na Figura 8.6A, que replica a Figura 8.4B, vemos que o cálculo de $\mathbf{F}^H\mathbf{d}$ pode ser dividido em dois loops separados, como mostra a Figura 8.6B, usando uma técnica chamada *quebra do loop* ou *divisão do loop*. Essa transformação toma

```
__global__ void cmpFHd(float* rPhi, iPhi, phiMag,
      kx, ky, kz, x, y, z, rMu, iMu, int N) {

  int m = blockIdx.x * FHd_THREADS_PER_BLOCK + threadIdx.x;

  rMu[m] = rPhi[m]*rD[m] + iPhi[m]*iD[m];
  iMu[m] = rPhi[m]*iD[m] - iPhi[m]*rD[m];

  for (n = 0; n < N; n++) {
    expFHd = 2*PI*(kx[m]*x[n] + ky[m]*y[n] + kz[m]*z[n]);

    cArg = cos(expFHd); sArg = sin(expFHd);

    rFHd[n] += rMu[m]*cArg - iMu[m]*sArg;
    iFHd[n] += iMu[m]*cArg + rMu[m]*sArg;
  }
}
```

Figura 8.5

Primeira versão do kernel $\mathbf{F}^H\mathbf{d}$. O kernel não será executado corretamente devido a conflitos entre as *threads* escrevendo nas matrizes $\mathbf{rF}^H\mathbf{d}$ e $\mathbf{iF}^H\mathbf{d}$. Todos os argumentos, exceto N, são do tipo float e a palavra-chave float é omitida na maioria deles, para abreviar.

o corpo de um loop e o divide em dois loops. No caso de $\mathbf{F}^H\mathbf{d}$, o loop externo consiste em duas partes: as instruções antes do loop interno e o loop interno. Como vemos na Figura 8.6B, podemos realizar a quebra do loop no loop externo colocando as instruções antes do loop interno em um loop e o loop interno em um segundo loop. A transformação muda a ordem de execução relativa das duas partes do loop externo original. No loop externo original, as duas partes da primeira iteração são executadas antes da segunda iteração. Após a quebra, a primeira parte de todas as iterações será executada; elas são então seguidas pela segunda parte de todas as iterações. O leitor deverá ser capaz de verificar que essa mudança da ordem de execução não afeta os resultados da execução para $\mathbf{F}^H\mathbf{d}$. Isso porque a execução da primeira parte de cada iteração não depende do resultado da segunda parte de quaisquer iterações anteriores do loop externo original. A quebra do loop é uma transformação feita com frequência por compiladores modernos, capazes de analisar a (falta de) dependência entre instruções ao longo das iterações do loop.

Com a quebra do loop, o cálculo de $\mathbf{F}^H\mathbf{d}$ agora é feito em duas etapas. A primeira etapa é um loop de único nível, que calcula os elementos `rMu` e `iMu` para ser usado no segundo loop. A segunda etapa corresponde ao loop que calcula os elementos de $\mathbf{F}^H\mathbf{d}$ com base nos elementos `rMu` e `iMu` calculados na primeira etapa. Cada etapa pode agora ser convertida para um kernel CUDA. Os dois kernels CUDA serão executados sequencialmente um em relação ao outro. Como o segundo loop precisa usar os resultados do primeiro loop, separar esses dois loops em dois kernels executados em sequência não sacrifica qualquer paralelismo.

O kernel `cmpMu()` na Figura 8.7 implementa o primeiro loop. A conversão do primeiro loop do código sequencial em C para um kernel CUDA é direta; cada *thread* implementa uma iteração do código C original. Como o valor de M pode ser muito grande,

```
for (m = 0; m < M; m++) {

  rMu[m] = rPhi[m]*rD[m] +
           iPhi[m]*iD[m];
  iMu[m] = rPhi[m]*iD[m] -
           iPhi[m]*rD[m];

  for (n = 0; n < N; n++) {
    expFHd = 2*PI*(kx[m]*x[n] +
                   ky[m]*y[n] +
                   kz[m]*z[n]);

    cArg = cos(expFHd);
    sArg = sin(expFHd);

    rFHd[n] += rMu[m]*cArg -
               iMu[m]*sArg;
    iFHd[n] += iMu[m]*cArg +
               rMu[m]*sArg;
  }
}
```

(A) Cálculo de $F^H d$

```
for (m = 0; m < M; m++) {

  rMu[m] = rPhi[m]*rD[m] +
           iPhi[m]*iD[m];
  iMu[m] = rPhi[m]*iD[m] -
           iPhi[m]*rD[m];
}
for (m = 0; m < M; m++) {
  for (n = 0; n < N; n++) {
    expFHd = 2*PI*(kx[m]*x[n] +
                   ky[m]*y[n] +
                   kz[m]*z[n]);

    cArg = cos(expFHd);
    sArg = sin(expFHd);

    rFHd[n] += rMu[m]*cArg -
               iMu[m]*sArg;
    iFHd[n] += iMu[m]*cArg +
               rMu[m]*sArg;
  }
}
```

(B) Depois da quebra do loop

Figura 8.6

Quebra do loop no cálculo de $\mathbf{F}^H\mathbf{d}$.

refletindo o grande número de amostras no espaço *k*, esse mapeamento pode resultar em um grande número de *threads* e, como cada bloco de *threads* pode ter até 512 *threads*, precisaremos usar múltiplos blocos para permitir o grande número de *threads*. Isso pode ser realizado tendo um número de *threads* em cada bloco, especificado por `MU_THREADS_PER_BLOCK` na Figura 8.7, e empregando `M/MU_THREADS_PER_BLOCK` blocos para cobrir todas as M iterações do loop original. Por exemplo, se houver 65.536 amostras no espaço *k*, o kernel poderia ser chamado com uma configuração de 512 *threads* por bloco e 65.536/512 = 128 blocos. Isso é feito atribuindo 512 a `MU_THREADS_PER_BLOCK` e usando `MU_THREADS_PER_BLOCK` como tamanho do bloco e `M/MU_THREADS_PER_BLOCK` como tamanho da grade durante a chamada do kernel.

Dentro do kernel, cada *thread* pode identificar a iteração atribuída a ela usando seus valores de `blockIdx` e `threadIdx`. Como a estrutura de *threading* é unidimensional, somente `blockIdx.x` e `threadIdx.x` precisam ser usados. Cada bloco abrange uma seção das iterações originais, de modo que a iteração coberta por uma *thread* é `blockIdx.x*MU_THREADS_PER_BLOCK + threadIdx`. Suponha, por exemplo, que `MU_THREADS_PER_BLOCK = 512`. A *thread* com `blockIdx.x = 0` e `threadIdx.x = 37` cobre a 37ª iteração do loop original, enquanto a *thread* com `blockIdx.x = 5` e `threadIdx.x = 2` cobre a 2.562ª (5*512 + 2) iteração do loop original. Usar esse número de iteração para acessar as matrizes **Mu**, **Phi** e **D** garante que as matrizes são cobertas pelas *threads* da mesma maneira como são cobertas pelas iterações do loop original. Como cada *thread* escreve no seu próprio elemento `Mu`, não existe conflito em potencial entre qualquer uma dessas *threads*.

Determinar a estrutura do segundo kernel exige um pouco mais de trabalho. Uma inspeção do segundo loop na Figura 8.6B mostra que temos pelo menos três opções quando se projeta o segundo kernel. Na primeira opção, cada *thread* corresponde a uma iteração do loop interno. Essa opção cria o maior número de *threads* e, portanto, explora a maior quantidade de paralelismo; porém, o número de *threads* seria $N*M$, com N na faixa de milhões e M na faixa de centenas de milhares. Seu produto resultaria em muitas *threads* na grade.

Uma segunda opção é usar cada *thread* para implementar uma iteração do loop mais externo. Essa opção emprega menos *threads* do que a primeira opção. Em vez de gerar $N*M$ *threads*, essa opção gera M *threads*. Como M corresponde ao número de amostras no espaço *k* e um número grande de amostras (na ordem de 100.000) normalmente é usado para calcular $\mathbf{F}^H\mathbf{d}$, essa opção ainda explora uma grande quantidade de paralelismo. Porém, esse kernel sofre do mesmo problema do kernel na Figura 8.5; ou seja, cada *thread*

```
__global__ void cmpMu(float* rPhi, iPhi, rD, iD, rMu, iMu)
{
  int m = blockIdx.x * MU_THREADS_PER_BLOCK + threadIdx.x;

  rMu[m] = rPhi[m]*rD[m] + iPhi[m]*iD[m];
  iMu[m] = rPhi[m]*iD[m] - iPhi[m]*rD[m];
}
```

Figura 8.7

Kernel de cmpMu.

escreverá em todos os elementos rFHd e iFHd, criando assim um número extremamente grande de conflitos entre *threads*. Como é o caso na Figura 8.5, o código na Figura 8.8 não será executado corretamente sem a inclusão de operações atômicas que atrasam significativamente a execução, de modo que essa opção não funciona bem.

Uma terceira opção é usar cada *thread* para calcular um par de elementos rFHd e iFHd. Essa opção exige que troquemos os loops interno e externo e depois usemos cada *thread* para implementar uma iteração do novo loop externo. A transformação aparece na Figura 8.9. O intercâmbio de loop é necessário porque o loop sendo implementado pelas *threads* CUDA precisa ser o loop externo. O intercâmbio de loop faz com que cada nova iteração do loop externo processe um par de elementos rFHd e iFHd. O intercâmbio de loop é possível aqui porque todas as iterações de todos os níveis de loops são independentes uma da outra. Elas podem ser executadas em qualquer ordem uma em relação à outra. O intercâmbio de loop, que muda a ordem das iterações, é permitido quando essas iterações podem ser executadas em qualquer ordem. Essa opção gera *N threads*. Como *N* corresponde ao número de voxels na imagem reconstruída, o valor de *N* pode ser muito grande para imagens com resolução mais alta. Para uma imagem com 128^3 voxels, existem $128^3 = 2.097.152$ *threads*, resultando em uma grande quantidade de paralelismo. Para resoluções maiores, como 512^3, podemos ter que chamar vários kernels, com cada um gerando o valor de um subconjunto dos voxels. Observe que todas essas *threads* agora se acumulam em seus próprios elementos rFHd e iFHd, pois cada *thread* tem um valor de *n* exclusivo. Não existe conflito entre *threads*. Essas *threads* podem ser executadas totalmente em paralelo. Isso torna a terceira opção a melhor escolha entre as três opções.

O kernel derivado dos loops intercambiados aparece na Figura 8.10. As *threads* são organizadas como uma estrutura em dois níveis. O loop exterior foi removido; cada *thread* cobre uma iteração do loop externo (*n*), em que *n* é igual a blockIdx.x * FHd_THREADS_PER_BLOCK + threadIdx.x. Quando esse valor de iteração (*n*) é identificado, a *thread* executa o loop interno com base no valor de *n*. Esse kernel pode ser chamado com um número de *threads* em cada bloco, especificado por uma constante global, FHd_THREADS_PER_BLOCK. Supondo que *N* seja a variável que indica o número de voxels na imagem

```
__global__ void cmpFHd(float* rPhi, iPhi, phiMag,
        kx, ky, kz, x, y, z, rMu, iMu, int N) {

  int m = blockIdx.x * FHd_THREADS_PER_BLOCK + threadIdx.x;

  for (n = 0; n < N; n++) {
    float expFHd = 2*PI*(kx[m]*x[n]+ky[m]*y[n]+kz[m]*z[n]);

    float cArg = cos(expFHd);
    float sArg = sin(expFHd);

    rFHd[n] += rMu[m]*cArg - iMu[m]*sArg;
    iFHd[n] += iMu[m]*cArg + rMu[m]*sArg;
  }
}
```

Figura 8.8

Segunda opção do kernel $\mathbf{F}^H\mathbf{d}$.

```
for (m = 0; m < M; m++) {
  for (n = 0; n < N; n++) {
    expFHd = 2*PI*(kx[m]*x[n] +
                   ky[m]*y[n] +
                   kz[m]*z[n]);

    cArg = cos(expFHd);
    sArg = sin(expFHd);

    rFHd[n] += rMu[m]*cArg -
               iMu[m]*sArg;
    iFHd[n] += iMu[m]*cArg +
               rMu[m]*sArg;
  }
} (A) antes do intercâmbio de loop
```

```
for (n = 0; n < N; n++) {
  for (m = 0; m < M; m++) {
    expFHd = 2*PI*(kx[m]*x[n] +
                   ky[m]*y[n] +
                   kz[m]*z[n]);

    cArg = cos(expFHd);
    sArg = sin(expFHd);

    rFHd[n] += rMu[m]*cArg -
               iMu[m]*sArg;
    iFHd[n] += iMu[m]*cArg +
               rMu[m]*sArg;
  }
} (B) após o intercâmbio de loop
```

Figura 8.9

Intercâmbio de loop do cálculo de $\mathbf{F}^H\mathbf{d}$.

reconstruída, então `N/FHd_THREADS_PER_BLOCK` blocos cobrem todas as N iterações do loop original. Por exemplo, se houver 65.536 amostras no espaço k, o kernel poderia ser chamado com uma configuração de 512 *threads* por bloco e 65.536/512 = 128 blocos. Isso é feito atribuindo 512 a `FHd_THREADS_PER_BLOCK` e usando `FHd_THREADS_PER_BLOCK` como tamanho de bloco e `N/FHd_THREADS_PER_BLOCK` como tamanho de grade durante a chamada do kernel.

Etapa 2. Contornando a limitação de largura de banda da memória

O kernel `cmpFHd` simples na Figura 8.10 oferecerá ganho de velocidade limitado devido a limitações de largura de banda da memória. Uma análise rápida mostra que a execução é limitada pela baixa razão entre cálculo e acesso à memória de cada *thread*. No loop original, cada iteração realiza pelo menos 14 acessos à memória: `kx[m]`, `ky[m]`, `kz[m]`, `x[n]`, `y[n]`, `z[n]`, `rMu[m]` duas vezes, `iMu[m]` duas vezes, `rFHd[n]` leitura e escrita, e

```
__global__ void cmpFHd(float* rPhi, iPhi, phiMag,
      kx, ky, kz, x, y, z, rMu, iMu, int M) {

  int n = blockIdx.x * FHd_THREADS_PER_BLOCK + threadIdx.x;

  for (m = 0; m < M; m++) {
    float expFHd = 2*PI*(kx[m]*x[n]+ky[m]*y[n]+kz[m]*z[n]);

    float cArg = cos(expFHd);
    float sArg = sin(expFHd);

    rFHd[n] += rMu[m]*cArg - iMu[m]*sArg;
    iFHd[n] += iMu[m]*cArg + rMu[m]*sArg;
  }
}
```

Figura 8.10

Terceira opção do kernel $\mathbf{F}^H\mathbf{d}$.

iFHd[n] leitura e escrita. Enquanto isso, cerca de 13 operações de multiplicação em ponto flutuante, adição ou trigonométricas são realizadas em cada iteração; portanto, a razão entre cálculo e acesso à memória é aproximadamente 1, que é muito baixa de acordo com nossa análise no Capítulo 5.

Podemos melhorar imediatamente a razão entre cálculo e acesso à memória atribuindo alguns dos elementos da matriz a variáveis automáticas. Conforme discutimos no Capítulo 5, as variáveis automáticas residirão em registradores, convertendo assim leituras e escritas para a memória global em leituras e escritas para registradores no chip. Uma análise rápida do kernel da Figura 8.10 mostra que, para cada *thread*, os mesmos elementos x[n], y[n] e z[n] são usados por todas as iterações do loop for. Isso significa que podemos carregar esses elementos em variáveis automáticas antes que a execução entre no loop.[1] O kernel pode então usar as variáveis automáticas dentro do loop, convertendo assim os acessos à memória global em acessos a registrador. Além do mais, o loop repetidamente lê e escreve em rFHd[n] e iFHd[n]. Podemos ter iterações lidas e escritas nas duas variáveis automáticas e só escrever o conteúdo dessas variáveis automáticas em rFHd[n] e iFHd[n] depois que a execução sair do loop. O código resultante aparece na Figura 8.11. Aumentando o número de registradores usados em 5 para cada *thread*, reduzimos o acesso à memória feito em cada iteração de 14 para 7. Assim, aumentamos a razão entre cálculo e acesso à memória de 13:14 para 13:7. Essa é uma melhoria muito boa, e um bom uso do valioso recurso do registrador.

Lembre-se de que o uso do registrador pode limitar o número de blocos que podem ser executados em um multiprocessador streaming (SM). Aumentando o uso do registrador em 5 no código do kernel, aumentamos o uso do registrador de cada bloco de *threads* em 5*FHd_THREADS_PER_BLOCK. Supondo que tenhamos 128 *threads* por bloco, só aumentamos o uso de registrador do bloco em 640. Como cada SM pode acomodar um uso de registrador combinado de 8192 registradores entre todos os blocos atribuídos a ele, precisamos ter cuidado, pois qualquer aumento adicional do uso de registradores pode começar a limitar o número de blocos que podem ser atribuídos a um SM. Felizmente, o uso de registradores não é um fator limitador do paralelismo para o kernel.

Precisamos melhorar ainda mais a razão entre cálculo e acesso à memória para algo mais próximo de 10:1, eliminando mais acessos à memória global no kernel de cmpFHd. Os próximos candidatos a se considerar são as amostras no espaço *k* kx[m], ky[m] e kz[m]. Esses elementos de matriz são acessados de modo diferente dos elementos x[n], y[n] e z[n]; diferentes elementos de kx, ky e kz são acessados em cada iteração do loop na Figura 8.11. Isso significa que não podemos carregar cada elemento no espaço *k* para um registrador de variável automática e acessar essa variável automática por um registrador em todas as iterações. Assim, os registradores não ajudarão aqui; porém, devemos observar que os elementos do espaço *k* não são modificados pelo kernel. Isso significa que poderíamos colocar os elementos do espaço *k* na memória constante. Possivelmente a cache para a memória constante possa eliminar a maior parte dos acessos à memória.

[1] Note que declarar x[], y[], z[], rFHd[] e iFHd[] como matrizes automáticas não funcionará para nossos propósitos aqui. Essa declaração criaria cópias privadas de todas as cinco matrizes na memória local de cada *thread*! Tudo o que queremos é ter uma cópia privada de um elemento de cada matriz nos registradores de cada *thread*.

```
__global__ void cmpFHd(float* rPhi, iPhi, phiMag,
     kx, ky, kz, x, y, z, rMu, iMu, int M) {

   int n = blockIdx.x * FHd_THREADS_PER_BLOCK + threadIdx.x;

   float xn_r = x[n]; float yn_r = y[n]; float zn_r = z[n];
   float rFHdn_r = rFHd[n]; float iFHdn_r = iFHd[n];

   for (m = 0; m < M; m++) {
     float expFHd = 2*PI*(kx[m]*xn_r+ky[m]*yn_r+kz[m]*zn_r);

     float cArg = cos(expFHd);
     float sArg = sin(expFHd);

     rFHdn_r +=  rMu[m]*cArg - iMu[m]*sArg;
     iFHdn_r +=  iMu[m]*cArg + rMu[m]*sArg;
   }
   rFHd[n] = rFHd_r; iFHd[n] = iFHd_r;
}
```

Figura 8.11

Usando registradores para reduzir os acessos à memória no kernel de $\mathbf{F}^H\mathbf{d}$.

Uma análise do loop na Figura 8.11 revela que os elementos do espaço *k* são realmente excelentes candidatos para a memória constante. O índice usado para acessar `kx`, `ky` e `kz` é `m`, que é independente de `threadIdx`, o que significa que todas as *threads* em um warp estarão acessando o mesmo elemento de `kx`, `ky` e `kz`. Esse é um padrão de acesso ideal para a memória constante em cache; toda vez que um elemento é trazido para a cache, ele será usado pelo menos por todas as 32 *threads* em um warp no G80. Isso significa que, para cada 32 acessos à memória constante, pelo menos 31 deles serão atendido pela cache. Isso permite que a cache elimine de modo eficiente 96% ou mais dos acessos à memória constante. Melhor ainda, toda vez que uma constante for acessada pela cache, ela pode ser transmitida para todas as *threads* em um warp. Isso significa que não haverá atrasos devido a quaisquer conflitos de banco no acesso à cache. Isso torna a memória constante quase tão eficiente quando os registradores para acessar elementos do espaço *k*.[2]

Porém, existe um problema técnico envolvido na colocação dos elementos do espaço *k* na memória constante. Lembre-se de que a memória constante tem uma capacidade de 64 KB, mas o tamanho das amostras no espaço *k* pode ser muito maior, na ordem de centenas de milhares ou ainda milhões. Um modo típico d contornar a limitação da capacidade da memória constante é dividir um dataset grande em pedaços de 64 KB ou menos. O desenvolvedor deverá reorganizar o kernel de modo que o kernel seja chamado várias vezes, com cada chamada do kernel consumindo apenas um trecho do dataset grande. Acontece que isso é muito fácil para o kernel de `cmpFHd`.

Uma análise cuidadosa no loop da Figura 8.11 revela que todas as *threads* marcharão sequencialmente pelas matrizes do espaço *k*. Ou seja, todas as *threads* na grade acessam o mesmo elo do espaço *k* durante cada iteração. Para um grande volume de dados, o loop no kernel simplesmente percorre mais vezes. Isso significa que podemos dividir o loop em

[2] O motivo pelo qual um acesso à memória constante não é exatamente tão eficaz quanto um acesso ao registrador é que uma instrução de load da memória ainda é necessária para acessar a memória constante.

seções, com cada seção processando um trecho dos elementos no espaço *k* que se encaixa na capacidade de 64 KB da memória constante.[3] O código do host agora invoca o kernel várias vezes. Toda vez que o host chama o kernel, ele coloca um novo trecho na memória constante antes de chamar a função do kernel. Isso é ilustrado na Figura 8.12.

Na Figura 8.12, o kernel de `cmpFHd` é chamado a partir de um locp. O código assume que as matrizes `kx`, `ky` e `kz` estão na memória do host. A dimensão de `kx`, `ky` e `kz` é dada por *M*. A cada iteração, o código do host chama a função `cudaMemcpy()` para transferir um trecho dos dados do espaço *k* para a memória constante do device. O kernel é então chamado para processar o trecho. Observe que, quando *M* não é um múltiplo perfeito de `CHUNK_SIZE`, o código do host precisará ter uma rodada adicional de `cudaMemcpy` e mais uma chamada do kernel para terminar os dados restantes no espaço *k*.

A Figura 8.13 mostra o kernel revisado que acessa os dados no espaço *k* a partir da memória constante. Observe que os ponteiros para `kx`, `ky` e `kz` não estão mais na lista de parâmetros da função do kernel. Como não podemos usar ponteiros para variáveis de acesso na memória constante, as matrizes `kx_c`, `ky_c` e `kz_c` são acessadas como variáveis globais declaradas sob a palavra-chave `__constant__`, como mostra a Figura 8.12.[4] Acessando esses elementos pela cache constante, o kernel agora efetivamente tem quatro acessos à me-

```
__constant__ float  kx_c[CHUNK_SIZE],
                    ky_c[CHUNK_SIZE], kz_c[CHUNK_SIZE];
...
__ void main() {

  int i;
  for (i = 0; i < M/CHUNK_SIZE; i++);
    cudaMemcpy(kx_c,&kx[i*CHUNK_SIZE],4*CHUNK_SIZE,
               cudaMemCpyHostToDevice);
    cudaMemcpy(ky_c,&ky[i*CHUNK_SIZE],4*CHUNK_SIZE,
               cudaMemCpyHostToDevice);
    cudaMemcpy(ky_c,&ky[i*CHUNK_SIZE],4*CHUNK_SIZE,
               cudaMemCpyHostToDevice);
    ...
    cmpFHd<<<FHd_THREADS_PER_BLOCK, N/FHd_THREADS_PER_BLOCK>>>
              (rPhi, iPhi, phiMag, x, y, z, rMu, iMu, int M);
  }
  /* É necessário chamar o kernel uma vez mais se não */
  /* for múltiplo perfeito de CHUNK SIZE */
}
```

Figura 8.12

Divisão dos dados no espaço *k* para caberem na memória constante.

---

[3] Observe que nem todos os acessos aos dados somente de leitura são tão favoráveis para a memória constante como o que vimos aqui. No Capítulo 10, apresentamos um caso em que as *threads* em diferentes blocos acessam diferentes elementos na mesma iteração. Esse padrão de acesso mais diversificado torna muito mais difícil encaixar dados suficiente na memória constante para uma execução do kernel.

[4] Conforme discutiremos no Capítulo 12, as gerações futuras das arquiteturas e modelos de programação CUDA provavelmente permitirão ponteiros para memórias constantes. Isso permitirá que se use a mesma estrutura do kernel e instruções de chamada para as duas situações, simplificando o trabalho necessário quando se move uma estrutura de dados entre a memória global e a memória constante.

```
__global__ void cmpFHd(float* rPhi, iPhi, phiMag,
        x, y, z, rMu, iMu, int M) {

  int n = blockIdx.x * FHd_THREADS_PER_BLOCK + threadIdx.x;

  float xn_r = x[n]; float yn_r = y[n]; float zn_r = z[n];
  float rFHdn_r = rFHd[n]; float iFHdn_r = iFHd[n];

  for (m = 0; m < M; m++) {
    float expFHd =
       2*PI*(kx_c[m]*xn_r+ky_c[m]*yn_r+kz_c[m]*zn_r);

    float cArg = cos(expFHd);
    float sArg = sin(expFHd);

    rFHdn_r +=  rMu[m]*cArg - iMu[m]*sArg;
    iFHdn_r +=  iMu[m]*cArg + rMu[m]*sArg;
  }
  rFHd[n] = rFHd_r; iFHd[n] = iFHd_r;
}
```

Figura 8.13

Kernel de $\mathbf{F}^H\mathbf{d}$ revisado para usar memória constante.

mória global para as matrizes `rMu` e `iMu`. O compilador normalmente reconhecerá que os quatro acessos à matriz são feitos a somente dois locais. Ele só realizará dois acessos globais, um para `rMu[m]` e um para `iMu[m]`. Os valores serão armazenados em variáveis de registrador temporárias para uso nos outros dois. Isso faz com que o número final de acessos à memória seja dois. A razão entre cálculo e acesso à memória chega a até 13:2. Essa não é a razão desejada 10:1, mas é suficientemente alta para que a limitação da largura de banda da memória não seja mais o único fator que limita o desempenho. Conforme veremos, podemos realizar algumas outras otimizações que tornam o cálculo mais eficiente e melhoram ainda mais o desempenho.

Se executássemos o código das Figuras 8.12 e 8.13, veríamos que a melhoria de desempenho não foi tão alta quanto esperávamos. Acontece que o código mostrado nessas figuras não resulta em uma redução na largura de banda da memória tão alta quanto esperávamos. O motivo é porque a cache constante não funciona muito bem para o código. Isso tem a ver com o projeto da cache constante e o layout de memória dos dados no espaço *k*. Como vemos na Figura 8.14, cada entrada da cache constante é projetada para armazenar múltiplas palavras consecutivas. Essa arquitetura reduz o custo do projeto de hardware da cache constante. Se vários elementos de dados que são usados por cada *thread* não estiverem em palavras consecutivas, conforme ilustramos na Figura 8.14A, eles acabarão ocupando várias entradas de cache. Devido a restrições de custo, a cache constante tem apenas um número muito pequeno de entradas. Como vemos nas Figuras 8.12 e 8.13, os dados no espaço *k* são armazenados em três matrizs: `kx_c`, `ky_c` e `kz_c`. Durante cada iteração do loop, três entradas da cache constante são necessárias para manter os três elementos do espaço *k* sendo processados. Como diferentes warps podem estar em iterações muito diferentes, eles podem exigir muitas entradas no todo. No fim das contas, a capacidade de cache do G80 não foi suficiente para fornecer um número capaz de suportar todas as entradas para todos os warps ativos em um SM.

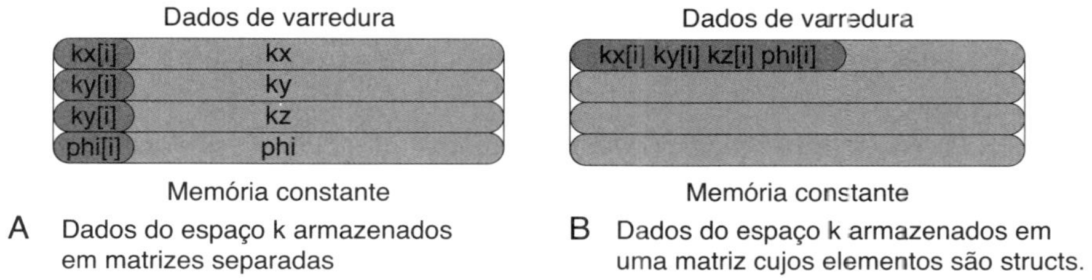

Figura 8.14

Efeito do layout de dados do espaço *k* sobre a eficiência da cache constante.

O problema do uso ineficaz das entradas de cache tem sido bem estudado na literatura e pode ser resolvido ajustando o layout de memória dos dados no espaço *k*. A solução é ilustrada na Figura 8.14B e o código baseado nessa solução na Figura 8.15. Em vez de ter os componentes *x*, *y* e *z* dos dados do espaço *k* armazenados em três matrizs separados, a solução armazena esses componentes em uma matriz cujos elementos são uma `struct`. Na literatura, esse estilo de declaração normalmente é conhecido como uma *matriz de structs*. A declaração da matriz aparece no topo da Figura 8.15. Armazenando os componentes *x*, *y* e *z* nos três campos de um elemento de matriz, o desenvolvedor força esses componentes a serem armazenados em locais consecutivos da memória constante. Portanto, todos os três componentes usados numa iteração podem agora ser colocados numa única entrada de cache, reduzindo o número de entradas necessárias para dar suporte à execução de todos os warps ativos. Observe que, como temos apenas uma matriz para manter todos os dados do espaço *k*, podemos simplesmente usar um `cudaMemcpy` para copiar o trecho inteiro para a memória constante do device. O tamanho da transferência é ajustado de `4*CHUNK_SIZE` para `12*CHUNK_SIZE`, para refletir a transferência de todos os três componentes em uma chamada `cudaMemcpy`.

```
struct kdata {
   float x, float y, float z;
} k;

__constant__ struct kdata k_c[CHUNK_SIZE];
...

__ void main() {

  int i;

  for (i = 0; i < M/CHUNK_SIZE; i++);
    cudaMemcpy(k_c,k,12*CHUNK_SIZE, cudaMemCpyHostToDevice);

    cmpFHd<<<FHd_THREADS_PER_BLOCK, N/FHd_THREADS_PER_BLOCK>>>
                 (...);

 }
```

Figura 8.15

Ajustando o layout de dados do espaço *k* para melhorar a eficiência da cache.

Com o novo layout da estrutura de dados, também precisamos revisar o kernel de modo que o acesso seja feito de acordo com o novo layout. O novo kernel aparece na Figura 8.16. Observe que `kx[m]` tornou-se `k[m].x`, `ky[m]` tornou-se `k[m].y` e assim por diante. Como veremos mais adiante, essa pequena mudança no código pode resultar em melhoria significativa de sua velocidade de execução.

```
__global__ void cmpFHd(float* rPhi, iPhi, phiMag,
      x, y, z, rMu, iMu, int M) {

  int n = blockIdx.x * FHd_THREADS_PER_BLOCK + threadIdx.x;

  float xn_r = x[n]; float yn_r = y[n]; float zn_r = z[n];
  float rFHdn_r = rFHd[n]; float iFHdn_r = iFHd[n];

  for (m = 0; m < M; m++) {
    float expFHd = 2*PI*(k[m].x*xn_r+k[m].y*yn_r+k[m].z*zn_r);

    float cArg = cos(expFHd);
    float sArg = sin(expFHd);

    rFHdn_r +=  rMu[m]*cArg - iMu[m]*sArg;
    iFHdn_r +=  iMu[m]*cArg + rMu[m]*sArg;
  }
  rFHd[n] = rFHd_r; iFHd[n] = iFHd_r;
}
```

Figura 8.16

Ajustando o layout da memória de dados do espaço *k* no kernel de $\mathbf{F}^H\mathbf{d}$.

Etapa 3. Usando funções de trigonometria do hardware

CUDA oferece funções matemáticas complementadas no hardware que provem uma performance muito mais alta do que seus correspondentes em software. Essas funções são implementadas como instruções do hardware executadas pelas unidades de função especiais (SFUs — Special Function Units). O procedimento para usar essas funções é muito fácil. No caso do kernel `cmpFHd`, precisamos alterar as chamadas para as funções sin e cos para suas versões do hardware: `__sin` e `__cos`. Essas são funções intrínsecas, reconhecidas pelo compilador e traduzidas para instruções SFU. Como essas funções são chamadas em um corpo de loop bastante executado, esperamos que a mudança resulte em um ganho de desempenho muito significativo. O kernel `cmpFHd` resultante aparece na Figura 8.17. Precisamos ter cuidado com a precisão reduzida ao passar de funções do software para funções do hardware. Conforme discutimos no Capítulo 7, as implementações do hardware atualmente possuem ligeiramente menos precisão do que as bibliotecas do software. No caso do IRM, precisamos garantir que a implementação do hardware passe pelos casos de teste que medem a SNR da imagem resultante, conforme definida na Figura 8.18. O processo de teste envolve uma imagem "perfeita" (I_0). Usamos um processo reverso para gerar dados do espaço *k* "escaneados" correspondentes, que são sintetizados. Os dados escaneados sintetizados são então processados pelo sistema de reconstrução proposto para gerar uma imagem reconstruída (I). Os valores dos voxels na imagem perfeita e na reconstruída são então conectados à fórmula do erro quadrado médio (MSE) e às fórmulas da relação sinal-ruído de pico (PSNR) e SNR na Figura 8.18.

```
__global__ void cmpFHd(float* rPhi, iPhi, phiMag,
      x, y, z, rMu, iMu, int M) {

  int n = blockIdx.x * FHd_THREADS_PER_BLOCK + threadIdx.x;

  float xn_r = x[n]; float yn_r = y[n]; float zn_r = z[n];
  float rFHdn_r = rFHd[n]; float iFHdn_r = iFHd[n];

  for (m = 0; m < M; m++) {
    float expFHd = 2*PI*(k[m].x*xn_r+k[m].y*yn_r+k[m].z*zn_r);

    float cArg = __cos(expFHd);
    float sArg = __sin(expFHd);

    rFHdn_r += rMu[m]*cArg - iMu[m]*sArg;
    iFHdn_r += iMu[m]*cArg + rMu[m]*sArg;
  }
  rFHd[n] = rFHd_r; iFHd[n] = iFHd_r;
}
```

Figura 8.17

Usando funções __sin() e __cos() do hardware.

Os critérios para passar no teste dependem de como a imagem será aplicada. Em nosso caso, trabalhamos com os especialistas clínicos de IRM para garantir que as mudanças na SNR devidas às funções do hardware estejam bem dentro dos limites aceitos para suas aplicações. Em aplicações nas quais as imagens são usadas por físicos para avaliação de lesões ou doenças, também é preciso ter uma inspeção visual da qualidade da imagem. A Figura 8.19 mostra a comparação visual da imagem "verdadeira". Ela também ilustra que a PSNR alcançada pelas implementações de precisão dupla e precisão simples da CPU foi 27,6 dB, um nível aceitável para a aplicação. Uma inspeção visual também mostra que a imagem reconstruída corresponde realmente bem à imagem original.

A vantagem da reconstrução iterativa em comparação com um gridding de interpolação bilinear simples/transformada de Fourier rápida inversa (iFFT) também é óbvia na Figura 8.19. A imagem reconstruída com gridding simples/iFFT tem uma PSNR de apenas 16,8 dB, substancialmente menor que a PSNR de 27,6 dB alcançada pelo método de reconstrução iterativa. Uma inspeção visual da imagem de gridding/iFFT

Netravali, A. N., & Haskell, B. G. (1995). *Digital pictures: Representation, compression, and standards* (2nd ed.). New York, NY: Plenum Press.

$$MSE = \frac{1}{mn}\sum_i\sum_j (I(i,j) - I_0(i,j))^2 \qquad A_s = \frac{1}{mn}\sum_i\sum_j I_0(i,j)^2$$

$$PSNR = 20\log_{10}\left(\frac{\max(I_0(i,j))}{\sqrt{MSE}}\right) \qquad SNR = 20\log_{10}\left(\frac{\sqrt{A_s}}{\sqrt{MSE}}\right)$$

Figura 8.18

Métricas usadas para validar a precisão das funções do hardware. I_0 é a imagem perfeita; I é a imagem reconstruída. MSE, o erro quadrado médio; PSNR, a relação sinal-ruído de pico; SNR, a relação sinal-ruído.

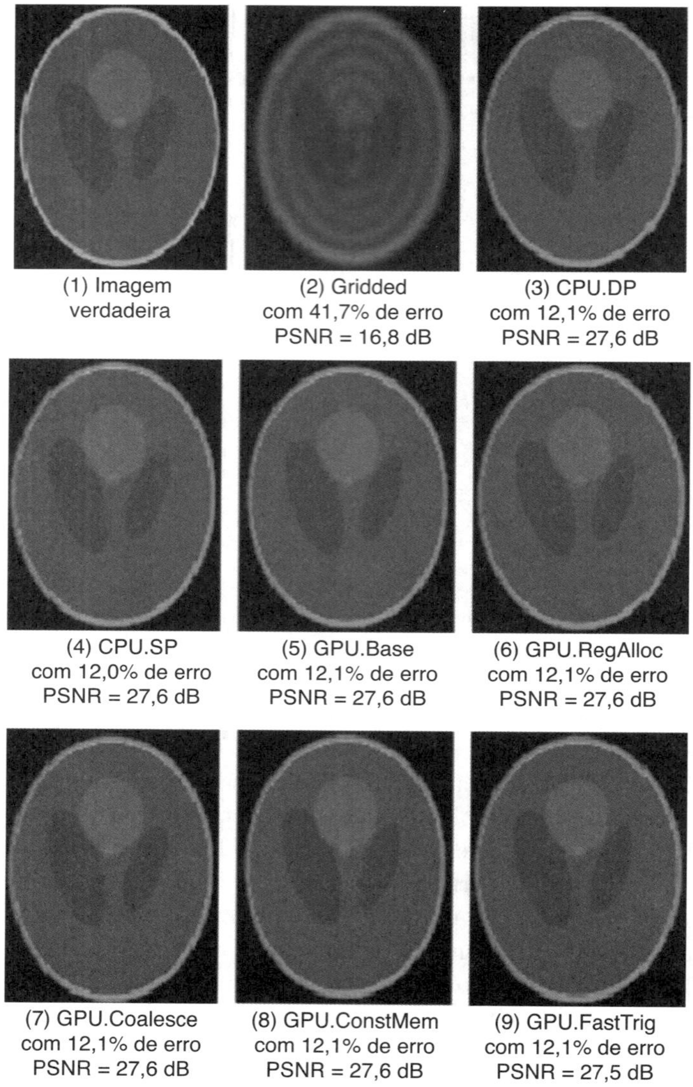

Figura 8.19

Validação da precisão de ponto flutuante e a exatidão das diferentes implementações de FHd.

na Parte 2 da Figura 8.19 revela vários artefatos que podem afetar significativamente a usabilidade da imagem para fins de diagnóstico. Esses artefatos não ocorrem nas imagens do método de reconstrução iterativa.

Quando passamos da aritmética de precisão dupla para precisão simples na CPU, não houve degradação mensurável da PSNR, que permaneceu em 27,6 dB. Quando passamos a função trigonométrica da biblioteca de software para as unidades de hardware, observamos uma pequena degradação da PSNR, de 27,6 dB para 27,5 dB. A pequena perda de PSNR está dentro de uma faixa aceitável para a aplicação. Uma inspeção visual confirma que a imagem reconstruída não tem artefatos significativos em comparação com a imagem original.

Etapa 4. Ajuste de desempenho experimental

Até este ponto, não determinamos os valores apropriados dos parâmetros de configuração para o kernel; por exemplo, precisamos determinar o número ideal de *threads* para cada bloco. Por um lado, o uso de uma grande quantidade de *threads* em um bloco é necessário para utilizar totalmente a capacidade de *thread* de cada SM (dado que somente oito blocos podem ser atribuídos a cada SM). Por outro lado, ter mais *threads* em cada bloco aumenta o uso de registradores de cada bloco e pode reduzir o número de blocos que podem caber em um SM. Alguns valores possíveis do número de *threads* por bloco são 32, 64, 128, 256 e 512. Também se pode considerar números que não sejam potência de dois.

Também é preciso determinar o número de pontos de varredura do espaço *k* por grade. Todos os dados do ponto de varredura consumidos por uma grade devem caber na memória constante de 64 KB. Isso se traduz em 16 K números de ponto flutuante com precisão simples. Como cada ponto de varredura requer três dados de ponto flutuante com precisão simples, podemos ter até 4 K pontos de varredura se quisermos usar pontos de varredura com potência de dois em cada grade para um controle de loop conveniente. Alguns números possíveis são 32, 64, 128, 256, 1024, 2048 e 4096. Intuitivamente, os números maiores devem ser melhores porque exigem menos chamadas do kernel.

Outro parâmetro de configuração de kernel é o número de vezes que se deve desdobrar o corpo do loop `for`. Por um lado, desdobrar o loop pode reduzir o número de instruções de overhead e potencialmente reduzir o número de ciclos de clock a processar cada dado de amostra no espaço *k*. Por outro lado, muito desdobramento pode aumentar potencialmente o uso de registradores e reduzir o número de blocos que podem caber em um SM.

Observe que os efeitos dessas configurações não são isolados um do outro. Aumentar o valor de parâmetro pode acarretar no uso de um recurso que poderia ser usado para aumentar o valor de outro parâmetro. Como resultado, deve-se avaliar esses parâmetros em conjunto de uma maneira experimental; ou seja, pode ser preciso mudar o código fonte para cada configuração conjunta e medir o tempo de execução. Pode haver um grande número de versões de código fonte para testar. No caso de $\mathbf{F}^H\mathbf{d}$, o desempenho melhora cerca de 20% buscando sistematicamente todas as combinações e escolhendo aquela com o melhor tempo de execução medido, em comparação com um esforço de busca de ajuste heurístico, que explora algumas tendências promissoras. Ryoo e outros apresentaram um método baseado na curva ideal de Pareto para retirar a maioria das combinações inferiores usando [Ryoo 2008].

8.4 Avaliação final

Para obter uma linha de base razoável, implementamos duas versões de $\mathbf{F}^H\mathbf{d}$ na CPU. A versão CPU.DP utiliza a precisão dupla para todos os valores e operações de ponto flutuante, enquanto a versão CPU.SP utiliza a precisão simples. As duas versões para CPU são compiladas com o Intel® C++ Compiler (icc, versão 10.1) usando `flags`

`-O3 -msse3 -axT -vec-report3 -fp-model fast=2`, que (1) vetoriza os loops dominantes do algoritmo usando instruções ajustadas para a arquitetura Núcleo 2 e (2) vincula as operações trigonométricas a função rápidas, aproximadas, na biblioteca matemática. Com base no ajuste experimental com um dataset menor, os loops internos são desdobrados por um fator de quatro e os dados de varredura são ladrilhados para melhorar a localidade na cache L1.

Cada versão de $\mathbf{F}^H\mathbf{d}$ para GPU é compilada usando o driver de compilador CUDA da NVIDIA® nvcc -O3 (versão 1.1) e executada em um NVIDIA® Quadro® FX 5600 a 1,35 GHz. A placa Quadro é acomodada em um sistema com uma CPU dual-socket, dual-núcleo AMD® Opteron™ 2216, a 2,4 GHz. Cada núcleo (núcleo) tem uma cache L2 de 1 MB. As versões para CPU utilizam p-*threads* para executar em todos os quatro núcleos da CPU quad-núcleo Intel® Núcleo™ 2 Extreme a 2,66 GHz, que tem capacidade de pico teórica de 21,2 gigaflops por núcleo e uma cache L2 de 4 MB. As versões para CPU funcionam muito melhor no Núcleo 2 Extreme quad-núcleo do que no Opteron dual-socket, dual-núcleo; portanto, usaremos os resultados do Núcleo 2 Extreme quad-núcleo para a CPU.

Todas as reconstruções usam a versão da CPU do solver linear, que executa 60 iterações no Quadro FX 5600. Duas versões de Q foram calculadas no Núcleo 2 Extreme, uma usando precisão dupla e a outra usando precisão simples. O Q de precisão simples foi usado para todas as reconstruções baseadas em GPU e para a reconstrução envolvendo `CPU.SP`, enquanto o Q de precisão dupla foi usado apenas para a reconstrução envolvendo `CPU.DP`. Como o cálculo de Q não está no caminho crítico da reconstrução, não damos mais informações sobre Q.

Para facilitar a comparação da reconstrução iterativa com uma reconstrução convencional, também avaliamos uma reconstrução baseada no gridding de interpolação bilinear e iFFT. Nossa versão da reconstrução gridded não é otimizada para o desempenho, mas já é muito rápida.

Todas as reconstruções foram realizadas sobre dados de amostra obtidos de uma varredura simulada, tridimensional, não Cartesiana, de uma imagem fantasma. Havia 284.592 pontos de amostra no dataset da varredura, e a imagem foi reconstruída em resolução 1283, para um total de 221 voxels. No primeiro conjunto de experimentos, os dados simulados não continham ruído. No segundo conjunto de experimentos, acrescentamos um ruído branco Gaussiano complexo aos dados simulados. Ao determinar a qualidade das imagens reconstruídas, o erro percentual e as métricas de PSNR foram utilizadas. O erro percentual é a raiz medial dos quadrados (RMS) do erro do voxel dividido pelo valor de RMS do voxel na imagem verdadeira (após a imagem verdadeira ter sido amostrada em resolução 1283).

Os dados (runtime, gigaflops e imagens) foram obtidos reconstruindo cada imagem uma vez com cada implementação do algoritmo $\mathbf{F}^H\mathbf{d}$ descrito acima. Existem duas exceções para essa política. Para `GPU.Tune` e `GPU.Multi`, o tempo exigido para calcular $\mathbf{F}^H\mathbf{d}$ foi tão pequeno que as variações em tempo de execução no desempenho tornaram-se significativas; portanto, para essas configurações, calculamos $\mathbf{F}^H\mathbf{d}$ três vezes e relatamos o desempenho médio.

Como mostramos na Figura 8.20, o tempo de reconstrução total para a imagem de teste usando gridding de interpolação bilinear seguido por iFFT exigiu menos de 1 minu-

	Q		F^Hd		Total	
Reconstrução	Tempo de execução (m)	GFLOP	Tempo de execução (m)	GFLOP	Solver linear (m)	Tempo de reconstrução (m)
Gridding + FFT (CPU,DP)	N/A	N/A	N/A	N/A	N/A	0,39
LS (CPU, DP)	4009,0	0,3	518,0	0,4	1,59	519,59
LS(CPU, SP)	2678,7	0,5	342,3	0,7	1,61	343,91
LS (GPU, Naïve)	260,2	5,1	41,0	5,4	1,65	42,65
LS (GPU, CMem)	72,0	18,6	9,8	22,8	1,57	11,37
LS (GPU, CMem, SFU, Exp)	7,5	178,9	1,5	144,5	1,69	3,19
	357X		228X			108X

Figura 8.20

Resumo das melhorias de desempenho.

to em uma CPU sequencial avançada. Isso confirma que não há muito valor em paralelizar essa estratégia de reconstrução tradicional. Porém, fica óbvio pela Parte 2 da Figura 8.19, que a imagem resultante exibe um nível de artefatos inaceitável.

A linha LS (CPU, DP) na Figura 8.20 mostra o tempo de execução da reconstrução da imagem de teste usando aritmética de ponto flutuante com precisão dupla na CPU. O tempo mostra a etapa do núcleo (Q) do cálculo de $\mathbf{F}^H\mathbf{F} + \lambda\mathbf{W}^H\mathbf{W}$. A primeira observação é que o cálculo de Q para uma imagem de resolução moderada baseada em um número moderado de amostras no espaço k leva uma quantidade de tempo inaceitável — mais de 65 horas na CPU. Observe que esse tempo é por fim reduzido para 6,5 minutos na GPU com todas as otimizações descritas na Seção 8.3. A segunda observação é que o tempo de reconstrução total de cada imagem requer mais de 8 h, com apenas 1,59 minutos gastos no solver linear. Isso valida nossa decisão de focalizar nosso esforço de paralelismo em $\mathbf{F}^H\mathbf{d}$.

A linha LS (CPU, SP) mostra que podemos reduzir o tempo de execução significativamente quando convertemos o cálculo da aritmética de ponto flutuante com precisão dupla para precisão simples na CPU. Isso porque as instruções de Streaming SIMD Extensions (SSE) possuem maior vazão; ou seja, elas calculam mais elementos de dados por ciclo de clock quando executam no modo de precisão simples. Os tempos de execução, porém, ainda são inaceitáveis para uso prático.

A linha LS (GPU, simplista) mostra que uma implementação CUDA direta pode alcançar um ganho de velocidade de cerca de 10 vezes para Q e 8 vezes para a reconstrução de cada imagem. Esse é um bom ganho de velocidade, mas os tempos de execução resultantes ainda são inaceitáveis para uso prático.

A linha LS (GPU, CMem) mostra que um ganho de velocidade mais significativo é alcançado usando registradores e cache constante para contornar as limitações de largura de banda da memória global. Essas melhorias atingem um ganho de velocidade de cerca de 4× em relação ao código CUDA simplista! Isso demonstra a importância de alcançar razões ideais entre cálculo e acesso à memória global (CGMA) nos kernels CUDA. Essas melhorias dão ao código CUDA um ganho de velocidade de cerca de 40× em relação ao código da CPU com precisão simples.

A linha LS (GPU, CMem, SPU, Exp) ilustra o uso de funções de trigonometria do hardware e ajuste experimental juntas, resultando em um ganho de velocidade fantástico. Um experimento separado, que não aparece aqui, mostra que a maior parte do ganho de velocidade vem das funções de trigonometria do hardware. O ganho de velocidade total em relação ao código de precisão simples da CPU é muito impressionante: 357× para Q e 108× para a reconstrução de cada imagem.

Uma observação interessante é que, no fim, o solver linear realmente leva mais tempo do que $\mathbf{F}^H\mathbf{d}$. Isso porque aceleramos $\mathbf{F}^H\mathbf{d}$ bastante (228×). O que costumava ser próximo de 100% do tempo de reconstrução por imagem agora é responsável por menos de 50%. Qualquer outra aceleração agora exigirá aceleração do solver linear, um tipo de cálculo muito mais difícil para a execução maciçamente paralela.

8.5 Exercícios

8.1 A quebra do loop divide um loop em dois. Use o código `FHd` da Figura 8.4B para enumerar a ordem de execução das duas partes do corpo do loop externo, as instruções antes do loop interno e o loop interno. (a) Liste a ordem de execução dessas partes a partir de diferentes iterações do loop externo antes da quebra. (b) Liste a ordem de execução dessas partes a partir dos dois loops após a quebra. (c) Determine se os resultados da execução serão idênticos. Os resultados da execução são idênticos se todos os dados exigidos por uma parte forem devidamente gerados e preservados para seu consumo antes que essa parte seja executada e o resultado de sua execução não seja modificado por outras partes que devem vir depois dela na ordem de execução original.

8.2 O intercâmbio de loop troca o loop interior para o exterior e vice-versa. Use os loops das Figura 8.9 para enumerar a ordem de execução das instâncias do corpo do loop antes e depois da troca do loop. (a) Liste a ordem de execução do corpo do loop a partir de diferentes iterações antes do intercâmbio do loop; identifique essas iterações com os valores de m e n. (b) Liste a ordem de execução do corpo do loop a partir de diferentes iterações após o intercâmbio do loop. Identifique essas iterações com os valores de m e n. (c) Determine se os resultados da execução de (a) e (b) serão idênticos. Os resultados da execução são idênticos se todos os dados exigidos por uma parte forem devidamente gerados e preservados para seu consumo antes que essa parte seja executada e o resultado de sua execução não seja modificado por outras partes que devem vir depois dela na ordem de execução original.

8.3 Na Figura 8.11, identifique a diferença entre o acesso a `x[]` e `kx[]` em relação à natureza dos índices utilizados. Use a diferença para explicar por que não faz sentido tentar carregar `kx[n]` em um registrador para o kernel mostrado na Figura 8.11.

8.4 Durante uma reunião, um novo aluno da pós-graduação disse ao seu mentor que conseguiu melhorar seu desempenho do kernel usando `cudaMalloc()` para alocar memória constante e `cudaMemcpy()` para transferir dados somente de leitura da memória da CPU para a memória constante. Se você fosse o mentor, qual seria a sua resposta?

Referências e leitura adicional

LIANG, Z. P. & LAUTERBUR, P. (1999). *Principles of Magnetic Resonance Imaging: A Signal Processing Perspective*. New York: Wiley.

RYOO, S., RODRIGUES, C. I., STONE, S. S., STRATTON, J. A., UENG, S. Z., BAGHSORKHI, S. S. e outros. (2008). Program Optimization Carving for GPU Computing. *Journal of Parallel and Distributed Computing, 68*(10), 1389–1401. http://www.gigascale.org/pubs/1313.html.

STONE, S. S., HALDAR, J. P., TSAO, S. C., HWU, W. M. W., SUTTON, B. P. & LIANG, Z. P. (2008). Accelerating Advanced MRI Reconstruction on GPUs. *Journal of Parallel and Distributed Computing, 68*(10), 1305–1306. http:// doi.acm.org/10.1145/1366230.1366276.

CAPÍTULO

9

Estudo de caso de aplicação: visualização e análise de moléculas

Com contribuições especiais de John Stone

Sumário do Capítulo

Introdução

O estudo de caso anterior ilustrou o processo de seleção do nível apropriado de um aninhamento de loop para execução paralela, o uso da memória constante para ampliar a largura de banda da memória para dados somente de leitura, o uso de registradores para reduzir o consumo de largura de banda da memória e o uso de unidades funcionais de hardware especial para acelerar as funções da trigonometria. Neste estudo de caso, usamos uma aplicação baseada em estruturas de dados de grade regulares para ilustrar o uso de técnicas práticas adicionais que atingem o acesso à memória global aglutinada e aumenta na faixa de computação. Apresentamos uma série de implementações de um kernel de cálculo do mapa de potencial eletrostático, com cada versão melhorando a anterior. Cada versão adota uma ou mais técnicas práticas. O padrão de cálculo dessa aplicação é o que melhor combina com a computação da unidade de processamento gráfico (GPU). Este estudo de caso mostra que o uso eficaz dessas técnicas práticas pode melhorar significativamente a vazão da execução e é essencial para a aplicação atingir seu máximo desempenho em potencial.

9.1 Fundamentos da aplicação

Este estudo de caso é baseado no Visual Molecular Dynamics (VMD) [Humphrey 1996], um sistema de software popular elaborado para exibir, animar e analisar sistemas biomoleculares. Em 2009, o VMD tinha mais de 10.000 usuários registrados. Embora tendo um forte suporte interno para analisar sistemas biomoleculares, como o cálculo de valores de potencial eletrostático nos pontos de grade espaciais de um sistema molecular, essa também tem sido uma ferramenta popular para exibir outros conjuntos de dados grandes, como dados de sequência, dados de simulação da química quântica e dados volumétricos, devido à sua versatilidade e capacidade de extensão de usuários.

Embora o VMD seja projetado para ser executado em uma grande variedade de hardware — laptops, desktops, clusters e supercomputadores —, a maioria dos usuários utiliza o VMD como uma aplicação científica de desktop para visualização e análise tridimensional (3D) interativa. Para cálculos que levam muito tempo para uso interativo, o VMD também pode ser usado em um modo de lote para renderizar filmes para uso posterior. Uma motivação para usar a aceleração da GPU no VMD é tornar tarefas lentas, no modo de batch, rápidas o suficiente para uso interativo. Isso pode melhorar incrivelmente a produtividade das investigações científicas. Com GPUs capacitadas para CUDA™ disponíveis nos PCs de desktop, essa aceleração pode ter um grande impacto sobre a comunidade de usuários do VMD. Até o momento, vários aspectos do VMD têm sido acelerados com CUDA, incluindo cálculo de potencial eletrostático, posicionamento de íon, cálculo e exibição de órbita molecular e imagens de caminhos de migração de gás nas proteínas.

O cálculo em particular usado neste estudo de caso é o dos mapas de potencial eletrostático em um espaço de grade. Esse cálculo normalmente é usado no posicionamento de íons em uma estrutura para simulação da dinâmica molecular. A Figura 9.1 mostra o posicionamento de íons em uma estrutura de proteína sendo preparada para a simulação da dinâmica molecular. Nesta aplicação, o mapa de potencial eletrostático é usado para identificar locais espaciais em que os íons (pontos escuros) podem caber de acordo com as leis da física. A função também pode ser usada para calcular potenciais na média do tempo durante a simulação da dinâmica molecular, que é útil para o processo de simulação, bem como a visualização e análise dos resultados da simulação.

Entre os vários métodos para calcular mapas de potencial eletrostático, o somatório direto de Coulombs (DCS) é um método altamente eficaz, particularmente adequado para GPUs [Stone 2007]. O método DCS calcula o valor do potencial eletrostático de cada ponto de grade como a soma das contribuições de todos os átomos no sistema. Isso é ilustrado na Figura 9.2. A contribuição do átomo i para o ponto de malha j é a carga desse átomo dividida pela distância do ponto de malha j ao átomo i. Como isso deve ser feito para todos os pontos de grade e todos os átomos, o número de cálculos é proporcional ao produto do número total de átomos no sistema e o número total de pontos de grade. Para um sistema molecular realista, esse produto pode ser muito grande; portanto, o cálculo do mapa de potencial eletrostático tem sido feito tradicionalmente como uma tarefa de batch no VMD.

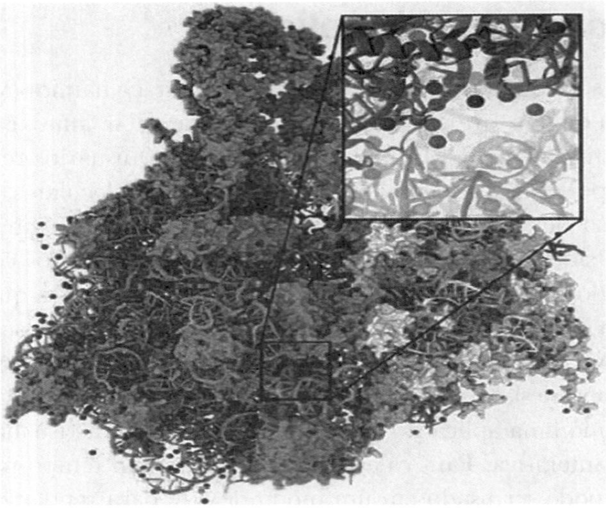

Figura 9.1

Mapa de potencial eletrostático usado para montar estruturas estáveis para simulação da dinâmica molecular.

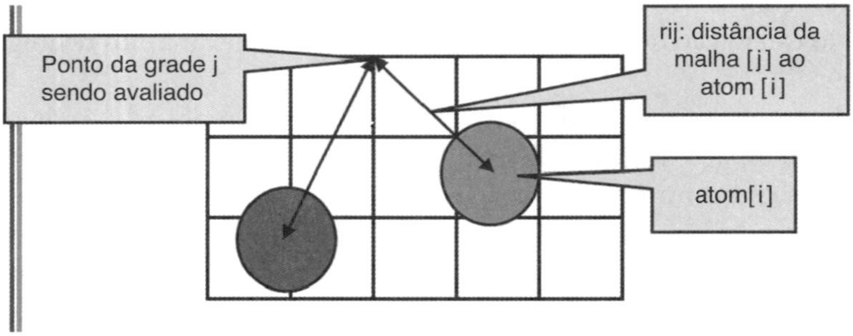

Figura 9.2

A contribuição do átomo atom[i] para o potencial eletrostático no ponto de malha *j* (`potential`[j]) é `atom[i].charge/rij`. No somatório direto de Coulombs, o potencial total no ponto de grade *j* é a soma das contribuições de todos os átomos no sistema.

9.2 Uma implementação simples do kernel

A Figura 9.3 mostra o programa C básico do código DCS. A função é escrita para processar uma fatia bidimensional (2D) de uma grade tridimensional. A função será chamada repetidamente para todas as fatias do espaço modelado. A estrutura da função é muito simples, com três níveis de loops `for`. Os dois níveis mais externos se repetem pela dimensão *y* e pela dimensão *x* do espaço do ponto da grade. Para cada ponto da grade, o loop `for` mais interno se repete por todos os átomos, calculando a contribuição da energia

```
void cenergy(float*energygrid,dim3grid,floatgridspacing,floatz,constfloat*atoms.
          int numatons) {
int i. j, n;
int atomarrdin=numatons * 4;
for (j=0; j<grid.x; i++) {
 float y=gridspacing * (float) j:
 for (i=0; i<grid.x; i++) {
  float x=gridspacing * (float) i;
  float energy=0.0f;
  for (n=0; n<atomarrdin; n+=4 { // Calcula contribuição em potencial de cada átomo
   float dx=x - atoms [n];
   float dy=y - atoms [n+1];
   float dz=z - atoms [n+2];
   energy += atoms[n+3]/sqrtf(dx*dx + dy*dy + dz*dz);
  }
  energygrid[grid.x*grid.y*k + grid.x*j + i]=energy;
 }
}
```

Figura 9.3

Código básico do cálculo de potencial de Coulombs para uma fatia bidimensional da grade tridimensional.

potencial eletrostática de todos os átomos ao ponto da grade. Observe que cada átomo é representado por quatro elementos consecutivos da matriz `atoms[]`. Os três primeiros elementos armazenam as coordenadas *x*, *y* e *z* do átomo e o quarto elemento da carga elétrica do átomo. Ao final do loop mais interno, o valor acumulado do ponto da grade é escrito na estrutura de dados da grade. Os loops externos então se repetem e levam a execução para o próximo ponto da grade.

Observe que a função DCS na Figura 9.3 calcula as coordenadas *x* e *y* de cada ponto de grade no alto, multiplicando os valores de índice do ponto da grade pelo espaçamento entre os pontos da grade. Esse é um método de grade uniforme, em que todos os pontos de grade são espaçados à mesma distância em todas as três dimensões. A função tira proveito do fato de que todos os pontos de grade na mesma fatia têm a mesma coordenada *z*. Esse valor é previamente calculado por quem chama a função e é passado como um parâmetro da função (*z*).

Com base no que aprendemos no estudo de caso das imagens por ressonância magnética (IRM), dois atributos do método DCS devem estar aparentes. Primeiro, o cálculo é maciçamente paralelo; o cálculo do potencial eletrostático para cada ponto de grade é independente em relação aos outros pontos de grade. Existem duas técnicas alternativas para organizar a execução paralela. Na primeira opção, podemos usar cada *thread* para calcular a contribuição de um átomo para todos os pontos de grade. Essa seria uma escolha fraca, pois cada *thread* estaria escrevendo em todos os pontos de grade, exigindo o uso extenso de operações de memória atômicas para coordenar as atualizações feitas por diferentes *threads* a cada ponto de grade. A segunda opção usa cada *thread* para calcular as contribuições acumuladas de todos os átomos para um ponto de grade. Essa é uma técnica preferida, pois cada *thread* estará escrevendo no seu próprio ponto de grade e não é necessário usar operações atômicas.

Formaremos uma grade de *threads* bidimensional que corresponde à organização do ponto de grade de energia bidimensional. Para fazer isso, precisamos modificar os dois loops externos para loops perfeitamente aninhados, para podermos usar cada *thread* para executar uma iteração do loop em dois níveis. Podemos ou realizar uma fissão de loop (apresentada na Seção 8.3) ou mover o cálculo da coordenada *y* para o loop interno. O primeiro exigiria que criássemos uma nova matriz para manter todos os valores *y* e resulta em dois kernels comunicando dados pela memória global. O último aumenta o número de vezes que a coordenada *y* será calculada. Nesse caso, escolhemos realizar o segundo porque há somente um cálculo que pode ser acomodado facilmente dentro do loop interno sem um aumento significativo no tempo de execução do loop interno. O primeiro teria acrescentado um overhead de chamada do kernel para um kernel em que as *threads* fazem muito pouco trabalho. A transformação selecionada permite que todas as iterações *i* e *j* sejam executadas em paralelo. Esse é um dilema entre a quantidade de cálculo feita e o nível de paralelismo alcançado.

A segunda experiência que podemos aplicar a partir do estudo de caso de IRM é que a carga elétrica de cada átomo será lida por todas as *threads*. Isso porque cada átomo contribui para cada ponto de grade no método DCS. Além do mais, os valores das cargas elétricas atômicas e suas posições não são modificados durante o cálculo. Isso significa que a carga atômica e os valores de posição (o conteúdo da matriz `atoms[]`) podem ser eficientemente armazenados na memória constante (na caixa GPU da Figura 9.4). Como pode haver mais de 64 KB de cargas de átomo na entrada, precisamos particioná-las em pedaços de 64 KB da mesma forma como fizemos no estudo de caso de IRM.

A Figura 9.4 mostra uma visão geral do projeto do kernel DCS. O programa host (caixa "Host") entra e mantém as cargas atômicas e suas coordenadas na memória do sistema. Ela também mantém a estrutura de dados do ponto de grade na memória do sistema (lado esquerdo da caixa "Host"). O kernel DCS é projetado para processar uma fatia 2D

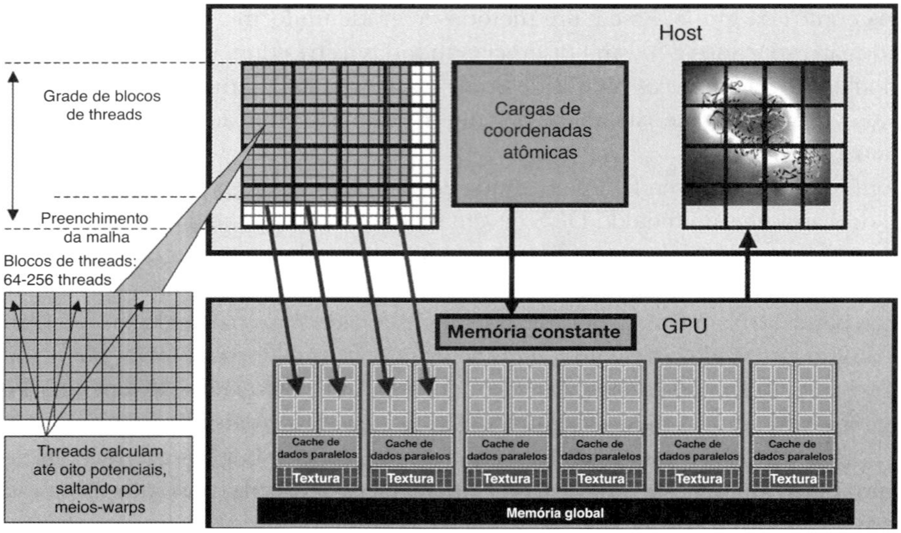

Figura 9.4

Visão geral do projeto do Kernel DCS.

da estrutura de ponto de grade de energia (não confunda com grades de *threads*). A grade no lado direito da caixa "Host" mostra um exemplo de uma fatia 2D. Para cada fatia 2D, a unidade central de processamento (CPU) transfere seus dados de grade para a memória global do device. A informação do átomo é dividida em pedaços para caber na memória constante. Para cada pedaço da informação do átomo, a CPU transfere o pedaço para a memória constante do device, chama o kernel DCS para calcular a contribuição do pedaço atual para a fatia inteira, e prepara-se para transferir o próximo pedaço. Depois que todos os pedaços da informação do átomo tiverem sido processados para a fatia atual, a fatia é transferida de volta para atualizar a estrutura de dados de ponto de grade na memória do sistema da CPU. O sistema, então, prossegue para a fatia seguinte.

Dentro de cada chamada do kernel, os blocos de *threads* são organizados para calcular o potencial eletrostático dos ladrilhos da estrutura de grade. No kernel mais simples, cada *thread* calcula o valor de um ponto da grade. Em kernels mais sofisticados, cada *thread* calcula vários pontos de grade e explora a redundância entre os cálculos dos pontos de grade para melhorar a velocidade de execução. Isso é ilustrado no lado esquerdo da figura, rotulado como "blocos de *threads*".

A Figura 9.5 mostra o código do kernel CUDA resultante. Omitimos algumas das declarações. Assim como no estudo de caso de IRM, a matriz `atominfo[]` é a parte do contador do código de device da matriz `atoms[]` no código básico do host da Figura 9.3. O código do host também precisa dividir a informação do átomo em pedaços que cabem na memória constante para cada chamada do kernel. Isso significa que o kernel será chamado várias vezes quando houver o correspondente a múltiplos pedaços de átomos. Como isso é semelhante ao estudo de caso de IRM, não mostraremos os detalhes.

Os dois níveis mais externos do loop na Figura 9.3 foram removidos do código do kernel e são substituídos pelos parâmetros de configuração de execução na chamada do kernel. Isso também é semelhante a uma das etapas que seguimos no estudo de caso de IRM, de

```
...
float curenergy = energygrid[outaddr];
float coorx = gridspacing * xindex;
float coory = gridspacing * yindex;
int atomid;
float energyval=0.0f;
for (atomid=0; atomid<numatoms; atomid++) {
  float dx = coorx - atominfo[atomid].x;
  float dy = coory - atominfo[atomid].y;
  energyval += atominfo[atomid].w*
                    rsqrtf(dx*dx + dy*dy + atominfo[atomid].z);
}
 energygrid[outaddr] = curenergy + energyval;
```

Inicia desde cedo as leituras à memória global. Kernel oculta parte de sua própria latência.

Única dependência da leitura da memória global está no final do kernel...

Figura 9.5

Kernel DCS versão 1.

modo que não mostraremos a chamada do kernel, mas deixaremos isso como exercício para o leitor. O restante do código do kernel é direto e corresponde diretamente ao corpo de loop original do loop mais interno.

Um aspecto do kernel em particular é um tanto sutil e merece ser mencionado. O código do kernel calcula a contribuição de um pedaço dos átomos para um ponto da grade. O ponto da grade precisa ser preservado na memória global e atualizado por cada chamada do kernel. Isso significa que o kernel precisa ler o valor atual do ponto de grade, acrescentar as contribuições pelo pedaço atual dos átomos e escrever o valor atualizado na memória global. O código tenta esconder a latência da memória global carregando o valor da grade no início do kernel e usando-o no final do kernel. Isso ajuda a reduzir o número de warps necessários pelo escalonador do multiprocessador streaming (SM) para esconder a latência da memória global.

O desempenho do kernel na Figura 9.5 é muito bom, tendo sido medido em 186 gigaflops em um NVIDIA® G80. Em termos de desempenho no nível de aplicação, a implementação pode processar 18,6 bilhões de avaliações de átomos por segundo. Uma olhada rápida no código mostra que cada *thread* faz nove operações de ponto flutuante para cada quatro elementos de memória acessados. Olhando por alto, essa não é uma razão muito boa. Precisamos de uma razão de pelo menos 8 para evitar congestionamento da memória global; porém, todos os quatro acessos à memória são feitos a uma matriz `atominfo[]`. Esses elementos de matriz `atominfo[]` para cada átomo são mantidos em cache, em uma memória cache do hardware em cada SM, e são transmitidos para um grande número de *threads*. Um cálculo semelhante a esse no estudo de caso de IRM mostra que a reutilização maciça dos elementos da memória pelas *threads* torna a cache constante extremamente eficaz, aumentando a razão efetiva de operações de ponto flutuante por acesso à memória global para muito mais do que 10:1. Como resultado, a largura de banda da memória global não é um fator limitador para este kernel.

9.3 Eficiência de execução da instrução

Embora o kernel na Figura 9.5 evite o gargalo da memória global através do caching constante, ele ainda precisa executar quatro instruções de acesso à memória constante para cada nove operações de ponto flutuante realizadas. Essas instruções de acesso à memória consomem recursos do hardware que de outra forma poderiam ser usados para aumentar a vazão de execução das instruções de ponto flutuante. Esta seção mostra que podemos fundir várias *threads* de modo que os dados de `atominfo[]` possam ser buscados uma vez pela memória constante, armazenados em registradores e usados para vários pontos de grade. Essa ideia é ilustrada na Figura 9.6.

Além do mais, todos os pontos de grade ao longo da mesma linha têm a mesma coordenada *y*; portanto, a diferença entre a coordenada *y* de um átomo e a coordenada *y* de qualquer ponto da grade ao longo de uma linha tem o mesmo valor. No kernel DCS versão 1 da Figura 9.5, esse cálculo é feito de forma redundante por todas as *threads* para todos os pontos de grade em sequência ao calcular a distância entre o átomo e os pontos da grade. Podemos eliminar essa redundância e melhorar a eficiência da execução.

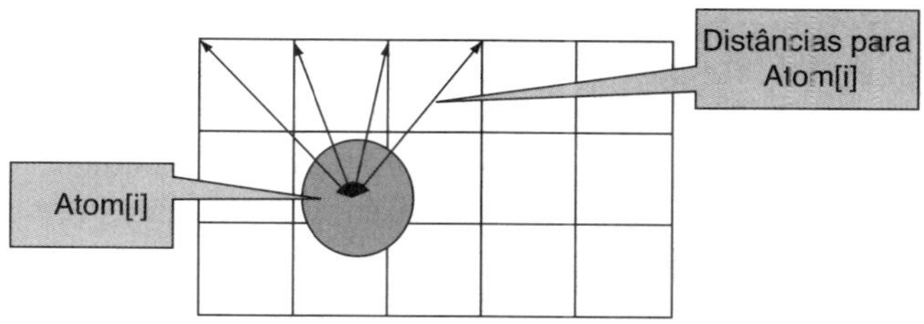

Figura 9.6

Reutilizando informações entre múltiplos pontos de grade.

A ideia é fazer com que cada *thread* calcule o potencial eletrostático para vários pontos da grade. No kernel mostrado na Figura 9.7, cada *thread* calcula quatro pontos de grade. Para cada átomo, o código calcula `dy`, a diferença da coordenada *y* na linha 2. Depois, ele calcula a expressão `dy*dy` mais a informação `dz*dz` pré-calculada e salva na variável automática `dysqpdzsq`, que é atribuída a um registrador como padrão. Esse valor é o mesmo para todos os quatro pontos de grade; portanto, o cálculo de `energyvalx1` até `energyvalx4` pode simplesmente usar o valor armazenado no registrador. Além do mais, a informação de carga elétrica também é acessada pela memória constante e armazenada na variável automática `charge`. De modo semelhante, a coordenada *x* do átomo também é lida da memória constante para a variável automática `x`. Ao todo, esse kernel elimina três acessos à memória constante para `atominfo[atomid].y`, três acessos à memória constante para `atominfo [atomid].x`, três acessos à memória constante para `atominfo[atomid].w`, três operações de subtração de ponto flutuante, cinco operações de multiplicação de ponto flutuante e nove operações de adição de ponto flutuante ao processar um átomo para quatro pontos da grade. Um exame rápido do código do kernel na Figura 9.7 deverá mostrar que cada iteração do loop realiza quatro acessos à memória constante, cinco subtrações de ponto

```
...for (atomid=0; atomid<numatoms; atomid++) {
    float dy = coory - atominfo[atomid].y;
    float dysqpdzsq = (dy * dy) + atominfo[atomid].z;
    float x = atominfo[atomid].x;
    float dx1 = coorx1 - x;
    float dx2 = coorx2 - x;
    float dx3 = coorx3 - x;
    float dx4 = coorx4 - x;
    float charge = atominfo[atomid].w;
    energyvalx1 += charge * rsqrtf(dx1*dx1 + dysqpdzsq);
    energyvalx2 += charge * rsqrtf(dx2*dx2 + dysqpdzsq);
    energyvalx3 += charge * rsqrtf(dx3*dx3 + dysqpdzsq);
    energyvalx4 += charge * rsqrtf(dx4*dx4 + dysqpdzsq);
    }
```

Comparação com kernel não desdobrado: loads de memória são diminuídos em 4x e FLOPS por avaliação são reduzidos, mas o uso de registradores aumenta...

Figura 9.7

Kernel DCS versão 2.

flutuante, nove adições de ponto flutuante e cinco multiplicações de ponto flutuante para quatro pontos da grade.

O leitor também deverá verificar que a versão do kernel DCS na Figura 9.5 realiza 16 acessos à memória constante, 8 subtrações de ponto flutuante, 12 adições de ponto flutuante e 12 multiplicações de ponto flutuante, um total de 48 operações para os mesmos quatro pontos de grade. Comparando a Figura 9.5 à Figura 9.7, existe uma redução drástica de 48 operações para 25 operações. Isso é traduzido em uma velocidade de execução aumentada de 186 gigaflops para 259 gigaflops. Em termos de vazão em nível de aplicação, o desempenho aumenta de 18,6 bilhões de avaliações de átomo por segundo para 33,4 bilhões de avaliações de átomo por segundo. O motivo pelo qual a melhoria de desempenho em nível de aplicação é mais alta do que a melhoria das operações em ponto flutuante por segundo (FLOPS) é que algumas das operações de ponto flutuante foram eliminadas.

O custo da otimização é que mais registradores são usados por cada *thread*. Isso reduz o número de *threads* que podem ser atribuídos a cada SM. Porém, como os resultados mostram, essa é uma boa alternativa, oferecendo uma excelente melhoria de desempenho.

9.4 Aglutinação de memória

O desempenho do kernel DCS versão 2 mostrado na Figura 9.7 é muito alto, mas uma rápida execução de perfil revela que as *threads* realizam escritas de memória de modo ineficaz. Como podemos ver nas Figuras 9.6 e 9.7, cada *thread* calcula quatro pontos de grade vizinhos, o que parece ser uma escolha razoável; porém, conforme ilustramos na Figura 9.8, o padrão de acesso das *threads* resultará em escritas não aglutinadas na memória global.

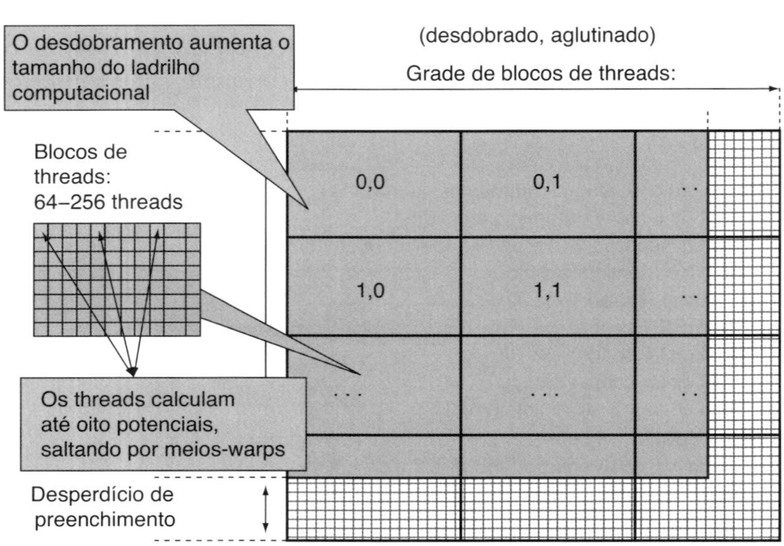

Figura 9.8

Organizando threads e layout de memória para escritas aglutinadas.

Podemos identificar dois problemas que estão causando as escritas não aglutinadas no kernel DCS versão 2. Primeiro, cada *thread* calcula quatro pontos de grade vizinhos adjacentes; assim, para cada instrução que acessa a matriz `energygrid[]`, as *threads* em um warp não estão acessando locais adjacentes. Observe que duas *threads* adjacentes acessam locais de memória que estão afastadas por três elementos. Assim, os 16 locais a serem escritos por todas as *threads* na escrita do warp estão espalhados, com três elementos entre os locais carregados/escritos. Esse problema pode ser solucionado atribuindo pontos de grade adjacentes a *threads* adjacentes em cada meio-warp. Supondo que ainda queiramos que cada *thread* calcule 4 pontos de grade, primeiro atribuímos 16 pontos de grade consecutivos às 16 *threads* em um meio-warp. Depois, atribuímos os próximos 16 pontos de grade consecutivos às mesmas 16 *threads*. Repetimos a atribuição até que cada *thread* tenha o número de pontos de grade desejado. Essa atribuição é ilustrada na Figura 9.8. Experimentando um pouco, descobrimos que o melhor número de pontos de grade por *threads* é 8 para o G80.

O código do kernel levando em conta as warps dos pontos de grade às *threads* aparece na Figura 9.9. Observe que as coordenadas x usadas para calcular as distâncias são deslocadas pela variável `gridspacing_coalescing`, que é o espaçamento de grade original multiplicado pela constante `BLOCKSIZEX` (neste caso, 16). Isso reflete o fato de que as coordenadas x dos 8 pontos de grade estão a 16 pontos de grade distantes uma da outra. Além disso, após o final do loop, as escritas na memória para a matriz `energygrid[]` são indexadas por `outaddr`, `outaddr+BLOCKSIZEX`, ..., `outaddr+7*BLOCKSIZEX`. Cada um desses índices está um `BLOCKSIZEX` (16) distante do anterior. A organização detalhada do bloco de *threads* para esse kernel fica como um exercício. O leitor deverá estar lembrando que,

```
...float coory = gridspacing * yindex;
   float coorx = gridspacing * xindex;
   float gridspacing_coalesce = gridspacing * BLOCKSIZEX;
   int atomid;
   for (atomid=0; atomid<numatoms; atomid++) {
     float dy = coory - atominfo[atomid].y;
     float dyz2 = (dy * dy) + atominfo[atomid].z;
     float dx1 = coorx – atominfo[atomid].x;
[...]
     float dx8 = dx7 + gridspacing_coalesce;
     energyvalx1 += atominfo[atomid].w * rsqrtf(dx1*dx1 + dyz2);
[...]
     energyvalx8 += atominfo[atomid].w * rsqrtf(dx8*dx8 + dyz2);
   }
  energygrid[outaddr                    ] += energyvalx1;
[...]
  energygrid[outaddr+7*BLOCKSIZEX] += energyvalx7;
```

Pontos espaçados para aglutinação da memória

Reutiliza componentes de distância parciais dy^2 + dz^2

Operações da memória global só ocorrem ao final do kernel, diminuindo o uso de registradores

Figura 9.9

Kernel DCS versão 3.

definindo o tamanho da dimensão *x* do bloco de *threads* como sendo igual ao tamanho do meio-warp (16), podemos simplificar a indexação no kernel.

A outra causa de escritas de memória não aglutinadas é o layout da matriz `energygrid[]`, que é uma matriz tridimensional. Se a dimensão *x* da matriz não for um múltiplo do tamanho do meio-warp, o local inicial da segunda linha, bem como os locais iniciais das linhas subsequentes, não estarão mais nos limites de 16 palavras. Isso significa que os acessos de meio-warp não serão aglutinados, embora escrevam em locais consecutivos. Esse problema pode ser corrigido preenchendo-se cada linha com elementos adicionais, de modo que o tamanho total da dimensão *x* seja um múltiplo de 16. Isso pode exigir o acréscimo de até 15 elementos, ou 60 bytes em cada linha, como mostra a Figura 9.8. Com o kernel da Figura 9.9, o número de elementos na dimensão *x* precisa ser um múltiplo de $8 \times 16 = 128$. Isso porque cada *thread* na realidade escreve oito elementos em cada iteração. Assim, pode ser preciso acrescentar até 127 elementos, ou 1016 bytes, a cada linha.

Além disso, existe um problema em potencial com a última linha de blocos de *threads*. Como a matriz da grade pode não ter linhas suficientes, algumas das *threads* podem acabar escrevendo fora da estrutura de dados da grade. A estrutura de dados da grade é uma matriz 3D, de modo que essas *threads* escreverão na próxima fatia dos pontos da grade. Uma solução em potencial é acrescentar um teste no kernel e evitar a escrita dos elementos da matriz que estejam fora do tamanho conhecido da dimensão *y*; porém, isso teria acrescentado uma série de instruções adicionais, causando divergência de controle. Uma solução mais desejável é preencher a dimensão *y* da estrutura da grade de modo que contenha um múltiplo dos ladrilhos cobertos pelos blocos da *thread*. Isso aparece na Figura 9.8 como o preenchimento inferior na estrutura da grade. Em geral, pode ser necessário acrescentar até 16 linhas devido a esse preenchimento.

O custo do preenchimento pode ser substancial para estruturas de grade pequenas. Por exemplo, se a grade de energia tem 100×100 pontos de grade em cada fatia 2D, ela seria preenchida para uma fatia de 128×112. O número total de pontos de grade aumentaria de 10.000 para 14.336, ou um extra de 43%. Se tivéssemos que preencher a estrutura 3D inteira, os pontos de grade aumentariam de $100 \times 100 \times 100 = 1.000.000$ para $128 \times 112 \times 112 = 1.605.632$, ou um extra de 60%! Isso é parte do motivo pelo qual calculamos as grades de energia em fatias 2D e usamos o código do host para percorrer essas fatias 2D. A escrita de um único kernel para processar a estrutura 3D inteira aglutinaria muito mais espaço extra. Esse tipo de dilema aparece frequentemente nos modelos de simulação, solvers de equação diferencial e aplicações de processamento de vídeo.

O kernel DCS versão 3 mostrado na Figura 9.9 alcança cerca de 291 gigaflops, ou 39,5 bilhões de avaliações de átomos por segundo. A velocidade medida desse kernel também tem uma ligeira melhoria pela mudança do acesso de leitura à matriz `energygrid[]` desde o início do kernel até o final do kernel. As contribuições para os pontos de grade são primeiro calculadas no loop. O código carrega os dados originais do ponto de grade após o loop, acrescenta a contribuição a eles e escreve os valores atualizados de volta. Embora esse movimento exponha mais da latência da memória global a cada *thread*, isso economiza o uso de oito registradores. Como o kernel já está usando muitos registradores para manter os dados do átomo e as distâncias, essa economia no número de registradores usados alivia um gargalo crítico para o kernel, permitindo que mais blocos de *thread* sejam atribuídos a cada SM e ocasiona uma melhoria no desempenho geral.

9.5 Comparações adicionais de desempenho

A Figura 9.10 mostra um resumo da comparação de desempenho entre as diversas implementações de kernels DCS e como elas se comparam com uma execução otimizada em CPU de único núcleo. Uma observação importante é que o mérito relativo dos kernels varia com os tamanhos da dimensão de grade; porém, o kernel DCS versão 3 (CUDA-Unroll8clx) da Figura 9.9 trabalha consistentemente melhor do que todos os outros uma vez que a extensão da dimensão da grade é maior do que 300. A notação Unroll8clx indica que o kernel atribui 8 pontos de grade a cada *thread* e usa o preenchimento e a atribuição de ponto de grade espaçada às *threads*, para garantir a aglutinação.

Uma comparação detalhada do desempenho da CPU e o desempenho conjunto entre CPU/GPU revela um dilema comumente observado. A Figura 9.11 mostra um gráfico do tempo de execução de um sistema de grade de tamanho médio para números variáveis de átomos a serem avaliados. Para 400 átomos ou menos, a CPU funciona melhor. Isso porque a GPU tem um overhead de inicialização fixo de 110 ms, independente do número de átomos a serem avaliados. Além disso, para um pequeno número de átomos, a GPU é subutilizada, de modo que a curva do tempo de execução da GPU é bastante plana, entre 100 e 1000 átomos.

O gráfico na Figura 9.11 reforça um princípio normalmente mantido, de que as GPUs funcionam melhor para grandes quantidades de dados. Quando o número de átomos atinge 10.000, a GPU é totalmente utilizada. As inclinações da CPU e os tempos de

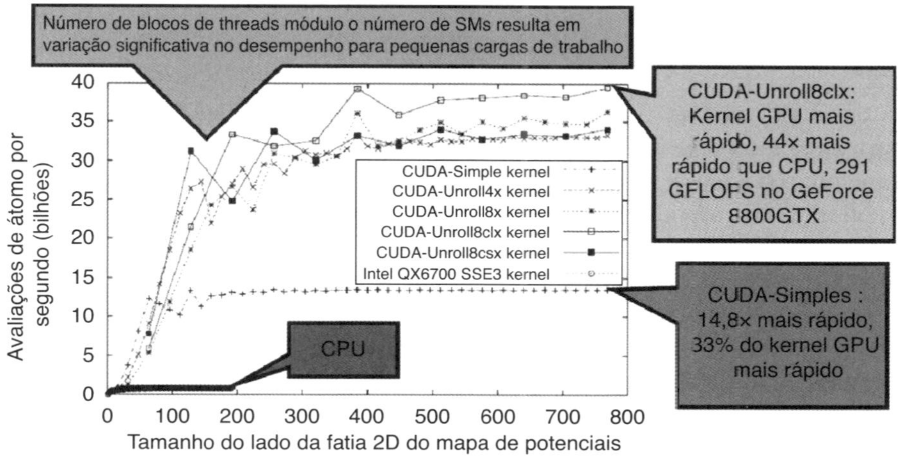

Figura 9.10

Comparação do desempenho das diversas versões do kernel DCS.

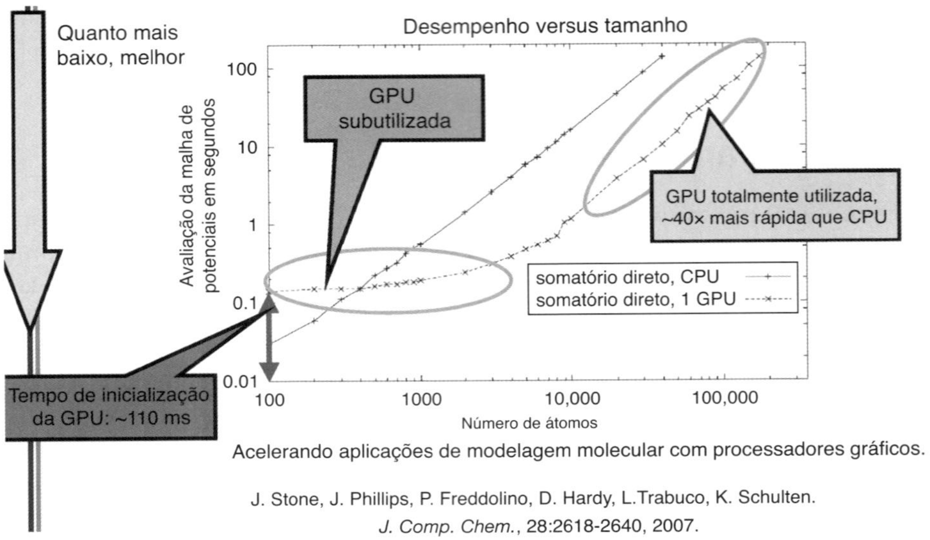

Figura 9.11

Comparação entre CPU e CPU/GPU.

execução da CPU/GPU se tornam praticamente idênticas, com a execução da CPU/GPU sendo 44× consistentemente mais rápida do que a execução da CPU para todos os tamanhos de entrada.

9.6 Usando múltiplas GPUs

Na Seção 9.2, oferecemos uma visão geral do projeto do kernel DCS. Lembre-se de que, para cada fatia da estrutura da grade de energia, a CPU primeiro transfere a fatia para a memória do device e depois entrega a informação do átomo por essa memória. Tal projeto oferece um caminho bem natural para o uso de múltiplas GPUs, para melhorar ainda mais a velocidade de execução do kernel.

Para um projeto de multi-GPU, a CPU primeiro dispara múltiplas p-*threads*. O runtime CUDA requer que cada GPU deva ser associada a uma p-*thread* separada rodando na CPU. A CPU então forma um pool de tarefas, cada tarefa sendo o processamento de uma fatia da grade de energia. Quando uma das GPUs se torna disponível, sua p-*thread* correspondente toma uma tarefa (fatia), transfere a fatia para a GPU e começa a entregar a informação do átomo pela memória constante do device dessa GPU. Desse modo, as GPUs processam de modo colaborativo o pool de fatias, aumentando assim a taxa de processamento da grade. Usando três GPUs GeForce® 8800 GTX, medimos 863 gigaflops, ou 117 bilhões de avaliações de átomos por segundo. Isso é um ganho de velocidade de 131 × em relação a uma CPU de único núcleo. Isso foi medido a partir de um PC com três placas GPU, como mostra a Figura 9.12. Com tal velocidade, experimentos que costumavam levar um mês em

Figura 9.12

Um PC com três GPUs GeForce® 8800 GTX GPUs consumindo 700 W de potência total do sistema.

uma caixa de PC agora levam algumas horas. Pode-se mostrar que isso melhora bastante a produção de pesquisadores na área da ciência e medicina moleculares.

Embora o uso de múltiplas GPUs para o kernel DCS seja simples em conceito, a mecânica detalhada para a criação de p-*threads* da CPU, criação do pool de tarefas e tratamento de erros e condições de exceção pode ser tedioso e passível de erro. Isso tem motivado a criação do framework e runtime WorkForce para simplificar o uso de múltiplas GPUs. Os leitores interessados deverão baixar o WorkForce para suas aplicações com GPUs múltiplas.

9.7 Exercícios

9.1 Complete a implementação do kernel DCS mostrado na Figura 9.5. Preencha todas as declarações que faltam. Desenvolva uma instrução de chamada do kernel com todos os parâmetros de configuração da execução.

9.2 Compare o número de operações (loads de memória, aritmética de ponto flutuante, desvios) executadas em cada iteração do kernel mostrado na Figura 9.7 com o da Figura 9.5. Lembre-se de que cada iteração do primeiro corresponde a quatro iterações do segundo.

9.3 Complete a implementação do kernel DCS mostrado na Figura 9.9. Explique em suas próprias palavras como os acessos da *thread* são aglutinados nesta implementação.

9.4 Para o preenchimento da memória na Figura 9.8 e o kernel DCS mostrado na Figura 9.9, mostre por que alguém precisa preencher até 127 elementos na dimensão *x*, mas somente até 15 elementos na dimensão *y*.

9.5 Dê dois motivos para acrescentar elementos de "preenchimento" extras nas matrizes alocadas na memória global das GPU, como mostra a Figura 9.8.

9.6 Indique duas desvantagens em potencial associadas com o aumento da quantidade de trabalho feita em cada *thread* CUDA, como mostra a Seção 9.3.

Referências e leitura adicional

HUMPHREY, W., DALKE, A. & SCHULTEN, K. (1996). VMD: Visual Molecular Dynamics. *Journal of Molecular Graphics*, 14, 33–38.

STONEJ. E., PHILLIPS, J. C., FREDDOLINO, P. L., HARDY, D. J., TRABUCO, L. G. & SCHULTEN, K. (2007). *Accelerating Molecular Modeling Applications with Graphics Processors*. Journal of Computational Chemistry, 28, 2618–2640.

Programação paralela e pensamento computacional

CAPÍTULO 10

Sumário do Capítulo

Introdução

Até aqui, nos concentramos na experiência prática da programação paralela, que consiste nos recursos do modelo de programação CUDA™, considerações numéricas e de desempenho, bem como estudos de caso sistemáticos. Agora, vamos trocar de abordagem e ver conceitos mais abstratos. Primeiro, vamos generalizar a programação paralela para um processo de decompor um problema de domínio em unidades de trabalho bem definidas, coordenadas, que possam ser realizadas com métodos numéricos eficientes e algoritmos bem definidos. Um programador com fortes habilidades de pensamento computacional não apenas analisa, mas também transforma a estrutura de um problema de domínio, determinando quais partes são inerentemente seriais, quais partes são receptivas à execução paralela de alto desempenho, e as alternativas envolvidas na mudança de partes da primeira categoria para a segunda. Com boa decomposição do problema, o programador precisa selecionar e implementar algoritmos que alcançam um comprometimento apropriado entre paralelismo, eficiência computacional e consumo de largura de banda da memória. Uma combinação forte de conhecimento do domínio e habilidades de pensamento computacional normalmente é necessária para criar soluções computacionais bem-sucedidas para problemas de domínio desafiadores. Este capítulo dará ao leitor mais ideias para a programação paralela e o pensamento computacional em geral.

10.1 Objetivos da programação paralela

Antes de discutirmos os conceitos fundamentais da programação paralela, é importante primeiro revisarmos os três motivos principais para as pessoas adotarem a computação paralela. O primeiro objetivo é solucionar determinado problema com menos tempo. Uma firma de investimentos, por exemplo, pode precisar executar um pacote de análise de risco no cenário do portfólio financeiro sobre todos os seus portfólios durante as horas após o encerramento dos negócios. Essa análise pode exigir 200 horas em um computador sequencial; porém, o processo de gerenciamento de portfólio pode exigir que a análise termine em 4 horas, a fim de tomar decisões oportunas com base na informação. O uso da computação paralela pode agilizar a análise e permitir que ela termine dentro do período de tempo exigido.

O segundo objetivo do uso da computação paralela é solucionar problemas maiores dentro de determinado período de tempo. Em nosso exemplo de análise do portfólio financeiro, a firma de investimentos pode ser capaz de executar uma análise de risco de cenário sobre seu portfólio atual dentro de um período de tempo aceitável, usando a computação sequencial, mas suponha que a firma esteja planejando expandir o número de ações em seu portfólio. O maior tamanho do problema faria com que o tempo de execução da análise utilizando a computação sequencial fosse superior ao aceitável. A computação paralela que reduz o tempo de execução do tamanho maior do problema pode ajudar a acomodar a expansão planejada para o portfólio.

O terceiro objetivo do uso da computação paralela é alcançar melhores soluções para determinado problema e uma determinada quantidade de tempo. A firma de investimentos poderia estar usando um modelo aproximado em sua análise de risco do cenário de portfólio. O uso de um modelo mais exato pode aumentar a complexidade computacional e aumentar o tempo de execução com base na computação sequencial além da janela de tempo permitida. Um modelo mais preciso pode exigir consideração das interações envolvendo mais tipos de fatores de risco usando uma fórmula numericamente mais complexa. A computação paralela que reduz o tempo de execução do modelo mais exato pode completar a análise dentro da janela de tempo permitida. Na prática, o uso da computação paralela pode ser controlado por uma combinação desses três objetivos.

Deverá ficar claro pela nossa discussão que a computação paralela é motivada principalmente pela maior velocidade. O primeiro objetivo é alcançado pela velocidade aumentada na execução do modelo existente no tamanho do problema atual. O segundo objetivo é alcançado pela velocidade aumentada na execução do modelo existente em um tamanho de problema maior. O terceiro é alcançado pela velocidade aumentada na execução de um modelo mais complexo no tamanho do problema atual. Obviamente, a velocidade aumentada através da computação paralela pode ser usada para alcançar uma combinação desses objetivos; por exemplo, a computação paralela pode reduzir o tempo de execução de um modelo mais complexo em um problema com tamanho maior.

Também deve ficar claro, pela nossa discussão, que as aplicações que são bons candidatos para a computação paralela, normalmente envolvem problemas de grande tamanho e alta complexidade de modelagem. Ou seja, essas aplicações normalmente processam uma grande quantidade de dados, realizam muitas iterações sobre os dados ou ambos. Para que esse tipo de problema seja resolvido com a computação paralela, ele deve ser formulado de modo que possa ser decomposto em subproblemas e que possa ser resolvido com segurança ao mesmo tempo. Sob essa formulação e decomposição, o programador escreve o código e os dados organizados para resolver esses subproblemas simultaneamente.

No Capítulo 8, apresentamos um problema que é um bom candidato para a computação paralela. O problema de reconstrução de imagens por ressonância magnética (IRM) envolve uma grande quantidade de dados de amostra no espaço *k*. Cada dado de amostra no espaço *k* também é usado muitas vezes para calcular suas contribuições para os dados do voxel reconstruído. Para uma reconstrução de razoavelmente alta resolução, os dados de amostra são usados inúmeras vezes. Mostramos que uma boa decomposição do problema F^HD na reconstrução da IRM é formar subproblemas que calculam o valor de um elemento de F^HD. Todos esses subproblemas podem ser resolvidos paralelamente entre eles, e usamos um número maciço de *threads* CUDA para solucioná-los.

No Capítulo 9, apresentamos outro problema que é um bom candidato para a computação paralela. A Figura 9.11 mostrou ainda que o problema de cálculo do potencial eletrostático deve ser resolvido com um device CUDA maciçamente paralelo somente se houver 400 ou mais átomos. Um modelo de sistema dinâmico molecular realístico, normalmente envolve pelo menos centenas de milhares de átomos e milhões de pontos de grade de energia. A informação da carga eletrostática de cada átomo é usada, muitas vezes, no cálculo de suas contribuições para os pontos da grade de energia. Mostramos que uma boa decomposição do problema de cálculo do potencial eletrostático é formar subproblemas para calcular o valor da energia de cada ponto da grade. Mais uma vez, todos esses subproblemas podem ser resolvidos em paralelo uns com os outros, e usamos um número maciço de *threads* CUDA para solucioná-los.

O processo da programação paralela normalmente pode ser dividido em quatro etapas: decomposição do problema, seleção do algoritmo, implementação em uma linguagem e ajuste do desempenho. As duas últimas etapas foram o foco dos capítulos anteriores. Nas próximas duas seções, discutiremos as duas primeiras etapas de forma geral e também com detalhes.

10.2 Decomposição do problema

Encontrar paralelismo em grandes problemas computacionais, normalmente é simples em conceito, mas pode se tornar desafiador na prática. A chave é identificar o trabalho a ser realizado por cada unidade de execução paralela (uma *thread* em CUDA) de modo que o paralelismo inerente do problema seja bem utilizado. Por exemplo, no problema do cálculo do mapa de potencial eletrostático, fica claro que todos os átomos podem ser processados em paralelo e todos os pontos da grade de energia podem ser calculados em paralelo; porém, deve-se ter o cuidado ao decompor o trabalho de cálculo em unidades de execução paralela, o que será chamado de arranjo de *threading*. Conforme discutimos na Seção 9.2, a decomposição do problema de cálculo do mapa de potencial eletrostático pode ser centralizado no átomo ou na grade. Em um arranjo de *threading* centralizado no átomo, cada *thread* é responsável por calcular o efeito de um átomo sobre todos os pontos de grade. Ao contrário, um arranjo de *threading* centralizado na grade usa cada *thread* para calcular o efeito de todos os átomos sobre um ponto da grade.

Os dois arranjos de *threading* levam a níveis semelhantes de execução paralela e aos mesmos resultados da execução, mas podem exibir um desempenho muito diferente em determinado sistema de hardware. O arranjo centrado na grade tem um comportamento de acesso à memória chamado *concentração* ("gather"), no qual cada *thread* concentra ou coleta o efeito dos átomos de entrada em um ponto da grade. Esse é um arranjo desejável em devices CUDA, pois as *threads* podem acumular seus resultados em seus registradores privados. Além disso, múltiplas *threads* compartilham valores de átomo de entrada e podem efetivamente usar o caching de memória constante ou memória compartilhada para economizar largura de banda da memória global.

O arranjo centralizado no átomo, por outro lado, exige um comportamento de acesso à memória chamado *dispersão* ("scatter"), em que cada *thread* dispersa ou distribui o efeito de um átomo nos pontos da grade. Esse é um arranho indesejável em devices CUDA, pois as múltiplas *threads* podem escrever no mesmo ponto da grade ao mesmo tempo. Os pontos da grade precisam ser armazenados em uma memória comum que possa ser escrita por todas as *threads* envolvidas. As operações atômicas precisam ser usadas para impedir condições de competição por recursos e perda do valor durante escritas simultâneas em um ponto da grade por várias *threads*. Essas operações são muito mais lentas do que os acessos ao registrador, usados no arranjo centralizado na grade.

Uma aplicação real normalmente consiste em múltiplos módulos que trabalham juntos. O cálculo do mapa de potencial eletrostático é um módulo desse tipo nas aplicações de dinâmica molecular. A Figura 10.1 mostra uma visão geral dos principais módulos de uma aplicação dinâmica molecular. Para cada átomo no sistema, a aplicação precisa calcular as várias formas de forças — vibratórias, rotacionais e não vinculada — que são exercidas sobre o átomo. Cada forma de força é calculada por um método diferente. No alto nível, um programador precisa decidir como o trabalho é organizado. Observe que

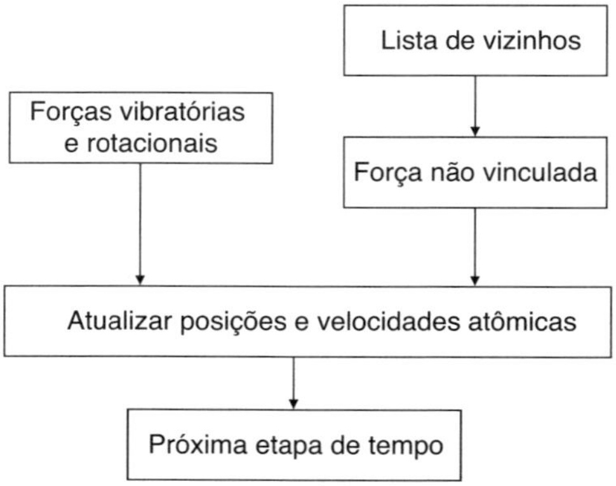

Figura 10.1

Principais tarefas de uma aplicação de dinâmica molecular.

a quantidade de trabalho pode variar muito entre esses módulos. O cálculo da força não vinculada, normalmente envolve interações entre muitos átomos e contrai muito mais cálculo do que as forças vibratórias e rotacionais; portanto, esses módulos tendem a ser realizados como passadas separadas sobre a estrutura de dados da força. O programador precisa decidir se cada passada merece implementação em um device CUDA. Por exemplo, o programador pode decidir que os cálculos de força vibratória e rotacional não envolvem uma quantidade de trabalho suficiente para justificar a execução em um device. Essa decisão levaria a um programa CUDA que dispara um kernel que calcula forças não vinculadas para todos os pontos da grade, enquanto continua a calcular as forças vibratórias e rotacionais para os pontos da grade no host. O módulo que atualiza posições e velocidades atômicas também pode executar no host. Ele primeiro combina as forças vibratórias e rotacionais do host e as forças não vinculadas do device. Logo em seguida, ele usa as forças combinadas para calcular as novas posições e velocidades atômicas.

A parte do trabalho feita pelo device por fim decidirá o ganho de velocidade em nível de aplicação alcançado pela paralelização. Suponha, por exemplo, que o cálculo de força não vinculada seja responsável por 95% do tempo de execução sequencial original, e é acelerado por 100× usando um device CUDA. Suponha ainda que o restante da aplicação permaneça no host e não receba ganho de velocidade. O ganho de velocidade em nível de aplicação é $1/[5\% + (95\%/\ 100)] = 1/(5\% + 0{,}95\%) = 1/(5{,}95\%) = 17\times$. Essa é uma demonstração da lei de Amdahl: o ganho de velocidade da aplicação devido à computação paralela é limitado pela parte sequencial da aplicação. Nesse caso, embora a parte sequencial da aplicação seja muito pequena (5%), ela limita o ganho de velocidade da aplicação a 17×, embora o cálculo da força não vinculada tenha um ganho de velocidade de 100×. Esse exemplo ilustra um desafio importante na decomposição de grandes aplicações, pois o tempo de execução acumulado das pequenas atividades que não justificam execução paralela em um device CUDA pode se tornar um fator limitador para o ganho de velocidade visto pelos usuários finais.

A lei de Amdahl constantemente motiva a paralelização em nível de tarefa. Embora algumas dessas atividades menores não garantam uma execução paralela maciça e precisa, pode ser desejável executar algumas dessas atividades em paralelo umas com as outras quando o dataset é grande o suficiente, o que poderia ser obtido usando um host com múltiplos núcleos e executando cada tarefa em paralelo. Isso é uma ilustração da Lei de Gustafson, que declara que qualquer problema suficientemente grande pode ser efetivamente paralelizado. Quando o conjunto de dados é grande o suficiente e o cálculo mais exigente tiver sido paralelizado, pode-se efetivamente paralelizar o cálculo menos exigente. Como alternativa, poderíamos tentar executar simultaneamente vários kernels pequenos, cada um correspondendo a uma tarefa. Os devices CUDA atuais não aceitam tal paralelismo, mas os devices da próxima geração aceitarão.

Uma técnica alternativa para reduzir o efeito das tarefas sequenciais é explorar o paralelismo de dados de uma maneira hierárquica. Em uma implementação típica de Message Passing Interface (MPI), uma aplicação de dinâmica molecular, normalmente distribuiria grandes pedaços das grades espaciais e seus átomos associados a nós de um cluster de computador em rede. Usando o host de cada nó para calcular a força vibratória e rotacional para seu pedaço dos átomos, podemos alcançar um ganho de velocidade para esses módulos menores. Cada nó pode usar um device CUDA para calcular a força não vinculada no nível mais alto do ganho de velocidade. Os nós precisarão trocar dados para acomodar as forças que atravessam os pedaços e os átomos que se movem pelos limites entre os pedaços. Os detalhes da programação MPI estão fora do escopo deste livro. O ponto principal aqui é que MPI e CUDA podem ser usados de uma maneira complementar nas aplicações para alcançar um nível mais alto de velocidade com grandes datasets.

10.3 Seleção do algoritmo

Um algoritmo é um procedimento passo a passo, no qual cada passo é declarado exatamente e pode ser executado por um computador. Um algoritmo precisa exibir três propriedades essenciais: corretude, computabilidade efetiva e finitude. *Corretude* refere-se à noção de que cada etapa é declarada com exatidão; não existe espaço para ambiguidade quanto ao que deve ser feito. *Computabilidade efetiva* refere-se ao fato de que cada etapa pode ser executada por um computador. *Finitude* significa que o algoritmo precisa ter garantias de que terminará.

Dado um problema, normalmente podemos chegar a vários algoritmos para solucionar o problema. Alguns exigem menos etapas para calcular do que outros; alguns permitem graus mais altos de execução paralela do que outros; e alguns consomem menos largura de banda de memória do que outros. Infelizmente, em geral não existe um único algoritmo que seja melhor do que outros em todos os três aspectos. Dado um problema e uma estratégia de decomposição, um programador paralelo normalmente precisa selecionar um algoritmo que alcança o melhor comprometimento para determinado sistema de hardware.

Em nosso exemplo de multiplicação de matriz, decidimos decompor o problema de multiplicação matriz-matriz fazendo com que cada *thread* calcule o produto escalar para um elemento de saída. Dada essa decomposição, apresentamos dois algoritmos diferentes. O algoritmo na Seção 3.5 é um algoritmo direto, no qual cada *thread* simplesmente realiza um produto escalar inteiro. Embora o algoritmo utilize totalmente o paralelismo disponível na decomposição, ele consome muita largura de banda da memória global. Na Seção 5.3, introduzimos o ladrilhamento, uma estratégia de algoritmo importante para economizar largura de banda da memória. observe que o algoritmo ladrilhado divide os produtos escalares em etapas. Todas as *threads* envolvidas em um ladrilho devem ser sincronizadas umas com as outras de modo que possam carregar colaborativamente o ladrilho dos dados da entrada na memória compartilhada e utilizar coletivamente os dados carregados antes que prossigam para a fase seguinte. Conforme mostramos na Figura 5.7, o algoritmo ladrilhado requer que cada *thread* execute mais instruções e contraia mais overhead na indexação das matrizes de entrada do que o algoritmo original; porém, ele é executado muito mais rapidamente, pois consome muito menos largura de banda da memória global. Em geral, o ladrilhamento é uma das estratégias de algoritmo mais importantes para as aplicações de matriz alcançarem um alto desempenho.

Conforme demonstramos nas Seções 6.6 e 9.3, podemos sistematicamente mesclar as *threads* para alcançar níveis mais altos de instrução e acesso à memória de forma eficiente. Na Seção 6.6, as threads que trabalham nas mesmas colunas de ladrilhos vizinhos são combinadas em uma nova *thread*. Isso permite que a nova *thread* acesse cada elemento de **Md** uma vez no cálculo de múltiplos produtos escalares, reduzindo assim o número de instruções de cálculo de endereço e load de memória executadas. Isso também reduz ainda mais o consumo de largura de banda da memória global. A mesma técnica, quando aplicada ao kernel DCS, reduz ainda mais o número de cálculos de distância enquanto alcança uma redução semelhante nas instruções de cálculos de endereço e load de memória.

Normalmente, podemos chegar a estratégias de algoritmo ainda mais agressivas. Uma estratégia de algoritmo importante, conhecida como *cutoff binning*, pode melhorar significativamente a eficiência de execução de algoritmos de grade, sacrificando uma pequena quantidade de precisão. Isso é baseado na observação de que muitos problemas de cálculo de grade são baseados nas leis da física, na qual as contribuições numéricas das partículas ou amostras muito distantes de um ponto da grade podem ser insignificantes. Isso é ilustrado para o cálculo de potencial eletrostático na Figura 10.2. A Figura 10.2(a) mostra os algoritmos de somatório direto discutidos no Capítulo 9. Cada ponto da grade recebe contribuições de todos os átomos. Embora essa seja uma técnica muito paralela e alcance um excelente ganho de velocidade em relação à execução apenas na CPU para sistemas de grade de energia de tamanho moderado, ela não funciona bem para grandes sistemas de grade de energia, em que o número de átomos aumenta em proporção ao volume do sistema. A quantidade de cálculo aumenta com o quadrado do volume. Para sistemas

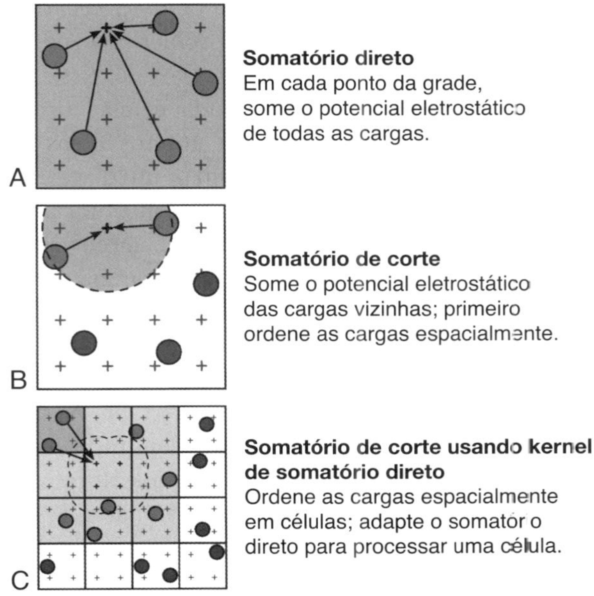

Figura 10.2

Algoritmo de somatório de corte.

de grande volume, tal aumento torna a computação excessivamente longa, até mesmo para devices maciçamente paralelos.

Na prática, sabemos que cada ponto da grade precisa receber contribuições dos átomos que estão próximos a ele. Os átomos que estão muito distantes de um ponto da grade terão contribuição insignificante para o valor da energia no ponto da grade, pois a contribuição é inversamente proporcional à distância. A Figura 10.2(b) ilustra essa observação com um círculo desenhado em torno de um ponto da grade. As contribuições para a energia do ponto da grade a partir dos átomos fora do grande círculo sombreado são insignificantes. Se pudermos idealizar um algoritmo em que cada ponto da grade só receba contribuições dos átomos dentro de um raio fixo de sua coordenada (*l*), a complexidade computacional do algoritmo seria reduzida para ordem linear, proporcional ao volume do sistema. Isso tornaria o tempo de cálculo do algoritmo linearmente proporcional ao volume do sistema. Esses algoritmos têm sido muito utilizados na computação sequencial.

Na computação sequencial, um algoritmo de corte trata de um átomo de cada vez. Para cada átomo, o algoritmo percorre os pontos da grade que estejam dentro de um raio da coordenada do átomo. Esse é um procedimenta direto, pois os pontos da grade estão em uma matriz que pode ser facilmente indexada em função das coordenadas; porém, esse procedimento simples não é transportado facilmente para execução paralela. O motivo é o que discutimos na Seção 10.2: a decomposição centralizada no átomo não funciona bem devido ao seu comportamento espalhado de acesso à memória.

Precisamos encontrar um algoritmo de *cutoff binning* baseado na decomposição centralizada na grade, na qual cada *thread* calcula o valor de energia em um ponto de grade. Felizmente, existe uma técnica bem conhecida para adaptar um algoritmo de somatório direto, como aquele da Figura 9.5, e um algoritmo de *cutoff binning*. Rodrigues e outros [Rodrigues 2008] apresentam tal algoritmo para o problema de potencial eletrostático.

A ideia principal do algoritmo é primeiro classificar os átomos de entrada em células de acordo com suas coordenadas. Cada célula corresponde a uma caixa no espaço da grade, e ele contém todos os átomos cujas coordenadas cabem na caixa. Definimos uma *vizinhança* de células para um ponto de grade como sendo a coleção de células que contêm todos os átomos que podem contribuir para o valor de energia de um ponto da grade. Se tivermos um modo eficiente de gerenciar células vizinhas para todos os pontos da grade, poderemos calcular o valor da energia para um ponto da grade examinando as células vizinhas para o ponto da grade. Isso é ilustrado na Figura 10.2(c). Embora a Figura 10.2 mostre apenas uma camada de células que cercam imediatamente a célula contendo um ponto de grade em sua vizinhança, um algoritmo real normalmente terá várias camadas de células na vizinhança de uma grade. Neste algoritmo, todas as *threads* percorrem suas próprias vizinhanças. Elas usam seus índices de bloco e *thread* para identificar as células apropriadas. Observe que alguns dos átomos nas células ao redor podem não cair dentro no raio; portanto, ao processar um átomo, todas as *threads* precisam verificar se o átomo cai dentro do seu raio. Isso pode causar alguma divergência de controle entre as *threads* em um warp.

A principal fonte de melhoria na eficiência computacional vem do fato de que cada *thread* agora examina um conjunto muito menor de átomos em um grande sistema de grades. Isso, porém, torna a memória constante muito menos atraente para manter a informação do átomo. Como todos os blocos de *threads* estarão acessando diferentes vizinhanças, não é provável que a memória constante com tamanho limitado seja capaz de manter todos os átomos necessários por todos os blocos de *threads* ativos. Isso motiva o uso da memória global para manter um conjunto muito maior de átomos. Para atenuar o consumo de largura de banda, as *threads* em um bloco colaboram na carga da informação do átomo na vizinhança comum para a memória compartilhada. Todas as *threads* então examinam os átomos da memória compartilhada. O leitor deverá consultar Rodrigues e outros [Rodrigues 2008] para obter mais detalhes desse algoritmo.

Uma questão sutil com o *binning* é que as células podem acabar tendo diferentes números de átomos. Como os átomos são estatisticamente distribuídos no sistema de grade, algumas células podem ter muitos átomos e algumas células podem acabar não contendo nenhum átomo. Para garantir a aglutinação de memória, é importante que todas as células sejam do mesmo tamanho e alinhadas nos limites de aglutinação apropriados. Com o intuito de acomodar as células com o maior número de átomos, poderíamos ter que fazer com que todas as outras células tenham o mesmo tamanho. Para isso, precisaríamos preencher muitas células com átomos fictícios, cuja carga elétrica é 0, causando dois efeitos negativos. Primeiro, os átomos fictícios ainda ocupam a memória global e armazenamento de memória compartilhada, e eles consomem largura de banda de transferência de dados para o device. Segundo, os átomos fictícios estendem o tempo de execução dos blocos de *thread* cujas células possuem poucos átomos reais.

Uma solução bem conhecida é definir o tamanho da célula em um nível razoável, normalmente muito menor do que o maior número possível de átomos em uma célula. O processo de *binning* mantém uma lista de estouro e, ao processar um átomo, se a célula origem de um átomo estiver cheia, o átomo é isolado na lista de overflow. Depois que o device concluir um kernel, os valores de energia do ponto de grade do resultado são transferidos de volta para o host. O host executa um algoritmo de corte sequencial sobre os átomos na lista de estouro para completar as contribuições que faltam desses átomos. Desde que os átomos de estouro representem uma pequena porcentagem dos átomos, o processamento sequencial adicional dos átomos de estouro normalmente é insignificante. Também é possível projetar o kernel de modo que cada chamada do kernel calcule os valores de energia para um subvolume de pontos da grade. Depois que cada kernel termina, o host dispara o próximo kernel e processa os átomos de estouro para o kernel completado. Assim, o host estará processando os átomos de estouro enquanto o device executa o próximo kernel. Essa técnica pode ocultar todos ou ao menos a grande parte dos atrasos no processamento de átomos de estouro, pois é feita em paralelo com a execução do próximo kernel.

A Figura 10.3 mostra uma comparação da escalabilidade e desempenho de diversos algoritmos de mapa do potencial eletrostático. Observe que a curva CPU-SSE3 é baseada em um algoritmo de corte sequencial. Para um mapa com pequenos volumes (em torno de 1000 Å^3), o host (CPU com SSE) executa mais rápido do que o kernel de somatório direto mostrado na Figura 9.9. Para volumes moderados (entre 2000 e 500,000 Å^3), o kernel DCS funciona muito melhor do que o host, devido à sua execução maciça. Conforme antecipamos, o kernel DCS não se expande bem quando o tamanho do volume atinge cerca de

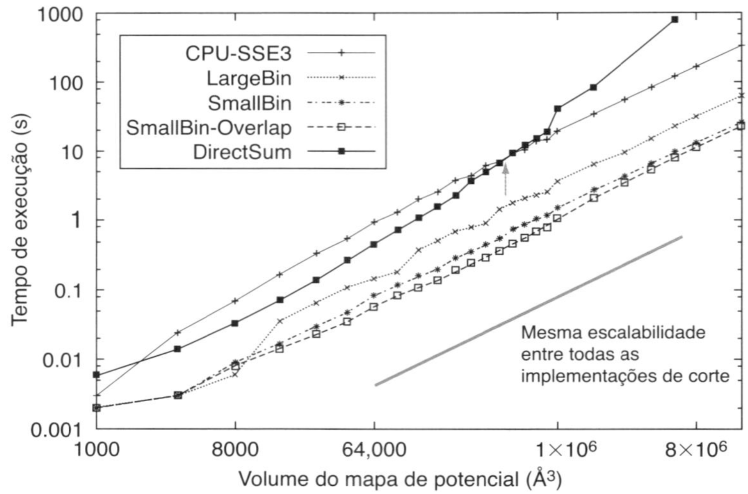

Figura 10.3

Escalabilidade e desempenho de vários algoritmos para calcular o mapa do potencial eletrostático.

1.000.000 Å^3 e leva mais tempo para ser executado do que o algoritmo sequencial na CPU. A Figura 10.3 também mostra o tempo de execução de três algoritmos *cutoff binning*. O algoritmo LargeBin é uma adaptação direta do kernel DCS para corte. O kernel é projetado para processar um subvolume dos pontos de grade. Antes do disparo de cada kernel, a CPU transfere todos os átomos que estão na vizinhança combinada de todos os pontos de grade no subvolume. Esses átomos ainda estão armazenados na memória constante. Todas as *threads* examinam todos os átomos na vizinhança conjunta. A vantagem do kernel é sua simplicidade. Ele é basicamente o mesmo que o kernel DCS, com uma vizinhança de átomos previamente selecionada. Observe que a técnica do algoritmo LargeBin funciona razoavelmente bem para volumes moderados, e se expande bem para grandes volumes.

O algoritmo SmallBin permite que as *threads* rodando no mesmo kernel processem diferentes vizinhanças de átomos. Esse é o algoritmo que usa a memória global e a memória compartilhada para armazenar átomos. O algoritmo alcança uma maior eficiência do que o algoritmo LargeBin porque cada thread precisa examinar um menor número de átomos. Para volumes moderados (por exemplo, em torno de 8000 Å^3), o algoritmo LargeBin é ligeiramente superior ao SmallBin. O motivo é que o algoritmo SmallBin gera mais overhead de instrução para carregar os átomos da memória global para a memória compartilhada. Para um volume moderado, o sistema inteiro tem um número limitado de átomos. A capacidade de examinar um número menor de átomos não oferece vantagem suficiente para compensar o overhead das instruções adicionais; porém, a diferença é tão pequena a 8000 Å^3 que o algoritmo SmallBin ainda é um claro vencedor para todos os tamanhos de volume. O algoritmo SmallBin-Overlap sobrepõe o processamento sequencial de átomos de estouro com a próxima execução do kernel. Ele oferece uma melhoria pequena, porém observável, no tempo de execução em relação ao SmallBin. O algoritmo

SmallBin-Overlap alcança um ganho de velocidade de 17× para um algoritmo de corte CPU-SSE sequencial eficientemente implementado, e mantém a mesma escalabilidade para grandes volumes.

Resumindo, discutimos as principais dimensões da seleção do algoritmo. A lição-chave aqui é que, dada uma decisão de decomposição de problema, o programador normalmente terá de selecionar dentre diversos algoritmos, sendo que alguns alcançam diferentes equilíbrios enquanto mantêm a mesma precisão numérica, enquanto outros envolvem sacrificar algum nível de precisão para alcançar tempos de execução mais escaláveis. A estratégia de corte talvez seja a mais popular delas e, embora tenhamos introduzido o corte no contexto do cálculo do mapa de potencial eletrostático, ele é usado em muitas áreas, incluindo o traçado de raios em gráficos e a detecção de colisão em jogos.

10.4 Pensamento computacional

Pensamento computacional é comprovadamente o aspecto mais importante do desenvolvimento de aplicações paralelas [Wing 2006]. Definimos o pensamento computacional como o processo de pensamento da formulação de problemas do domínio em termos de etapas e algoritmos de computação. Como qualquer outro processo de pensamento e habilidades para solução de problemas, o pensamento computacional é uma arte. Conforme mencionamos na Introdução do Capítulo 1, acreditamos que o pensamento computacional sejam mais bem ensinado com uma técnica iterativa, em que os alunos alternam entre experiência prática e conceitos abstratos.

O exemplo do mapa de potencial eletrostático usado nos Capítulos 9 e 10 serve como um bom exemplo do pensamento computacional. Para desenvolver uma aplicação paralela eficiente, que soluciona o problema do mapa de potencial eletrostático, deve-se chegar a uma boa decomposição de alto nível do problema. Conforme mostramos nas Seções 8.3, 9.2 e 10.2, é preciso que haja um conhecimento claro dos comportamentos de acesso à memória desejáveis (concentração, ou *gather*, em CUDA) e indesejáveis (dispersão, ou *scatter*, em CUDA) para que se tome uma decisão sensata.

Dada uma decomposição do problema, o programador paralelo enfrenta a tarefa potencialmente complexa de projetar algoritmos para contornar os principais desafios no paralelismo, eficiência de execução e consumo de largura de banda da memória. Há um volume muito grande de literatura sobre uma vasta gama de técnicas de algoritmo que podem ser difíceis de entender. Não está no escopo deste livro oferecer uma cobertura abrangente das técnicas disponíveis, mas discutimos um conjunto substancial de técnicas que possuem ampla aplicabilidade. Embora essas técnicas sejam baseadas em CUDA, elas ajudam os leitores a preparem um alicerce para o pensamento computacional em geral. Acreditamos que nós, seres humanos, entendemos melhor quando aprendemos de baixo para cima. Ou seja, temos primeiro que aprender os conceitos no contexto de um modelo de programação em particular, o que nos dá uma base sólida, para depois generalizarmos nosso conhecimento para outros modelos de programação. Uma experiência a fundo com o modelo CUDA também nos permite obter maturidade, que nos ajudará a aprender conceitos que podem nem sequer serem pertinentes ao modelo CUDA.

Inúmeras habilidades são necessárias para um programador paralelo ser um pensador computacional eficaz. Resumimos essas habilidades básicas da seguinte forma:

- *Arquitetura de computador* — Organização de memória; caching e localidade; largura de banda da memória; execução Single-Instruction, Multiple-Thread (SIMT) *versus* Single-Program, Multiple-Data (SPMD) *versus* Single-Instruction, Multiple--Data (SIMD); e precisão *versus* exatidão de ponto flutuante. Esses conceitos são essenciais para o entendimento das alternativas entre os algoritmos.
- *Modelos de programação e compiladores* — Modelos de execução paralela, tipos de memórias disponíveis, layout de dados de matrizes e transformações de loop, são todos conceitos necessários para o pensamento pelos arranjos das estruturas de dados e estruturas de loop para alcançar melhor desempenho.
- *Técnicas de algoritmo* — Ladrilhamento, corte, *binning* e outras técnicas que formam a caixa de ferramentas para o projeto de algoritmos paralelos melhores; o conhecimento das implicações dessas técnicas para a escalabilidade, eficiência e largura de banda da memória é essencial no pensamento computacional.
- *Conhecimento do domínio* — Métodos numéricos, modelos, requisitos de precisão e propriedades matemáticas; um conhecimento dessas regras básicas permite que um desenvolvedor sejam muito mais criativo na aplicação das técnicas de algoritmo.

Acreditamos que este livro oferece uma base sólida para todas as quatro áreas. Os leitores deverão continuar a ampliar seu conhecimento nessas áreas mesmo depois de terminarem este livro. Mais ainda, a melhor maneira de acumular habilidades de pensamento computacional é continuar resolvendo problemas desafiadores com excelentes soluções computacionais.

10.5 Exercícios

10.1 Escreva uma função do host para realizar o binning de átomos. Determine a representação das células como matrizes. Pense nos requisitos de aglutinação. Cuide para que cada *thread* possa encontrar facilmente as células que precisa processar.

10.2 Escreva a parte da função do kernel de corte que determina se um átomo está na vizinhança de um ponto da grade com base nas coordenadas dos átomos e dos pontos da grade.

Referências e leitura adicional

MATTSON, T. G., SANDERS, B. A. & MASSINGILL, B. L. (2004). *Patterns of parallel programming*. Upper Saddle River, NJ: Addison-Wesley Professional.

Message Passing Interface Forum. (2009). *MPI: A Message-passing Interface* Standard, *Version 2.2*. http://www.mpi-forum.org/docs/mpi-2.2/mpi22-report.pdf

RODRIGUES, C. I., STONE, J., HARDY, D. & HWU, W. W. (2008). GPU Acceleration of Cutoff-based Potential Summation. Em *Proceedings of the ACM International Conference on Computing Frontiers (Computing Frontiers 2008)*, Ischia, Itália, 5–7 de maio.

WING, J. (2006). Computational Thinking. *Communications of the ACM*, *49*(3), 33–35.

CAPÍTULO

11

Uma breve introdução à OpenCL™

Sumário do Capítulo

Introdução

Agora que você aprendeu a programação paralela de alto desempenho usando CUDA™, gostaríamos de apresentar-lhe duas novas maneiras de explorar as capacidades de computação paralela das unidades de processamento gráfico (GPUs) e unidades centrais de processamento (CPUs). Durante a escrita deste livro, duas novas interfaces de programação de aplicação (APIs) foram introduzidas: OpenCL™ e DirectCompute™. Neste capítulo, faremos uma rápida introdução à OpenCL para programadores CUDA. O modelo de programação básico da OpenCL é tão semelhante à CUDA que existe uma correspondência um-para-um para a maioria dos recursos. Com o seu conhecimento de CUDA, você poderá começar a escrever programas OpenCL com o material apresentado neste capítulo. Em nossa opinião, a melhor maneira de aprender OpenCL é realmente aprender CUDA e depois mapear os recursos da OpenCL ao seu equivalente CUDA. Depois, oferecemos algumas indicações com informações introdutórias sobre o DirectComputer da Microsoft.

11.1 Fundamentos

OpenCL é uma API padronizada, multiplataforma, para computação paralela baseada na linguagem C. Ela foi projetada para permitir o desenvolvimento de aplicações paralelas portáveis para sistemas com devices de computação heterogêneos. O desenvolvimento da OpenCL foi motivado pela necessidade de uma plataforma de desenvolvimento de aplicação de alto desempenho, padronizada, para a grande variedade de plataformas de computação paralela em rápido crescimento.

Os modelos de programação paralela baseados em CPU tipicamente têm sido baseados em padrões como OpenMP™, mas normalmente não abrangem o uso de tipos de memória especiais ou execução SIMD por programadores de alto desempenho. Os modelos de programação paralela heterogênea CPU/GPU conjuntos, como CUDA, focalizam hierarquias de memória complexas e execução SIMD, mas normalmente são específicos para uma plataforma, um fornecedor ou um hardware. Essas limitações tornam difícil para um desenvolvedor de aplicação acessar o poder de computação das CPUs, GPUs e outros tipos de unidades de processamento a partir de uma única base de código fonte multiplataformas.

O desenvolvimento de OpenCL foi iniciado pela Apple® e desenvolvido pela Khronos Group, o mesmo grupo que administra o padrão OpenGL®. Por um lado, ele se baseia bastante em CUDA nas áreas de suporte a uma única base de código para computação paralela heterogênea, paralelismo de dados e hierarquias de memória complexas. Esse é o motivo pelo qual um programador CUDA achará esses conceitos das OpenCL familiares, uma vez que conectarmos as terminologias. O leitor poderá observar especialmente as semelhanças entre OpenCL e o modelo de controlador CUDA de baixo nível.

Por outro lado, OpenCL tem um modelo de gerenciamento de plataforma e device mais complexo, que reflete seu suporte para a portabilidade multiplataformas e multifornecedores. Já existem implementações OpenCL em GPUs AMD® ATI™ e NVIDIA®, bem como CPUs x86. Em princípio, pode-se imaginar implementações OpenCL em outros tipos de devices, como processadores de sinais digitais (DSPs) e Field-Programmable Gate Matrizs (FPGAs). Enquanto o padrão OpenCL é projetado para dar suporte à portabilidade de código por devices produzidos por diferentes fornecedores, essa portabilidade não é gratuita. Programas OpenCL devem ser preparados para lidar com uma diversidade de hardware muito maior e, assim, exibirão mais complexidade. Além disso, muitos recursos da OpenCL são opcionais e podem não ser aceitos em todos os devices, de modo que um código OpenCL portável deverá evitar o uso desses recursos opcionais. Alguns dos recursos opcionais, porém, permitem que as aplicações alcancem muito mais desempenho em devices que os aceitam. Como resultado, um código OpenCL portável pode não ser capaz de alcançar seu potencial de desempenho em qualquer um dos device; portanto, deve-se esperar que uma aplicação portável que alcança alto desempenho em vários devices empregará testes de runtime sofisticados e escolherá entre vários caminhos de código possíveis, de acordo com as capacidades do device real sendo utilizado.

O objetivo deste capítulo não é oferecer os detalhes completos sobre todos os recursos de programação da OpenCL; ao invés disso, o objetivo é dar a um programador CUDA um conhecimento conceitual sólido dos recursos do modelo de programação OpenCL. Com essa base, o leitor poderá começar imediatamente a programar em OpenCL e consultar a especificação OpenCL [Khronos 2008] e guias de programação [NVIDIA 2010, AMD 2009] quando for preciso.

11.2 Modelo de paralelismo de dados

OpenCL emprega um modelo de paralelismo de dados que tem correspondência direta com o modelo de paralelismo de dados CUDA. Um programa OpenCL consiste em duas partes: kernels que executam em um ou mais devices OpenCL e um programa host que gerencia a execução dos kernels. A Figura 11.1 resume o mapeamento dos conceitos de paralelismo de dados OpenCL aos seus equivalentes CUDA. Assim como CUDA, a maneira de submeter o trabalho para execução paralela em OpenCL é fazer com que o programa do host dispare funções do kernel. Discutiremos o trabalho adicional de geração do kernel, seleção de device e gerenciamento que um programa host em OpenCL precisa fazer em comparação com seu correspondente CUDA na Seção 11.4.

Quando uma função do kernel é disparada, seu código é executado por *itens de trabalho*, que correspondem às *threads* em CUDA. Um índice de espaço define os itens de trabalho e como os dados são mapeados para itens de trabalho; ou seja, os itens de trabalho em OpenCL são identificados por faixas de índice de dimensão global (NDRanges). Os itens de trabalho formam *grupos de trabalho*, que correspondem aos blocos de *threads* em CUDA. Os itens de trabalho no mesmo grupo de trabalho podem ser sincronizados entre si usando barreiras que são equivalentes a `syncthreads()` em CUDA. Os itens de trabalho em diferentes grupos de trabalho não podem ser sincronizados entre si, exceto terminando a função do kernel e disparando uma nova. Conforme discutimos no Capítulo 4, esse escopo limitado de sincronismo de barreira possibilita a escalonabilidade transparente.

A Figura 11.2 ilustra o modelo de paralelismo de dados OpenCL. O leitor deverá comparar a Figura 11.2 com a Figura 9.8, para verificar as semelhanças. A NDRange (grade em CUDA) contém todos os itens de trabalho (*threads* em CUDA). Para este exemplo, consideramos que o kernel é disparado com uma NDRange bidimensional (2D).

Todos os itens de trabalho possuem seus próprios valores de índice globais. Existe uma pequena diferença entre OpenCL e CUDA no modo como eles gerenciam esses valores de índice. Em CUDA, cada *thread* tem um valor de `blockIdx` e um valor de `threadIdx`. Os dois valores são combinados para formar um valor de ID de *thread* global para a *thread*. Por exemplo, se uma grade CUDA e seus blocos forem organizados como matrizes 2D, o código do kernel pode formar um valor de índice de *thread* global exclusivo na dimensão *x*

Conceito de paralelismo em OpenCL	Equivalente em CUDA
Kernel	Kernel
Programa host	Programa host
NDRange (espaço de índice)	Grade
Item de trabalho	Thread
Grupo de trabalho	Bloco

Figura 11.1

Mapeamento entre os conceitos de paralelismo de dados em OpenCL e CUDA.

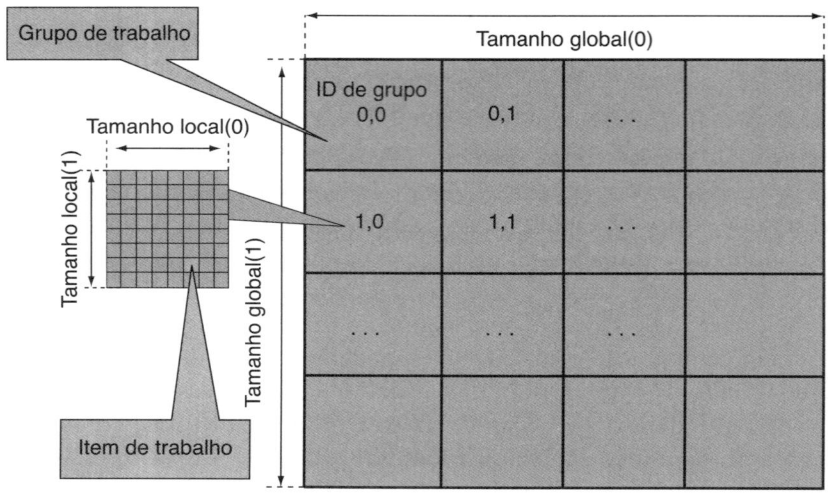

Figura 11.2

Visão geral do modelo de execução paralela em OpenCL.

como `blockIdx.x` × `blockDim.x` + `threadIdx.x`. Esses valores de `blockIdx` e `threadIdx` são acessíveis em um kernel CUDA como variáveis predefinidas.

Em um kernel OpenCL, uma *thread* pode endereçar seus valores de índice global chamando uma função da API, `get_global_id()`, com um parâmetro que identifica a dimensão. Veja a entrada `get_global_id(0)` na Figura 11.3. As chamadas `get_global_id(0)` e `get_global_id(1)` retornam os valores de índice de *thread* globais na dimensão *x* e na dimensão *y*, respectivamente. O valor do índice global na dimensão *x* é equivalente ao `blockIdx.x` × `blockDim.x` + `threadIdx.x` em CUDA. Veja a função `get_local_id(0)`

Chamada da API OpenCL	Explicação	Equivalente CUDA
get_global_id(0);	Índice global do item de trabalho na dimensão x	blockIdx.x3blockDim.x+threadIdx.x
get_local_id(0)	Índice local do item de trabalho dentro do grupo de trabalho na dimensão x	threadIdx.x
get_global_size(0);	Tamanho da NDRange na dimensão x	gridDim.x 3blockDim.x
get_local_size(0);	Tamanho de cada grupo de trabalho na dimensão x	blockDim.x

Figura 11.3

Mapeamento entre dimensões e índices OpenCL e dimensões e índices CUDA.

na Figura 11.3, que é equivalente a `threadIdx.x`. Não mostramos os valores de parâmetro da dimensão mais alta na Figura 11.3; eles são 1 para a dimensão *y* e 2 para a dimensão *z*.

Um kernel OpenCL também pode chamar a função da API `get_global_size()` com um parâmetro que identifica os tamanhos dimensionais de suas NDRanges. As chamadas `get_global_size(0)` e `get_global_size(1)` retornam o número total de itens de trabalho nas dimensões *x* e *y* das NDRanges. Observe que isso é ligeiramente diferente dos valores de `gridDim` em CUDA, que são em termos de blocos. O equivalente CUDA para o valor de retorno de `get_global_size(0)` seria `gridDim.x` × `blockDim.x`.

11.3 Arquitetura de device

Assim como CUDA, OpenCL modela um sistema de computação paralela heterogêneo como um host e um ou mais *devices OpenCL*. O host é uma CPU tradicional que executa o programa host. A Figura 11.4 mostra a arquitetura conceitual de um device OpenCL. Cada device consiste em uma ou mais *unidades de computação* (UCs) que correspondem aos multiprocessadores streaming (SMs) da CUDA; porém, uma UC também pode corresponder a núcleos de CPU ou outros tipos de unidades de execução em aceleradores de computação como DSPs e FPGAs.

Cada UC, por sua vez, consiste em um ou mais *elementos de processamento* (PEs), que correspondem aos processadores de streaming (SPs) em CUDA. A computação em um device por fim acontece nos PEs individuais. O leitor deverá comparar a Figura 11.4 com

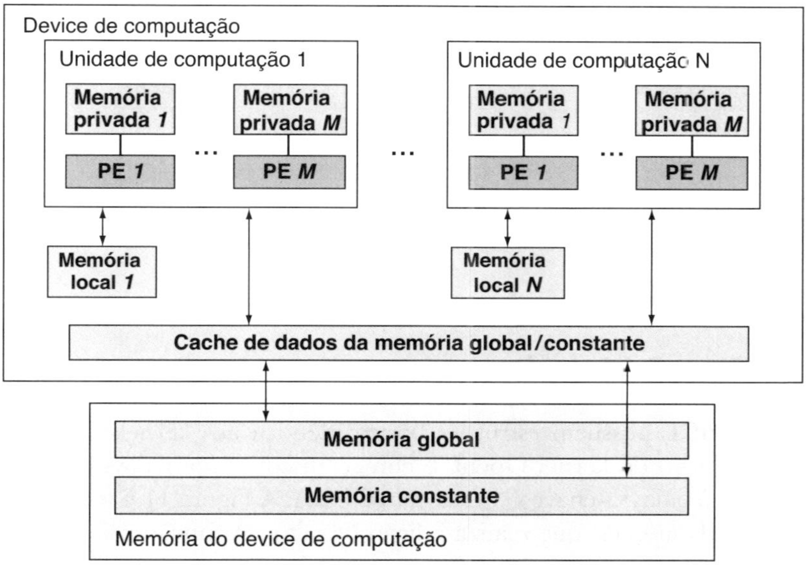

Figura 11.4

Arquitetura conceitual de um device OpenCL; o host não aparece.

a Figura 3.7 para ver as semelhanças entre o modelo da arquitetura de device OpenCL e o modelo da arquitetura de device CUDA.

Assim como CUDA, OpenCL também expõe uma hierarquia de tipos de memória que podem ser usados pelos programadores. A Figura 11.4 ilustra esses tipos de memória: global, constante, local e privada. A Figura 11.5 resume os tipos de memória suportados em OpenCL e o mapeamento entre desses tipos de memória e os tipos de memória CUDA. A memória global OpenCL corresponde à memória global CUDA. Assim como CUDA, a memória global pode ser alocada dinamicamente pelo programa host e aceita acesso de leitura/escrita pelo host e devices.

Diferente de CUDA, a memória constante pode ser alocada dinamicamente pelo host. A memória constante admite acesso de leitura/escrita pelo host e acesso somente de leitura pelos devices. Para dar suporte a múltiplas plataformas, o tamanho da memória constante não é limitado a 64 kB em OpenCL. Em vez disso, uma consulta ao device retorna o tamanho da memória constante aceito pelo device.

O mapeamento entre memória local e memória privada da OpenCL e os tipos de memória CUDA é mais interessante. A memória local da OpenCL, na realidade, corresponde à memória compartilhada CUDA. A memória local da OpenCL pode ser alocada dinamicamente pelo host e alocada estaticamente no código do device. Assim como a memória compartilhada CUDA, a memória local OpenCL não pode ser acessada pelo host e dar suporte ao acesso de leitura/escrita compartilhado por todos os itens de trabalho em um grupo de trabalho. A memória privada OpenCL corresponde à memória local CUDA.

Tipos de memória em OpenCL	Equivalente em CUDA
memória global	memória global
memória constante	memória constante
memória local	memória compartilhada
memória privada	memória local

Figura 11.5

Mapeamento entre tipos de memória OpenCL e tipos de memória CUDA.

11.4 Funções do kernel

Kernels OpenCL possuem estrutura básica idêntica aos kernels CUDA. Todas as declarações de função do kernel OpenCL começam com uma palavra-chave `__kernel`, que é equivalente à palavra-chave `__global` em CUDA. A Figura 11.6 mostra uma função do kernel OpenCL simples, que realiza adição de vetor. A função usa três argumentos: ponteiros para os dois matrizs de entrada e um ponteiro para a matriz de saída. As declarações `__global` no cabeçalho da função indicam que todos os matrizs de entrada e saída residem na memória global. Observe que essa palavra-chave tem o mesmo significado

```
__kernel void vadd(__global const float *a,
    __global const float *b, __global float *result) {

      int id = get_global_id(0);
      result[id] = a[id] + b[id];
}
```

Figura 11.6

Um exemplo simples de kernel OpenCL.

em Open-CL e em CUDA. O corpo da função de kernel é instanciado uma vez para cada item de trabalho. Na Figura 11.6, cada item de trabalho chama a função `get_global_id(0)` para receber seu índice global exclusivo. Esse valor de índice é então usado pelo item de trabalho para selecionar os elementos de matriz onde atuará.

11.5 Gerenciamento de device e chamada do kernel

OpenCL define um modelo muito mais complexo de gerenciamento de device do que CUDA. A complexidade extra vem do suporte da OpenCL para múltiplas plataformas de hardware. Em OpenCL, os devices são gerenciados por meio de *contextos*. A Figura 11.7 ilustra os principais conceitos do gerenciamento de device em OpenCL. Para gerenciar um ou mais devices no sistema, o programador OpenCL primeiro cria um contexto que contém esses devices. Isso pode ser feito chamando as funções `clCreateContext()` ou `clCreateContextFromType()` na API OpenCL. Uma aplicação normalmente precisa usar a função da API `clGetDeviceIDs()` para determinar o número e os tipos de devices que existem em um sistema e passar a informação para as funções `CreateContext`. O leitor deverá ler o guia de programação OpenCL para ver os detalhes dos parâmetros a serem usados para essas funções.

Para submeter o trabalho para execução por um device, o programa host precisa primeiro criar uma fila de comando para o device. Isso pode ser feito chamando a função

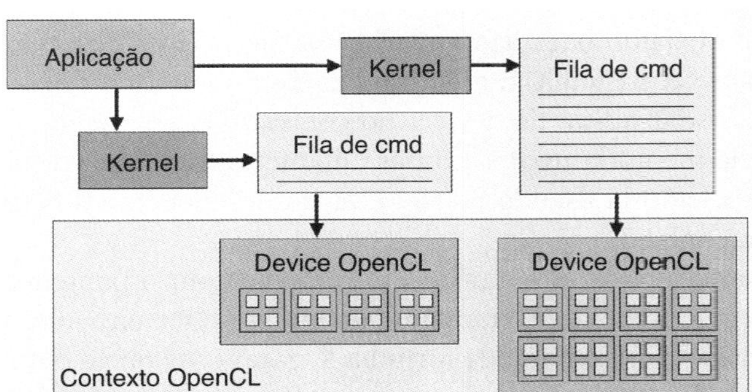

Figura 11.7

Contexto do OpenCL necessários para gerenciar o device.

```
...
1. cl_int clerr = CL_SUCCESS;

2. cl_context clctx=clCreateContextFromType(0, CL_DEVICE_TYPE_ALL,
        NULL, NULL, &clerr);

3. size_t parmsz;
4. clerr= clGetContextInfo(clctx, CL_CONTEXT_DEVICES, 0, NULL, &parmsz);

5. cl_device_id* cldevs= (cl_device_id *) malloc(parmsz);
6. clerr= clGetContextInfo(clctx, CL_CONTEXT_DEVICES, parmsz,cldevs, NULL);

7. cl_command_queue clcmdq=clCreateCommandQueue(clctx,cldevs[0], 0, &clerr);
```

Figura 11.8

Criando um contexto e fila de comando em OpenCL.

`clCreateCommandQueue()` na API OpenCL. Quando uma fila de comando é criada para um device, o código host pode realizar uma sequência de chamadas de função da API para inserir uma fila, junto com seus parâmetros de configuração de execução, na fila de comandos. Quando o device estiver disponível para execução do próximo kernel, ele retirará o kernel do início da fila para execução.

A Figura 11.8 mostra um programa host simples que cria um contexto para um device e submete um kernel para execução pelo device. A linha 2 mostra uma chamada para criar um contexto que inclui todos os devices OpenCL disponíveis no sistema. A linha 4 chama a função `clGetContextInfo()` para consultar sobre o número de devices no contexto. Como a linha 2 pede que todos os devices OpenCL disponíveis sejam incluídos no contexto, a aplicação não conhece o número de device realmente incluídos no contexto depois que o contexto é criado. O segundo argumento da chamada na linha 4 especifica que a informação sendo solicitada é a lista de todos os devices incluídos no contexto; porém, o quarto argumento, que é um ponteiro para um buffer da memória em que a lista deve ser depositada, é um ponteiro `NULL`. Isso significa que a chamada não requer a lista em si. O motivo é que a aplicação não sabe o número de devices no contexto e não sabe o tamanho do buffer de memória exigido para manter a lista.

A linha 4 oferece um ponteiro para a variável `parmsz`, na qual o tamanho de um buffer de memória exigido para acomodar a lista de devices deve ser depositado; portanto, após a chamada na linha 4, a variável `parmsz` mantém o tamanho do buffer necessário para acomodar a lista de devices no contexto. A aplicação agora sabe a quantidade de buffer de memória necessária para manter a lista de devices no contexto. Ela aloca o buffer de memória usando `parmsz` e atribui o endereço do buffer à variável de ponteiro `cldevs` na linha 5.

A linha 6 chama `clGetContextInfo()` novamente com o ponteiro para o buffer de memória no quarto argumento e o tamanho do buffer no terceiro argumento. Como isso é baseado na informação da chamada na linha 4, garante-se que o buffer tem o tamanho correto para a lista de devices a ser retornada. A função `clGetContextInfo` agora preenche a informação da lista de devices no buffer de memória apontado por `cldevs`.

A linha 7 cria uma fila de comandos para o primeiro device OpenCL na lista. Isso é feito tratando `cldevs` como uma matriz cujos elementos são descritores dos devices Open-

CL no sistema. A linha 7 passa `cldevs[0]` como segundo argumento para a função `clCreateCommandQueue(0)`; portanto, a chamada gera uma fila de comandos para o primeiro device na lista retornada pela função `clGetContextInfo()`.

O leitor poderá questionar por que não precisamos ver essa sequência complexa de chamadas da API em nossos programas host em CUDA. O motivo é que estivemos usando a API de runtime CUDA, que oculta toda essa complexidade para o caso comum, em que existe apenas um device CUDA no sistema. A chamada do kernel em CUDA trata de todas as complexidades em favor do código host. Um desenvolvedor que deseja ter acesso direto a todos os devices CUDA no sistema precisaria usar uma API de controlador CUDA, no qual sequências de chamada à API semelhantes seriam utilizadas. Até o momento, a OpenCL não definiu uma API de nível mais alto que seja equivalente à API de runtime CUDA. Até que haja uma interface de nível mais alto disponível, OpenCL permanecerá muito mais trabalhosa de se usar do que a API de runtime CUDA.

11.6 Mapa do potencial eletrostático em OpenCL

Agora, apresentamos um estudo de caso da OpenCL baseado no kernel DCS da Figura 9.9. Esse estudo de caso foi projetado para dar a um programador CUDA uma experiência prática, de cima para baixo, com OpenCL. O primeiro passo para portar o kernel para OpenCL é projetar a organização da NDRange, que é ilustrada na Figura 11.9. O projeto é um mapeamento direto das *threads* CUDA para itens de trabalho OpenCL e blocos CUDA para grupos de trabalho OpenCL. Conforme mostramos na Figura 11.9,

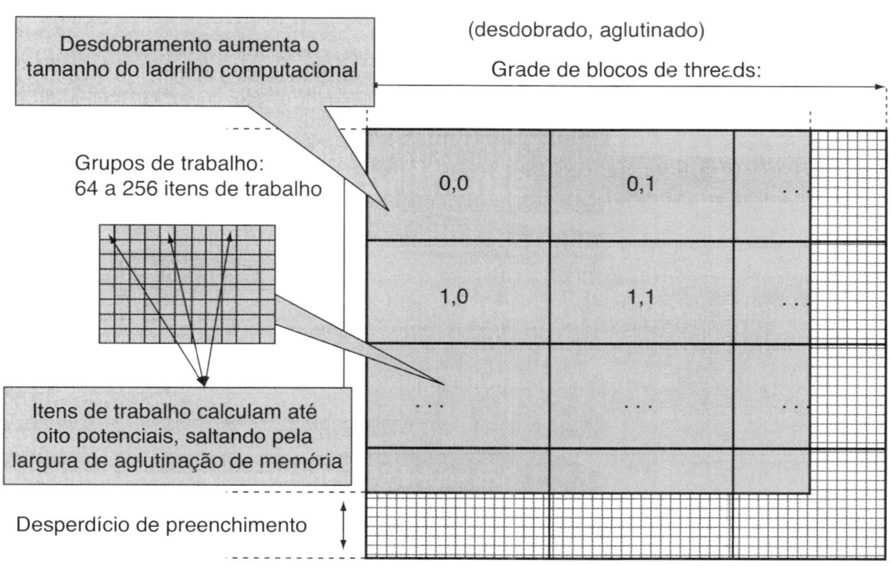

Figura 11.9

Configuração da NDrange no Kernel DCS versão 3.

cada item de trabalho calculará até oito pontos de grade, e cada grupo de trabalho terá de 64 a 256 itens de trabalho. As considerações de eficiência no Capítulo 9 também se aplicam aqui.

Os grupos de trabalho são atribuídos às unidades de computação da mesma maneira como os blocos CUDA são atribuídos aos SMs. Essa atribuição é ilustrada na Figura 11.10. Pode-se usar a mesma metodologia demonstrada nos Capítulos de 6 a 9 para derivar um kernel DCS OpenCL de alto desempenho. Embora a sintaxe seja diferente, o processo de pensamento básico envolvido no desenvolvimento de um kernel OpenCL de alto desempenho é muito parecido com CUDA.

A implementação da função do kernel OpenCL é semelhante à implementação CUDA. A Figura 11.11 mostra as principais diferenças. Uma é a palavra-chave `__kernel` no OpenCL versus a palavra-chave `__global` em CUDA. A principal diferença está no modo como os índices de acesso a dados são calculados. Neste caso, a função `get_global_id(0)` em OpenCL retorna o equivalente a `blockIdx.x*blockDim.x+threadIdx.x` em CUDA.

A Figura 11.12 mostra o loop interno do kernel OpenCL. O leitor deverá comparar esse loop interno com o código CUDA da Figura 9.9. A única diferença é que a chamada `__rsqrt()` foi trocada para uma chamada `native_rsqrt()`, o modo OpenCL de chamar uma função intrínseca em um device em particular.

OpenCL adota um modelo de compilação dinâmico. Diferente de CUDA, o programa host precisa compilar e criar explicitamente um programa kernel. Isso é ilustrado na Figura 11.13 para o kernel DCS. A linha 1 declara o código fonte do kernel DCS inteiro em OpenCL como uma string. A linha 3 entrega a string do código fonte ao sistema de runtime

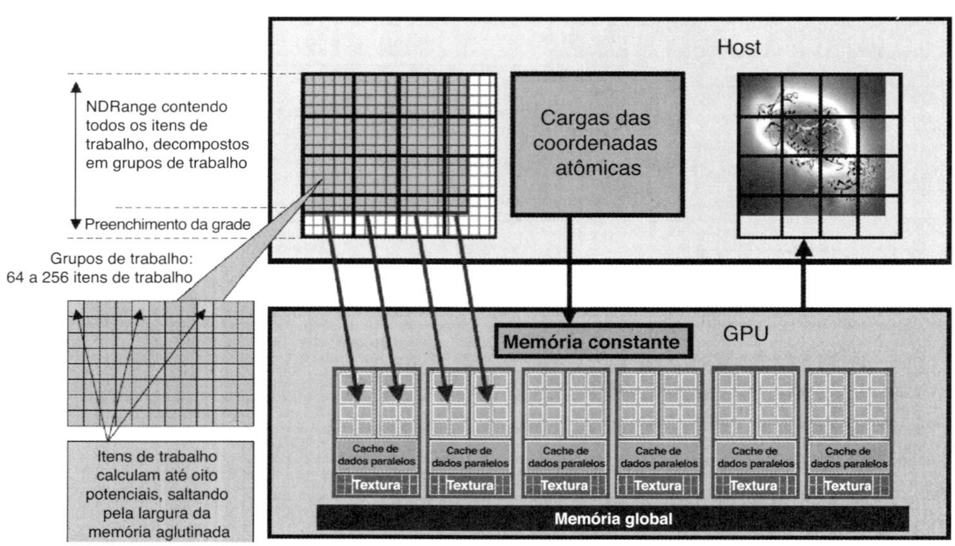

Figura 11.10

Mapeamento da NDRange DCS ao device OpenCL.

```
OpenCL:
__kernel voidclenergy( …) {

unsigned int xindex= (get_global_id(0) / get_local_id(0))* UNROLLX +
 get_local_id(0) ;
unsigned int yindex= get_global_id(1);
unsigned int outaddr= get_global_size(0) * UNROLLX *yindex+xindex;

CUDA:
__global__ void cuenergy(…) {
Unsigned int xindex= blockIdx.x *blockDim.x +threadIdx.x;
unsigned int yindex= blockIdx.y *blockDim.y +threadIdx.y;
unsigned int outaddr= gridDim.x *blockDim.x * UNROLLX*yirdex+xindex
```

Figura 11.11

Indexação do acesso aos dados em OpenCL e CUDA.

```
...for (atomid=0; atomid<numatoms; atomid++) {
float dy = coory -atominfo[atomid].y;
float dyz2= (dy * dy) + atominfo[atomid].z;
float dx1 = coorx -atominfo[atomid].x;
float dx2 = dx1 + gridspacing_coalesce;
float dx3 = dx2 + gridspacing_coalesce;
float dx4 = dx3 + gridspacing_coalesce;
float charge = atominfo[atomid].w;
energyvalx1 += charge* native_rsqrt(dx1*dx1 + dyz2);
energyvalx2 += charge* native_rsqrt(dx2*dx2 + dyz2);
energyvalx3 += charge* native_rsqrt(dx3*dx3 + dyz2);
energyvalx4 += charge* native_rsqrt(dx4*dx4 + dyz2);
}
```

Figura 11.12

Loop interno do kernel OpenCL DCS.

Código fonte do kernel OpenCL como uma string grande

```
1 const char* clenergysrc =
  "__kernel__attribute__((reqd_work_group_size_hint(BLOCKSIZEX, BLOCKSIZEY, 1))) \n"
  "void clenergy(__constant int numatoms, __constant float gridspacing, __global float *energy, __constant float4
    *atominfo) { \n" [...etc and so forth...]
2 cl__program clpgm;
3 clpgm = clCreateProgram WithSource(clctx, 1, &clenergysrc, NULL, &clerr);
  char clcompileflags[4096];
4 sprintf(clcompileflags, "-DUNROLLX=%d -cl-fast-relaxed-math -cl-single-precision-
      constant -cl-denorms-are-zero -cl-mad-enable", UNROLLX);
5 clerr = clBuildProgram(clpgm, 0, NULL, clcompileflags, NULL, NULL);
6 cl_kernel clkern = clCreateKernel(clpgm, "clenergy", &clerr);
```

Envia as strings brutas do código fonte direto do OpenCL

Define flags do compilador, compila fonte e obtém um handle para o kernel "clenergy"

Figura 11.13

Montando um kernel OpenCL.

OpenCL chamando a função `clCreate-ProgramWithSource()`. A linha 4 configura os flags do compilador para o processo de compilação em runtime. A linha 5 chama o compilador de runtime para montar o programa. A linha 6 solicita que o runtime OpenCL crie o kernel e suas estruturas de dados de modo que possa ser iniciado devidamente. Após a linha 6, `clkern` aponta para o kernel que pode ser submetido a uma fila de comando para execução.

Conforme explicamos na Seção 11.5, o kernel OpenCL tem um modelo de gerenciamento de device muito mais complexo. Também discutimos a criação de contexto e filas de comandos no código do host. A Figura 11.8 realmente mostra um código de host simples, que cria um contexto e fila de comando para um sistema com apenas uma GPU executando o kernel.

A Figura 11.14 mostra o código do host que realmente chama o kernel DCS. A linha 1 e a linha 2 alocam memória para os dados da grade de energia e a informação do átomo. A função `clCreateBuffer` corresponde à função `cudaMalloc()`. A memória constante é implicitamente solicitada definindo o modo de acesso para apenas leitura para a matriz `atominfo`. Observe que cada buffer de memória é associado a um contexto, que é especificado pelo primeiro argumento da chamada à função `clCreateBuffer`.

As linhas de 3 a 6 na Figura 11.14 configuram os argumentos a serem passadas para a função do kernel. Em CUDA, as funções do kernel são disparadas com a sintaxe de chamada da função C com <<<>>>. Em OpenCL, não existe uma chamada explícita para as funções do kernel, de modo que é preciso usar as funções `clSetKernelArg()` para configurar os argumentos para a função do kernel.

A linha 8 na Figura 11.14 submete o kernel DCS para chamada. Os argumentos da função `clEnqueueNDRangeKernel()` especificam a fila de comandos para o device que executará o kernel, um ponteiro para o kernel e os tamanhos global e local da NDRange. As linhas 9 e 10 verificam erros, se houver. A linha 11 transfere o conteúdo dos dados de saída de volta para a matriz de energia na memória do host. A função `clEnqueueReadBuffer()`

```
1. doutput= clCreateBuffer(clctx, CL_MEM_READ_WRITE,volmemsz,
        NULL, NULL);
2. datominfo= clCreateBuffer(clctx, CL_MEM_READ_ONLY,
        MAXATOMS *sizeof(cl_float4), NULL, NULL);
...
3. clerr= clSetKernelArg(clkern, 0,sizeof(int), &runatoms);
4. clerr= clSetKernelArg(clkern, 1,sizeof(float), &zplane);
5. clerr= clSetKernelArg(clkern, 2,sizeof(cl_mem), &doutput);
6. clerr= clSetKernelArg(clkern, 3,sizeof(cl_mem), &datominfo);
7. cl_event event;
8. clerr= clEnqueueNDRangeKernel(clcmdq,clkern, 2, NULL,
         Gsz,Bsz, 0, NULL, &event);
9. clerr= clWaitForEvents(1, &event);
10. clerr= clReleaseEvent(event);
...
11. clEnqueueReadBuffer(clcmdq,doutput, CL_TRUE, 0,
        volmemsz, energy, 0, NULL, NULL);
12. clReleaseMemObject(doutput);
13. clReleaseMemObject(datominfo);
```

Figura 11.14

Código do host OpenCL para chamada do kernel.

em OpenCL copia dados da memória do device para a memória do host e corresponde à direção do device ao host da função `cudaMemcpy()`.

A função `clReleaseMemObject()` é um pouco mais sofisticada do que `cudaFree()`. OpenCL mantém uma contagem de referência para os objetos de dados. Os módulos de programa do host em OpenCL podem reter (`clRetainMemObject()`) ou liberar (`clReleaseMemObject()`) objetos de dados. Observe que `clCreateBuffer()` também serve como uma chamada de retenção. Com cada chamada de retenção, a contagem de referência do objeto é incrementada. Com cada chamada de liberação, a contagem de referência é decrementada. Quando a contagem de referência para um objeto atinge 0, o objeto é liberado. Desse modo, um módulo da biblioteca pode estar anexado a um objeto da memória embora as outras partes da aplicação não precisem mais do objeto e, assim, tenham liberado o objeto.

11.7 Resumo

OpenCL é uma API multiplataforma padronizada, projetada para dar suporte ao desenvolvimento de aplicações paralelas portáveis em sistemas de computação heterogêneos. Assim como CUDA, OpenCL resolve hierarquias de memória complexas e execução paralela de dados. Ela se baseia fortemente no conceito da API de controlador CUDA. Esse é o motivo pelo qual um programador CUDA se familiariza com esses aspectos da OpenCL. Vimos isso através dos mapeamentos entre os conceitos do modelo de paralelismo de dados OpenCL, chamadas de aplicação NDRange e tipos de memória e seus equivalentes CUDA.

Por outro lado, OpenCL tem um modelo de gerenciamento de plataforma e device mais complexo, que reflete seu suporte para a portabilidade multiplataforma e multifornecedor. Embora o padrão OpenCL seja projetado para dar suporte à portabilidade de código entre os devices produzidos por diferentes fornecedores, essa portabilidade tem um preço. Programas OpenCL precisam ser preparados para lidar com uma diversidade de hardware muito maior e, portanto, apresentarão mais complexidade. Vemos que o modelo de gerenciamento de devices OpenCL, o modelo de compilação de kernel OpenCL e a chamada do kernel OpenCL soa muito mais complexos do que seus equivalentes CUDA.

De modo algum abordamos todos os recursos de programação da OpenCL. O leitor deverá ler a especificação OpenCL [Khronos 2008] e tutoriais [Khronos 2010] para obter mais detalhes sobre as características da OpenCL. Em particular, recomendamos que o leitor preste atenção especialmente ao modelo de consulta de device, consulta de objeto e paralelismo de tarefa.

Também gostaríamos de encaminhar o leitor a outra API de programação paralela importante para sistemas de computação heterogêneos. Direct-Compute da Microsoft é uma API que tira proveito do poder de processamento maciçamente paralelo de uma GPU moderna par acelerar o desempenho da aplicação para PC no Microsoft® Windows Vista® ou Windows 7[Wikipedia]. DirectCompute faz parte da coleção de APIs DirectX™ da Microsoft. Outras APIs DirectX incluem Direct3D®, Direct2D, DirectWrite, DirectDraw®, DirectMusic®, DirectPlay® e DirectSound®. DirectCompute é liberado com a API DirectX 11, mas roda em GPUs DirectX 10 e DirectX 11. DirectCompute define várias versões das capacidades de shader de cálculo para garantir que as aplicações possam tirar proveito das GPUs. O leitor também deverá esperar que DirectCompute tenha nível de complexidade semelhante ao da OpenCL em termos dos modelos de gerenciamento de devices e chamadas do kernel.

11.8 Exercícios

11.1 Usando a base de código no Apêndice A e os exemplos nos Capítulos 3, 4, 5 e 6, desenvolva uma versão OpenCL da aplicação de multiplicação.

11.2 Leia a seção "OpenCL Platform Layer" da especificação OpenCL. Compare as funções da API de consulta de plataforma com o que você aprendeu em CUDA.

11.3 Leia a seção "Memory Objects" da especificação OpenCL. Compare as funções da API de criação e acesso a objeto com o que você aprendeu em CUDA.

11.4 Leia a seção "Kernel Objects" da especificação OpenCL. Compare as funções da API de criação e chamada do kernel com o que você aprendeu em CUDA.

11.5 Leia a seção "OpenCL Programming Language" da especificação OpenCL. Compare as palavras-chave e tipos com o que você aprendeu em CUDA.

Referências e leitura adicional

AMD. (2009). *Introductory Tutorial to OpenCL™*. Sunnyvale, CA: Advanced Micro Devices. http://developer.amd.com/gpu/ATIStreamSDK/pages/TutorialOpenCL.aspx

Khronos OpenCL Working Group. (2008). Munshi, A. (Ed.), (2008). *The OpenCL Specification, Version 1.0, Document Revision 29*. Beaverton, OR: Khronos Group. http://www.khronos.org/registry/cl/specs/opencl-1.0.29.pdf

Khronos Group. (2010). *OpenCL Implementations, Tutorials, and Sample Code*. Beaverton, OR: Khronos Group. http://www.khronos.org/developers/ resources/opencl/

NVIDIA. (2010). *OpenCL GPU Computing Support on NVIDIA's CUDA architecture GPUs*. Santa Clara, CA: NVIDIA. http://www.nvidia.com/object/ cuda_opencl.html

Wikipedia. (n.d.) *DirectCompute*. http://en.wikipedia.org/wiki/DirectCompute

CAPÍTULO 12

Conclusão e visão do futuro

Sumário do Capítulo

Introdução

Você conseguiu! Alcançamos a linha de chegada. Neste capítulo final, vamos rever rapidamente os objetivos que alcançamos no decorrer deste livro. Em vez de chegar a uma conclusão, oferecemos nossa visão para a evolução futura das arquiteturas de processador maciçamente paralelo e como as melhorias afetarão o desenvolvimento de aplicações paralelas.

12.1 Revisão dos objetivos

Conforme dissemos no Capítulo 1, nosso principal objetivo é ensinar você, o leitor, a programar processadores maciçamente paralelos para conseguir um alto desempenho. Prometemos que isso se tornaria fácil depois que você desenvolvesse o pensamento correto e prosseguisse da maneira correta. Em particular, prometemos focalizar as habilidades de *pensamento computacional* que lhe permitiriam pensar sobre os problemas de maneiras receptivas à computação paralela.

Cumprimos essas promessas através de uma introdução a considerações de desempenho para CUDA™ (Capítulo 6), dois estudos de caso detalhados (Capítulos 8 e 9) e um capítulo dedicado a habilidades de pensamento computacional (Capítulo 10). Através desse processo, introduzimos o conhecimento da arquitetura de computação pertinente necessário para entender as limitações do hardware que devem ser tratadas na programação paralela de alto desempenho. Em particular, focalizamos as limitações da largura de banda da memória que permanecerão como principal fator limitador do desempenho nos sistemas maciçamente paralelos (Capítulos 4-6 e 8-10). Também introduzimos os conceitos da precisão de ponto flutuante e exatidão e como eles se relacionam com a execução paralela (Capítulo 7). Com essas ideias, a programação paralela de alto desempenho torna-se um processo administrável, ao invés de magia negra.

Dissemos que nosso segundo objetivo era ensinar os estilos de programação paralela de alto desempenho que evitam naturalmente problemas sutis de exatidão. Para cumprir essa promessa, mostramos que o modelo de programação CUDA de paralelismo de dados simples (Capítulos 3 e 4), baseado no sincronismo com barreira, pode ser usado para desenvolver aplicações de desempenho muito alto. Essa técnica disciplinada para a programação paralela evita naturalmente as condições de competições por dados frequentes em muitos outros sistemas de programação paralela (Capítulo 4).

Prometemos ensinar estilos de programação paralela que escalam transparentemente por gerações de hardware futuras, que serão mais e mais paralelas. Com o modelo de *threading* CUDA (Capítulo 4), grandes quantidades de blocos de *threads* podem ser executadas em qualquer ordem em relação umas às outras. Sua aplicação se beneficiará com mais hardware paralelo no futuro. Também apresentamos técnicas de algoritmo como ladrilhamento e corte, que permitem que sua aplicação se expanda naturalmente para conjuntos de dados muito grandes (Capítulo 10).

Agora que relembramos nossas promessas, gostaríamos de compartilhar nossa visão da próxima evolução das arquiteturas de processador maciçamente paralelas e como os avanços provavelmente afetarão o desenvolvimento da aplicação. Esperamos que essas perspectivas o ajudem a vislumbrar o futuro da programação paralela. Nossos comentários refletem as novas características em unidades de processamento gráfico (GPUs) baseadas na arquitetura de computação NVIDIA® Fermi, que chegou ao mercado enquanto o original deste livro estava sendo impresso.

12.2 Evolução da arquitetura de memória

12.2.1 Grandes espaços de endereços virtuais e físicos

As unidades de processamento gráfico tradicionalmente têm usado apenas um espaço de endereços físico com até 32 bits de endereços, o que limitou a memória de acesso aleatório dinâmica (DRAM) da GPU a 4 gigabytes ou menos. Isso porque as aplicações gráficas não exigiam mais do que algumas centenas de megabytes de memória de frame buffer e textura. Isso é contrário ao espaço virtual de 64 bits e mais de 40 bits de espaço físico que os programadores da unidade central de processamento (CPU) têm aceito sem questionar por muitos anos.

Fermi adota uma arquitetura de memória virtual em estilo de CPU com um espaço de endereços virtual de 64 bits e um espaço de endereços físico de pelo menos 40 bits. O benefício óbvio é que as GPUs Fermi podem incorporar mais de 4 gigabytes de DRAM e que os kernels CUDA agora podem operar sobre dados muito grandes, sejam eles hospedados inteiramente na DRAM da GPU ou acessando a memória mapeada do host.

A arquitetura de memória virtual Fermi também estabelece a base para uma melhoria potencialmente profunda para o modelo de programação. A memória física do sistema da CPU e a memória física da GPU agora podem ser mapeadas dentro de um único espaço de endereços virtuais compartilhado [Gelado 2009]. Um espaço de endereços globais compartilhado permite que todas as variáveis em uma aplicação tenham endereços exclusivos. Essa arquitetura de memória, quando exposta pelas ferramentas de programação e sistema de runtime às aplicações, pode resultar em vários benefícios importantes.

Primeiro, novos sistemas de runtime podem ser projetados para permitir que CPUs e GPUs acessem o volume inteiro de dados da aplicação sob modelos de proteção tradicionais. Essa capacidade permitiria que as aplicações usassem um único sistema de ponteiro para acessar variáveis da aplicação, removendo assim um aspecto confuso do modelo de programação CUDA atual, no qual os desenvolvedores não podem desreferenciar um ponteiro para a memória do device nas funções do host.

Essas variáveis podem residir na memória física da CPU, na memória física da GPU ou até mesmo em ambas. O runtime pode implementar suporte para migração e coerência de dados, como o sistema GPU Memory Access (GMAC) [Gelado 2009]. Se uma função da CPU desreferenciar um ponteiro e acessar uma variável mapeada para a memória física da GPU, o acesso aos dados ainda seria atendido talvez por uma latência maior. Essa capacidade permitiria que os programas CUDA chamassem mais facilmente bibliotecas que não foram transportadas para GPUs. Na arquitetura de memória CUDA atual, o desenvolvedor precisa transferir manualmente os dados da memória do device para a memória do host, a fim de usar funções de biblioteca legadas para processá-las na CPU. GMAC está embutido na interface de programação de aplicação (API) do runtime CUDA atual e oferece ao desenvolvedor a opção de contar com o sistema de runtime para atender tais acessos ou transferir dados manualmente como uma otimização de desempenho. Porém, o sistema GMAC atualmente não tem um mecanismo claro para suportar múltiplas GPUs. A nova capacidade de memória virtual permitiria uma implementação muito mais elegante.

Por fim, a capacidade de memória virtual também habilitará um mecanismo semelhante ao recurso de cópia zero em CUDA 2.2, para permitir que a GPU acesse diretamente memórias físicas muito grandes do sistema da CPU. Em algumas áreas de aplicação, como Computer-Aided Design (CAD), o sistema de memória física da CPU pode ter centenas de gigabytes de capacidade. Esses sistemas de memória física são necessários porque as aplicações exigem que o conjunto de dados inteiro esteja "no núcleo". Não é atualmente viável que tais aplicações tirem proveito da computação em GPU. Com a capacidade de acessar diretamente memórias físicas da CPU muito grandes, torna-se viável que as GPUs acelerem essas aplicações.

O segundo benefício em potencial é que o espaço do endereço global compartilhado permite transferência de dados direta *peer-to-peer* entre as GPUs em um sistema de múltiplas GPUs. Nos sistemas CUDA atuais, as GPUs precisam primeiro transferir dados para a memória física da CPU antes de entregá-los a uma GPU peer. Um espaço de endereços global compartilhado permite que a implementação de um sistema de runtime ofereça uma API para transferir dados diretamente da memória de uma GPU para a memória de outra GPU. Por fim, um sistema de runtime pode ser projetado de modo a automatizar tais transferências quando as GPUs referenciam dados na memória uma da outra, mas que ainda permitem o uso de APIs explícitas de transferência de dados como uma otimização de desempenho.

O terceiro benefício é que pode-se implementar transferências de memória relacionadas a E/S diretamente para dentro e fora da memória física da GPU. Nos sistemas CUDA atuais, os dados da E/S precisam primeiro ser transferidos para a memória física da CPU antes que possam ser copiados para a memória física da GPU. A capacidade de transferir dados diretamente para dentro e fora da memória física da GPU pode reduzir significativamente o custo de cópia e melhoria do desempenho das aplicações que processam grandes conjunto de dados.

12.2.2 Espaço de memória unificado do device

No modelo de memória CUDA atual, memória constante, memória compartilhada, memória local e memória global formam seus próprios espaços de endereço separados. O desenvolvedor pode usar ponteiros para a memória global, mas não outros. Na arquitetura Fermi, todas essas memórias agora fazem parte de um espaço de endereço unificado. Isso torna mais fácil abstrair qual memória contém determinado operando, permitindo que o programador trate disso apenas durante a alocação e simplificando a passagem de objetos de dados CUDA para outros procedimentos e funções, independente de qual área da memória eles venham. Isso torna os módulos de código CUDA muito mais fáceis de escrever; ou seja, uma função de device CUDA agora pode aceitar um ponteiro que poderia apontar para qualquer uma dessas memórias. O código rodaria mais rápido se um ponteiro de argumento de função apontasse para um local de memória compartilhado e mais lento se apontar para um local da memória global. O programador ainda pode realizar o posicionamento de dados manualmente e transferências como uma otimização do desempenho. Essa capacidade reduzirá bastante o custo da montagem de bibliotecas CUDA com qualidade de produção.

12.2.3 Memórias de cache e rascunho configuráveis

A memória compartilhada nos sistemas CUDA anteriores serviam como memória de rascunho gerenciada pelo programador e aumentava a velocidade de aplicações em que as principais estruturas de dados tinham padrões de acesso localizados, previsíveis. Na Fermi, a memória compartilhada foi melhorada para uma memória maior no chip, que pode ser configurada para ser parcialmente memória cache e parcialmente memória compartilhada, permitindo assim que a cobertura de padrões de acesso previsíveis e menos previsíveis se beneficie da memória no chip. Essa facilidade de configuração permite que os programadores partilhem os recursos de acordo com o melhor ajuste para sua aplicação.

As aplicações em um estágio de projeto inicial que são portadas diretamente do código da CPU se beneficiarão bastante habilitando a cache como parte dominante da memória no chip. Isso facilitaria ainda mais o processo de ajuste de desempenho, aumentando o nível de "fácil desempenho" quando um desenvolvedor portar uma aplicação de CPU para GPU.

As aplicações CUDA existentes e aquelas que possuem padrões de acesso previsíveis terão a capacidade de aumentar seu uso da memória compartilhada rápida por um fator de 3 enquanto retêm a mesma "ocupação" da GPU que tinham em devices de geração anterior. Para aplicações CUDA cujo desempenho ou capacidades são limitados pelo tamanho da memória compartilhada, o aumento de três vezes no tamanho será uma melhoria bem vinda. Por exemplo, na computação numérica, como métodos de volume finito para dinâmica de fluido computacional, o estado carregado na memória compartilhada também inclui células copiadas.

A parte relativa de cópia diminui à medida que o tamanho na dependência aumenta. Nos modelos de simulação tridimensionais, as células copiadas podem ser comparáveis em tamanho de dados aos dados principais para os tamanhos de memória compartilhada atuais.

Isso pode reduzir significativamente a eficácia da memória compartilhada devido à parte significativa da largura de banda de memória gasta na carga de células copiadas. Por exemplo, se a memória compartilhada permitir que um bloco de *threads* carregue um sistema de 8^3 (=512) células na memória compartilhada, com uma camada de células halo em cada superfície, então apenas 6^3 (=216) células, ou menos de metade das células carregadas, são os dados principais. A largura de banda gasta na carga das células copiadas é realmente maior do que a gasta nos dados principais. Um aumento de três vezes no tamanho da memória compartilhada permite que algumas dessas aplicações tenham um tamanho de sistemas mais favorável, nas quais a área copiada é responsável por uma parte muito menor dos dados na memória compartilhada. Em nosso exemplo, o tamanho aumentado permitiria que um sistema de 11^3 (=1331) células fosse carregado por cada bloco de *threads*. Com uma camada de células copiadas em cada superfície, um total de 9^3 (=729) células, ou mais de metade das células carregadas, são os dados principais. Isso melhora significativamente a eficiência da largura de banda da memória e o desempenho da aplicação.

12.2.4 Operações atômicas melhoradas

As operações atômicas em Fermi são muito mais rápidas do que aquelas nos sistemas CUDA anteriores. As operações atômicas são constantemente usadas em padrões de cálculo de dispersão aleatória, como histogramas. Operações atômicas mais rápidas reduzem a necessidade de transformações de algoritmos complexas, como varredura de prefixo [Sengupta 2007] e classificação [Satish 2009] para implementar tais cálculos de dispersão aleatória em GPUs. Essas transformações tendem a aumentar o número de chamadas do kernel necessárias para realizar o cálculo de destino. Operações atômicas mais rápidas também podem reduzir a necessidade de envolver a CPU host em algoritmos que realizam operações coletivas ou em que múltiplos blocos de *threads* CUDA atualizam estruturas de dados compartilhadas, reduzindo assim a pressão da transferência de dados entre a CPU e a GPU.

12.2.5 Acesso melhorado à memória global

A velocidade do acesso à memória aleatória é muito maior na arquitetura Fermi do que nos sistemas CUDA anteriores. Os programadores podem se preocupar menos com a aglutinação de memória. Isso permite que mais algoritmos da CPU sejam usados diretamente na GPU como uma base aceitável, suavizando ainda mais o caminho da portabilidade de aplicações que acessam várias estruturas de dados, como traçado de raios e outras aplicações que são bastante orientadas a objeto e podem ser difíceis de converter para matrizes perfeitamente ladrilhados.

12.3 Evolução do controle de execução do kernel

12.3.1 Chamadas de função dentro das funções do kernel

As versões anteriores da CUDA não permitiam chamadas de função no código do kernel. Embora o código fonte das funções do kernel possa parecer ter chamadas de função, o compilador precisa ser capaz de embutir todos os corpos de função no objeto do kernel, para que não haja chamadas de função no kernel em tempo de execução. Embora esse modelo funcione razoavelmente bem para as partes essenciais ao desempenho de muitas aplicações, ele não aceita as práticas de engenharia de software em aplicações mais sofisticadas. Em particular, ele não aceita chamadas do sistema, chamadas de biblioteca de vínculo dinâmico, chamadas de função recursivas e funções virtuais nas linguagens orientadas a objeto, como C++.

Fermi aceita chamadas de função nas funções do kernel em tempo de execução. O compilador não precisa mais embutir os corpos de função. Ele ainda pode fazer isso para otimizar o desempenho. Essa capacidade é obtida em parte por uma implementação de memória local em cache, muito mais rápida, que está por trás de uma implementação rápida das pilhas de frame de chamada maciçamente paralelas para *threads* CUDA. Ela melhora a facilidade de escrita do código de device CUDA, permitindo que diferentes autores escrevam diferentes componentes de kernel CUDA e montem todos eles juntos sem altos custos de reprojeto. Em particular, ela permite técnicas modernas orientadas a objeto, como chamadas de função virtuais e práticas de engenharia de software, como bibliotecas de vínculo dinâmico.

O suporte para chamadas de função em runtime permite recursão e facilitará significativamente o peso sobre programadores enquanto eles fazem a transição de algoritmos legados, orientados originalmente a CPU, para técnicas ajustadas à GPU, para uma computação do tipo "dividir para conquistar". Isso também permite a implementação mais fácil dos algoritmos gráficos em que a travessia da estrutura de dados costuma envolver naturalmente a recursão. Em muitos casos, os desenvolvedores poderão "recortar e colar" os algoritmos da CPU para um kernel CUDA, obtendo um kernel com execução razoável, embora o ajuste de desempenho ainda seja necessário.

12.3.2 Tratamento de exceção nas funções do kernel

Sistemas CUDA anteriores não aceitavam tratamento de exceção no código do kernel. Essa não era uma limitação significativa para as partes de desempenho crítico de muitas aplicações de alto desempenho, mas normalmente contrai custos de engenharia de software nas aplicações com qualidade de produção, que contam com exceções para detectar e tratar de condições raras sem executar código para testar explicitamente tais condições. Além disso, ela não permite que as funções do kernel utilizem serviços do sistema operacional, o que normalmente é evitado nas partes de desempenho crítico das aplicações, exceto durante situações de depuração.

Com a disponibilidade do suporte para tratamento de exceção e chamada de função em Fermi, os kernels agora podem chamar funções da biblioteca como `printf()` e `malloc()`, que podem levar a armadilhas do sistema. Em nossa experiência, a capacidade de chamar `printf()` em um kernel oferece um recurso sutil, mas importante, na depuração e suporte de kernels no software de produção. Muitos usuários finais não são técnicos e não podem ser facilmente treinados para usar depuradores para oferecer aos desenvolvedores mais detalhes sobre o que aconteceu antes de uma falha. A capacidade de executar `printf()` no kernel permite que os desenvolvedores acrescentem um modo à aplicação para copiar o estado interno, de modo que os usuários possam submeter relatórios de erro significativos.

12.3.3 Execução simultânea de múltiplos kernels

Os sistemas CUDA anteriores permitem que apenas um kernel execute em cada device GPU em qualquer instante no tempo. Múltiplas funções do kernel podem ser submetidas para execução; porém, elas são mantidas em uma fila que libera o próximo kernel após o atual completar sua execução. Fermi permite que múltiplos kernels da mesma aplicação sejam executados simultaneamente, oferecendo pelo menos dois benefícios em nível de usuário.

Primeiro, a execução de múltiplos kernels reduz a pressão para o desenvolvedor da aplicação reunir múltiplas chamadas de kernel na partir de um kernel maior, a fim de utilizar mais a GPU por completo. Segundo, aplicações de cluster paralelo normalmente segmentam o trabalho em partições local e remota, na qual o trabalho remoto está envolvido nas interações com outros nós e reside no caminho crítico do progresso global. Em sistemas CUDA anteriores, os kernels tinham que ser grandes para manter a máquinas funcionando de modo eficiente, e era preciso ter cuidado para não disparar o trabalho local de modo que o trabalho global pudesse ficar bloqueado. Anteriormente, isso significava escolher entre deixar a GPU ociosa enquanto se espera o trabalho remoto chegar ou iniciar avidamente o trabalho local para manter a GPU produtiva, prejudicando o custo da maior latência para o término das unidades de trabalho remotas. Com a execução de múltiplos kernels em Fermi, a aplicação pode usar tamanhos de kernel muito menores para disparar o trabalho; como resultado, quando o trabalho remoto de alta prioridade chega, ele pode começar a ser executado com baixa latência, em vez de ficar preso por trás de um kernel grande de computação local.

12.3.4 Kernels interruptíveis

Fermi permite que a execução de kernels seja cancelada, facilitando assim a criação de aplicações aceleradas por CUDA, que permitem que o usuário aborte um cálculo de longa duração a qualquer momento, sem exigir um esforço de projeto significativo por parte do programador. Quando o suporte do software estiver disponível, isso permitirá a implementação de sistemas de escalonamento de tarefa em nível de usuário, que podem realizar melhor o equilíbrio de carga entre os nós da GPU de um sistema de computação e permitir o tratamento mais elegante de casos nos quais uma GPU está bastante carregada e pode estar rodando mais lenta do que seus pares [Stone 2009a].

12.4 Desempenho básico

12.4.1 Velocidade na precisão dupla

As GPUs baseadas na arquitetura NVIDIA GT200 realizam aritmética de ponto flutuante com precisão dupla no hardware, mas com significativa redução de velocidade (cerca de oito vezes mais lento) em comparação com a precisão simples. As unidades aritméticas de ponto flutuante da arquitetura Fermi têm sido significativamente fortalecidas para realizar aritmética de precisão dupla com cerca de metade da velocidade da precisão simples. Em aplicações que utilizam precisão dupla intensamente, a aritmética de ponto flutuante trará grandes benefícios. Outras aplicações, que usam a precisão dupla cuidadosa e moderadamente, causarão pouco ou nenhum custo de desempenho observável.

Na prática, o benefício mais significativo provavelmente será obtido por desenvolvedores que estejam portando aplicações numéricas baseadas na CPU para GPUs. Com a velocidade de precisão dupla melhorada, eles terão pouco incentivo para gastar tempo e esforço avaliando se suas aplicações ou partes de suas aplicações podem se ajustar à precisão simples. Isso pode reduzir significativamente o custo de desenvolvimento da passagem de aplicações de CPU para GPUs, e resolve uma crítica importante das GPUs pela comunidade de computação de alto desempenho.

12.4.2 Maior eficiência no fluxo de controle

Fermi adota uma técnica de previsão geral controlada por compilador [Mahlke 1995], que pode tratar do fluxo de controle de modo mais eficiente do que os sistemas

CUDA anteriores. Essa técnica foi moderadamente bem-sucedida em sistemas Very Long Instruction Word (VLIW), mas pode oferecer melhorias de velocidade mais dramáticas em sistemas com execução Single-Instruction, Multiple-Data (SIMD), no estilo warp da GPU, cuja capacidade tem potencial para ampliar a gama de aplicações que podem tirar proveito das GPUs. Em particular, os principais benefícios potenciais ao desempenho podem ser observados para aplicações que são muito voltadas para dados, como traçado de raios, visualização da química quântica e simulação de autômatos celulares.

12.5 Ambiente de programação

O compilador do kit de desenvolvimento de software (SDK) CUDA 3.0 gera formatos de arquivo objeto padrão usados pelos ambientes de desenvolvimento integrados (IDEs) de CPU padrão. Isso permite a integração da depuração e profiling da aplicação CUDA em IDEs padrão, como Microsoft® Visual Studio®. Os desenvolvedores não precisam mais sair da IDE para executar o depurador ou profiler CUDA. Além disso, através de melhorias no driver, quando os programadores estão depurando na placa gráfica, a GPU não falhará mais nem interferirá com o sistema operacional host ou sistema de janelas.

Compiladores CUDA futuros incluirão suporte para modelos C++ e chamadas de funções virtuais em funções do kernel. Embora as melhorias de hardware, como a capacidade de chamada de função de runtime, estejam em vigor, o suporte avançado para a linguagem C++ no compilador levará mais tempo. Os recursos try/catch da C++ provavelmente também serão totalmente aceitos nas funções do kernel no futuro próximo. Com essas melhorias, os compiladores CUDA do futuro darão suporte à maioria dos recursos predominantes da C++. Os recursos restantes nas funções do kernel, como new, delete, constructors e destructors, provavelmente estarão disponíveis nas próximas versões do compilador.

12.6 Um panorama brilhante

O novo SDK CUDA 3.0 e as novas GPUs baseadas na arquitetura Fermi marcam o início da terceira geração de computação em GPU, que enfatiza realmente o suporte para a produtividade do desenvolvedor e modernas práticas de engenharia de software. Com as novas capacidades, a gama de aplicações que oferecerá desempenho razoável com o mínimo de custos de desenvolvimento aumentará significativamente. Esperamos que os desenvolvedores notem imediatamente a redução nos custos de desenvolvimento de aplicações, portabilidade e manutenção, em comparação com os sistemas CUDA anteriores. As aplicações existentes desenvolvidas com PyCUDA e ferramentas de alto nível semelhantes, que geram automaticamente código CUDA, provavelmente também terão um impulso imediato no seu desempenho. Embora o benefício das melhorias do hardware na arquitetura da memória, controle de execução do kernel e desempenho do núcleo de computação sejam visíveis na versão do SDK associada, o verdadeiro potencial dessas melhorias pode levar anos para ser totalmente explorado nos SDKs e runtimes. Por exemplo, o verdadeiro potencial da capacidade de memória virtual do hardware provavelmente só será totalmente alcançado quando houver um runtime do espaço de endereços global compartilhado que aceite E/S direta da GPU e transferência de dados *peer-to-peer* para sistemas com múltiplas GPUs. Prevemos uma época emocionante para inovações, tanto pela indústria quanto pelos meios acadêmicos, em ferramentas de programação e ambientes de runtime para computação em GPU nos próximos anos.

Divirta-se!

Referências e leitura adicional

GELADO, I., NAVARRO, N., STONE, J., PATEL, S., & HWU, W. W. (2009). *An Asymmetric Distributed Shared Memory Model for Heterogeneous Parallel Systems* (Technical Report). Urbana–Champaign: IMPACT Group, University of Illinois.

MAHLKE, S. A., HANK, R. E., MCCORMICK, J. E., AUGUST, D. I. & HWU, W. W. (1995). A Comparison of Full and Partial Predicated Execution Support for ILP Processors. Em *Proceedings of the 22nd Annual international Symposium on Computer Architecture (ISCA '95)*, Santa Margherita Ligure, Itália, 22–24 de junho (pp. 138–150). Piscataway, NJ: Institute of Electrical and Electronics Engineers.

PHILLIPS, J. C. & STONE, J. E. (2009). *Probing Biomolecular Machines with Graphics Processors.* Communications of ACM, 52(10), 34 – 41.

ROBERTS, E., STONE, J. E., SEPULVEDA, L., HWU, W. W. & LUTHEY-SCHULTEN, Z. (2009). Long Time-scale Simulations of *in vivo* Diffusion using GPU Hardware. Em *Proceedings of the 2009 IEEE International Symposium on Parallel & Distributed Processing (IPDPS '09)* (pp. 1–8). Nova York: IEEE Computer Society.

RODRIGUES, C. I., STONE, J., HARDY, D. & HWU, W. W. (2008). GPU Acceleration of Cutoff-based Potential Summation. Em *Proceedings of the 2008 ACM International Conference on Computing Frontiers (computing Frontiers 2008)*, Ischia, Itália, May 5 – 7.

SATISH, N., HARRIS, M. & GARLAND, M. (2009). Designing Efficient Sorting Algorithms for Many-núcleo GPUs. In *Proceedings of the 2009 IEEE international Symposium on Parallel & distributed Processing (IPDPS '09)* (pp. 1–10). Nova York: IEEE Computer Society.

SENGUPTA, S., HARRIS, M., ZHANG, Y. & OWENS, J. D. (2007). Scan Primitives for GPU Computing. In *Proceedings of the 22nd ACM SIGGRAPH/EURO-GRAPHICS Symposium on Graphics Hardware* (pp. 97–106). Aire-la-Ville, Suíça: Eurographics Association.

STONE, J. E. & HWU, W. W. (2009a). *WorkForce: A Lightweight Framework for Managing Multi-GPU Computations* (Technical Report). Urbana–Champaign: IMPACT Group, University of Illinois.

STONE, J. E., SAAM, J., HARDY, D. J., VANDIVORT, K. L., HWU, W. W. & SCHULTEN, K. (2009b). High-performance Computation and Interactive Display of Molecular Orbitals on GPUs and Multi-núcleo CPUs. Em *Proceedings of the 2nd Workshop on General-purpose Processing on Graphics Processing Units,* ACM International Conference Proceedings Series 383 (pp. 9 – 18). Nova York: ACM Press.

Código fonte de multiplicação de matriz – versão apenas do host

APÊNDICE

A

Sumário do Apêndice

Introdução

Este apêndice mostra um código fonte, apenas do host, que pode ser usado como base para seu código de multiplicação de matriz CUDA™. Já inserimos chamadas de timer nos principais lugares, para que você possa usar a medição para isolar o tempo de execução da função que realmente executa a multiplicação de matriz. O código fonte também possui o trecho que você pode usar para imprimir o conteúdo da matriz e verificar os resultados.

A.1 matrixmul.cu

```
/**********************************************************
   Nome do arquivo [matrixmul.cu]
   Sinopse [Este arquivo define a função main para realizar a
       multiplicação matriz-matriz.]
   Description []
*******************************************************/
//---------------------------------------------------------
// Bibliotecas C incluídas
//---------------------------------------------------------
#include <stdlib.h>
#include <stdio.h>
#include <string.h>
#include <math.h>
```

```
//----------------------------------------------------------------
// Bibliotecas CUDA incluídas
//----------------------------------------------------------------
#include <cutil.h>
//----------------------------------------------------------------
// Funções auxiliares incluídas
//----------------------------------------------------------------
#include "assist.h"
//----------------------------------------------------------------
//  Protótipo de função de multiplicação matriz-matriz
incluída
//----------------------------------------------------------------
#include "matrixmul.h"
/*==============================================================*/
/*                                                              */
/*  Sinopse    [Função main]                                    */
/*  Descrição  []                                               */
/*                                                              */
/*==============================================================*/
    int
main(int argc, char** argv)
{
    bool if_quiet = false;
    unsigned int timer_compute = 0;
    int i, j;
    char * matrix_id = NULL, * input_fn = NULL, * gold_fn = NULL;
    int Mw = 0, Mh = 0, Nw = 0, Nh = 0, Pw = 0, Ph = 0;

    if (argc == 2) {
          matrix_id = strdup(argv[1]);
    } else {
         fprintf(stderr, "Error: Wrong input parameter
         numbers.\n");
         fprintf(stderr, "Usage:\n"
                        "$> ./lab1.1-matrixmul <8, 128, 512,
                        3072, 4096>\n"
                        "Examples:\n"
                        " $> ./lab1.1-matrixmul 128\n"
                        );
         exit(1);
    }
    Mw = Mh = Nw = Nh = Pw = Ph = atoi(matrix_id);
    input_fn = (char *) malloc(30*sizeof(char));
    gold_fn = (char *) malloc(30*sizeof(char));
    sprintf(input_fn, "matrix_%s.bin", matrix_id);
    sprintf(gold_fn, "matrix_%s.gold", matrix_id);
    if (Pw*Ph > 15*15) {
       if_quiet = true; // se não exibir conteúdo da matriz
    }
    printf("Input matrix size: %d by %d\n", Mw, Mh);
    //----------------------------------------------------------
    // Para o host da configuração
    //----------------------------------------------------------
    printf("Setup host side environment:\n");

    // aloca memória do host para matrizes M e N
    printf(" Allocate host memory for matrices M and N.\n");
    printf("  M: %d x %d\n", Mw, Mh);
    printf("  N: %d x %d\n", Nw, Nh);
    unsigned int size_M = Mw * Mh;
    unsigned int mem_size_M = sizeof(float) * size_M;
    float* hostM = (float*) malloc(mem_size_M);
    unsigned int size_N = Nw * (Nh);
    unsigned int mem_size_N = sizeof(float) * size_N;
    float* hostN = (float*) malloc(mem_size_N);

    // aloca memória para o resultado no host
    printf(" Allocate memory for the result on host side.\n");
```

```
    unsigned int size_P = Pw * Ph;
    unsigned int mem_size_P = sizeof(float) * size_P;
    float* hostP = (float*) malloc(mem_size_P);

    // Inicializa as matrizes de entrada.
    printf(" Generate input matrix data for matrix M and N.\n");
    GenMatrixFile(input_fn, Pw, Ph, if_quiet);
    unsignedint*matrix = ReadMatrixFile(input_fn,Pw,Ph,true);

    for (i = 0; i < Mw; i++)
        for (j = 0; j < Nw; j++)
            hostM[i * Mw + j] = hostN[i * Mw + j] = (float)
            matrix[i*Mw + j];
    free(matrix); matrix = NULL;
    //===============================================================
    // Realiza multiplicação matriz-matriz
    //===============================================================
    printf(" Computing matrix multiplication M x N:\n");
    if (Pw*Ph > 512*512) {
        printf(" (It takes time since matrix is larger than
        512by512.\n");
    }
    CUT_SAFE_CALL(cutCreateTimer(&timer_compute));
    CUT_SAFE_CALL(cutStartTimer(timer_compute));

    float* reference = (float*) malloc(mem_size_P);
    computeGold(reference, hostM, hostN, Mh, Mw, Nw);
    CUT_SAFE_CALL(cutStopTimer(timer_compute));

    printf(" CPU Processing time : %f (ms)\n",
        cutGetTimerValue(timer_compute));
    CUT_SAFE_CALL(cutDeleteTimer(timer_compute));

    printf(" Matrix data checksum : %g\n", CheckSum(reference,
    Mw, Nw));

    if (!if_quiet) {
       printf(" Matrix data contents :\n");
       printf(" ");
    }
    matrix = (unsignedint*)malloc(Pw*Ph*sizeof(unsignedint));
    for (i = 0; i < Ph; i++) {
        for (j = 0; j < Pw; j++) {
            matrix[i*Pw + j] = (unsigned int) reference[i*Pw + j];
            if (!if_quiet) printf("%u ", matrix[i*Pw + j]);
        }
        if (!if_quiet) printf("\n   ");
    }

    if (!if_quiet) printf("\n");

    WriteMatrixFile(gold_fn, matrix, Pw, Ph, 1);
    free(matrix); matrix = NULL;
    free(reference);

    // limpa a memória
    free(hostM); free(hostN); free(hostP);
    free(input_fn); free(gold_fn);

    return 0;
}
```

A.2 matrixmul_gold.cpp

Esta versão "gold" da função de multiplicação de matriz pode ser usada para verificar os resultados da sua implementação paralela.

```
/*************************************************
    Nome do arquivo [matrixmul_gold.cpp]

    Sinopse [Este arquivo define a multiplicação matriz-matriz
        versão gold.]

    Descrição []
*************************************************/
#include <stdio.h>
#include "matrixmul.h"
/*==========================================================*/
/*                                                          */
/*  Sinopse  [Versão sequencial/gold
    da multiplicação matriz-matriz.]                        */
/*                                                          */
/*  Descrição [Esta função calcula a
    multiplicação de duas matrizes, M e N,
    e armazena a saída em P.]                               */
/*                                                          */
/*==========================================================*/
    void
computeGold(
    float* P,        // Dados da matriz resultante
    const float* M, // Matriz M
    const float* N, // Matriz N
    int Mh,          // Altura da matriz M
    int Mw,          // Largura da matriz M
    int Nw)          // Largura da matriz N
{
    int i, j, k;
    float sum, a, b;

    for (i = 0; i < Mh; i++)
       for (j = 0; j < Nw; j++)
       {
         sum = 0;
         for (k = 0; k < Mw; k++)
         {
             a = M[i * Mw + k];
             b = N[k * Nw + j];
           //printf ("A[%d] * B[%d]\n", i * Mw + k, k * Nw + j);
             sum += a * b;
         }
         P[i * Nw + j] = (float)sum;
        }
}
```

A.3 matrixmul.h

```
/*******************************************************************
    Nome do arquivo [matrixmul.h]

    Sinopse [Este arquivo define o protótipo de funão da
        versão gold da multiplicação matriz-matriz.]
   Descrição  []
*******************************************************************/
#ifndef MATRIXMUL_H
#define MATRIXMUL_H

extern "C"
void computeGold(
    float* P, const float* M, constfloat* N, int Mh,intMw, int Nw);
#endif
```

A.4 assist.h

Este arquivo contém funções auxiliares que ajudam na leitura, escrita e verificação de arquivos de dados de matriz para facilitar sua implementação.

```
/*****************************************************
    Nome do arquivo [assist.h]

    Sinopse [Este arquivo define as funções auxiliares para
        ajudar no acesso a arquivo e verificação de resultado
        na multiplicação matriz-matriz.]
    Descrição  []
*****************************************************/
    FILE *
OpenFile (const char * const fn_p,
    const char * const open_mode_p,
    const int if_silent             // Se não, mostra mensagens
    )
{
    FILE * f_p = NULL;

    if (fn_p == NULL) {
       printf ("Null file name pointer.");
       exit (-1);
    }
    if (!if_silent) {
        fprintf(stdout,"Opening the file %s . . .  ", fn_p);
    }

    f_p = fopen(fn_p, open_mode_p);
    if (f_p == NULL) {
        if (!if_silent) {
            fprintf(stdout,"failed.\n");
        } else {
            fprintf(stdout,"\nOpening the file %s ... failed.
            \n\n", fn_p);
        }
            exit (-1);
    }
    if (!if_silent) fprintf(stdout,"succeeded.\n");

    return (f_p);
}

    int
GenMatrixFile (
    const char * const matrix_fn_p,
    const unsigned int M_WIDTH,      // largura da matriz
    const unsigned int M_HEIGHT,     // altura da matriz
    const int if_silent    // Se não, mostra mensagens
    )
{
    FILE * matrix_fp = NULL;
    const unsigned int M_SIZE = M_WIDTH * M_HEIGHT;
    unsigned int * matrix = NULL;
    unsigned int i = 0, j = 0;
    matrix_fp = OpenFile (matrix_fn_p, "wb", 1);
    matrix = (unsigned int *) malloc (M_SIZE * sizeof
    (unsigned int));

    //if (!if_silent) fprintf (stdout, "Generated contents
    of matrix:\n");
    if (!if_silent) fprintf (stdout, " ");
    for (i = 0; i < M_HEIGHT; i++) {
       for (j = 0; j < M_WIDTH; j++) {
         matrix[i*M_WIDTH + j] = i+j+1;
         if (!if_silent) fprintf (stdout, "%u ", matrix
```

```
            [i*M_WIDTH + j]);
        }
        if (!if_silent) fprintf (stdout, "\n  ");
    }
    if (!if_silent) fprintf (stdout, "\n");

    fwrite (matrix, 1, M_SIZE * sizeof (unsigned int),
    matrix_fp);

    fclose (matrix_fp);
    free (matrix); matrix = NULL;

    return (1);
}
    unsigned int *
ReadMatrixFile (
    const char * const matrix_fn_p,
    const unsigned int M_WIDTH,      // largura da matriz
    const unsigned int M_HEIGHT,     // altura da matriz
    const int if_silent     // Se não, mostra mensagens

    )
{
    FILE * matrix_fp = NULL;
    const unsigned int M_SIZE = M_WIDTH * M_HEIGHT;
    unsigned int * matrix = NULL;
    unsigned int i = 0, j = 0;

    matrix_fp = OpenFile(matrix_fn_p, "rb", if_silent);
    matrix = (unsigned int *) malloc(M_SIZE * sizeof
    (unsigned int));
    fread(matrix, 1, M_SIZE * sizeof (unsigned int),
    matrix_fp);

       if (!if_silent) {
           fprintf (stdout, "Read contents of matrix:\n");
           fprintf (stdout, " ");
       for (i = 0; i < M_HEIGHT; i++) {
           for (j = 0; j < M_WIDTH; j++) {
                 fprintf (stdout, "%u ", matrix[i*M_WIDTH
                 + j]);
           }
           fprintf (stdout, "\n  ");
       }
       fprintf(stdout, "\n");
    }
    fclose (matrix_fp);

    return (matrix);
}
    interface
WriteMatrixFile (
    const char * const matrix_fn_p,
    const unsigned int * const matrix,
    const unsigned int M_WIDTH,      // largura da matriz
    const unsigned int M_HEIGHT,     // altura da matriz
    const int if_silent     // Se não mostra mensagens
    )
{
    FILE * matrix_fp = NULL;
    const unsigned int M_SIZE = M_WIDTH * M_HEIGHT;
    unsigned int i = 0, j = 0;
    matrix_fp = OpenFile (matrix_fn_p, "wb", if_silent);
    fwrite (matrix, 1, M_SIZE * sizeof (unsigned int),
    matrix_fp);

       if (!if_silent) {
           fprintf (stdout, "Written contents of matrix:\n");
```

```
        for (i = 0; i < M_HEIGHT; i++) {
            for (j = 0; j < M_WIDTH; j++) {
                fprintf (stdout, "%u ", matrix[i*M_WIDTH + j]);
            }
            fprintf (stdout, "\n");
        }
    }
    fclose (matrix_fp);

    return (1);
}
// Uso:
// CompareMatrixFile ("your output", "golden output", WC,
   HC, 1);

    void
CompareMatrixFile (
    const char * const matrix_fn_p1,}
    const char * const matrix_fn_p2,
    const unsigned int M_WIDTH,      // largura da matriz
    const unsigned int M_HEIGHT,     // altura da matriz
    const int if_silent      // Se não, mostra mensagens
    )
{
    unsigned int i = 0, j = 0, wrong = 0;
    int check_ok = 1;
    unsigned int * m1 = ReadMatrixFile (matrix_fn_p1,
    M_WIDTH, M_HEIGHT, if_silent);
    unsigned int * m2 = ReadMatrixFile (matrix_fn_p2,
    M_WIDTH, M_HEIGHT, if_silent);
    printf (" Comparing file %s with %s . . .\n", matrix_fn_p1,
    matrix_fn_p2);
    for (i = 0; i < M_HEIGHT && wrong < 15; i++) {
        for (j = 0; j < M_WIDTH && wrong < 15; j++) {
              //printf ("m1[%d][%d] ?= m2[%d][%d] : %d ?= %d\n",
              // i,j,i,j, m1[i*M_WIDTH+j], m2[i*M_WIDTH+j]);
           if (m1[i*M_WIDTH+j] != m2[i*M_WIDTH+j]) {
              printf ("m1[%d][%d] != m2[%d][%d] : %d != %d\n",
                     i,j,i,j, m1[i*M_WIDTH+j],
                     m2[i*M_WIDTH+j]);
              check_ok = 0; wrong++;
           }
        }
    }
    printf ("   Check ok? ");
    if (check_ok) printf ("Passed.\n");
    else printf ("Failed.\n");
}

    float
CheckSum(const float *matrix, const int width, const interface
height)
{
    int i, j;
    float s1, s2;

    for (i = 0, s1 = 0; i < width; i++) {
         for (j = 0, s2 = 0; j < height; j++) {
              s2 += matrix[i * width + j];
         }
         s1 += s2;
    }
    return s1;
}
```

A.5 Saída esperada

```
Input matrix size: 8 by 8
Setup host side environment:
  Allocate host memory for matrices M and N.
    M: 8 × 8
    N: 8 × 8

Allocate memory for the result on host side.
Generate input matrix data for matrix M and N.
  1 2 3 4 5 6 7 8
  2 3 4 5 6 7 8 9
  3 4 5 6 7 8 9 10
  4 5 6 7 8 9 10 11
  5 6 7 8 9 10 11 12
  6 7 8 9 10 11 12 13
  7 8 9 10 11 12 13 14
  8 9 10 11 12 13 14 15

Computing matrix multiplication M × N:
CPU Processing time : 0.009000 (ms)
Matrix data checksum : 35456
Matrix data contents :
  204 240 276 312 348 384 420 456
  240 284 328 372 416 460 504 548
  276 328 380 432 484 536 588 640
  312 372 432 492 552 612 672 732
  348 416 484 552 620 688 756 824
  384 460 536 612 688 764 840 916
  420 504 588 672 756 840 924 1008
  456 548 640 732 824 916 1008 1100
```

APÊNDICE B

Capacidades de computação em GPU

Sumário do Apêndice

B.1 Tabelas de capacidade de computação em GPU

Conforme discutimos nos Capítulos 6-10, a maximização do desempenho do kernel em uma unidade de processamento gráfico (GPU) em particular requer conhecimento das limitações de recursos no hardware da GPU. Por esse motivo, as principais provisões de recursos de hardware em cada GPU normalmente são expostas às aplicações no sistema padronizado, chamada *capacidade de computação*. As especificações gerais e recursos de um device de computação dependem de sua capacidade de computação. Para CUDA™, a capacidade de computação começa em Compute 1.0. Cada nível mais alto de capacidade de computação indica uma geração mais nova de devices GPU com um número mais alto de recursos. Em geral, uma capacidade de computação de nível mais alto define um superconjunto de recursos daqueles em um nível mais baixo. A Tabela B.1 mostra as principais dimensões das especificações de capacidade de computação. A tabela também indica o valor numérico de cada dimensão para Compute 1.0. Cada nível mais alto de capacidade de computação melhora mais uma das dimensões, como descrito a seguir:

Capacidade de computação 1,1 acrescenta suporte para funções indivisíveis operando em palavras de 32 bits na memória global.

Capacidade de computação 1,2 acrescenta suporte para funções indivisíveis operando na memória compartilhada, funções indivisíveis operando em palavras de 64 bits na memória global e funções de votação de warp. O número de registradores por multiprocessador é aumentado para 16.384, o número máximo de warps ativos por multiprocessador é 32 e o número máximo de *threads* ativas por multiprocessador é 1024. A aglutinação de memória é melhorada (ver a seguir).

Capacidade de computação 1,3 acrescenta suporte para precisão dupla, números de ponto flutuante e operações.

Dependendo do tempo de sua introdução, cada GPU suporta até uma geração particular de capacidade de computação. A capacidade de computação e o número de multiprocessadores de todos os devices habilitados para CUDA são dados na Tabela B.2.

B.2 Variações de aglutinação de memória

Cada nível de capacidade de computação também especifica um nível diferente de capacidade de aglutinação de memória do hardware. Conhecendo a capacidade de

Recursos	**Compute 1.0**
Número de processadores de stream por SM	8
Número máximo de *threads* por bloco	512
Dimensão máxima da grade (x, y)	65.535, 65.535
Dimensão máxima do bloco (x, y, z)	512, 512, 64
Threads em um warp	32
Registradores por SM	8.192 (8 K)
Memória compartilhada por SM	16.384 (16 K)
Bancos na memória compartilhada	16
Memória constante total	65.536 (64 K)
Conjunto funcional de cache para constantes por SM	8.192 (8 K)
Memória local por *thread*	16.384 (16 K)
Conjunto funcional de cache para textura por SM	6 a 8 kB
Número máximo de blocos ativos por SM	8
Máximo de warps ativos por SM	24
Máximo de *threads* ativos por SM	768
Textura 1D vinculada à matriz CUDA — largura máxima	$^{21}3$
Textura 1D vinculada à memória linear – largura máxima	2^{27}
Textura 2D vinculada à memória linear ou matriz CUDA — dimensão máxima (x,y)	2^{16}, 2^{15}
Textura 3D vinculada a uma matriz CUDA — dimensão máxima (x,y,z)	2^{11}, 2^{11}, 2^{11}
Tamanho máximo do kernel	2 milhões de instruções de microcódigo

Tabela B1

Principais dimensões da capacidade de computação e os atributos da Compute 1.0

computação, pode-se determinar o número de transações da memória global que uma instrução load em um warp contrairá. Em Compute 1.0 e Compute 1.1, as transações de memória são feitas para os segmentos de 64 ou 128 bytes da memória. A aglutinação de acessos em um warp requer que a *thread* de ordem *k* em um warp acesse a palavra *k* em um segmento de 64 bytes ao acessar palavras de 32 bytes (ou a palavra de ordem *k* em dois segmentos contíguos de 128 bytes ao acessar palavras de 128 bytes). Nem todas as *threads* precisam participar para a aglutinação funcionar. No caso superior da Figura B.1, uma das *threads* em um warp não participou, mas os acessos ainda são aglutinados em uma transação.

Em particular, todos os acessos precisam ser em sequência. Se um ou mais dos acessos estiverem fora de sequência, os acessos não serão mais aglutinados. Na parte do meio das Figura B.1, dois dos acessos estão fora de sequência, e os acessos não são aglutinados; 16 transações para a memória global são necessárias para o acesso.

Nome do produto	**Número de multiprocessadores**	**Capacidade de computação**
GeForce®		
GTX 295	2 × 30	1,3
GTX 285, GTX 280, GTX275	30	1,3
GTX 260	24	1,3
9800 GX2	2 × 16	1,1
GTS 250, GTS 150, 9800 GTX, 9800 GTX+, 8800 GTS 512	16	1,1
8800 Ultra, 8800 GTX	16	1,0
9800 GT, 8800 GT, GTX 280 M, 9800 M GTX	14	1,1
GT 130, 9600 GSO, 8800 GS, 8800 M GTX, GTX 260 M, 9800 M GT	12	1,1
8800 GTS	12	1,0
9600 GT, 8800 M GTS, 9800 M GTS	8	1,1
9700 M GT	6	1,1
GT 120, 9500 GT, 8600 GTS, 8600 GT, 9700 M GT, 9650 M GS, 9600 M GT, 9600 M GS, 9500 M GS, 8700 M GT, 8600 M GT, 8600 M GS	4	1,1
G100, 8500 GT, 8400 GS, 8400 M GT	2	1,1

Tabela B2

Muitos recursos e tamanhos específicos do device podem ser determinados chamando a função CUDA de runtime `cudaGetDeviceProperties( )` (veja mais detalhes no CUDA Programming Guide)

9500 M G, 9300 M G, 8400 M GS, 9400 mGPU, 9300 mGPU, 8300 mGPU, 8200 mGPU, 8100 mGPU, 9300 M GS, 9200 M GS, 9100 M G, 8400 M G	1	1,1
Tesla™		
S1070	4 × 30	1,3
C1060	30	1,3
S870	4 × 16	1,0
D870	2 × 16	1,0
C870	16	1,0
Quadro®		
Plex 2200 D2	2 × 30	1,3
Plex 2100 D4	4 × 14	1,1
Plex 2100 Model S4	4 × 16	1,0
Plex 1000 Model IV	2 × 16	1,0
FX 5800	30	1,3
FX 4800	24	1,3
FX 4700 X2	2 × 14	1,1
FX 3700 M	16	1,1
FX 5600	16	1,0
FX 3700	14	1,1
FX 3600 M	12	1,1
FX 4600	12	1,0
FX 2700 M	6	1,1
FX 1700, FX 1700 M, FX 570, FX 570 M, NVS 320 M, FX 1600 M, FX 770 M	4	1,1
FX 370, NVS 290, NVS 140 M, NVS 135 M, FX 360 M	2	1,1
FX 370 M, NVS 130 M	1	1,1

Tabela B2 *(Continuação)*

Na geração Compute 1.2 em diante, as transações da memória global são emitidas em segmentos de 32, 64 ou 128 bytes. Ter um tamanho de segmento menor permite que o hardware reduza o desperdício da largura de banda de memória global para alguns padrões de acesso ao warp menos coerentes.

A Figura B.2 ilustra as melhorias na aglutinação de memória em Compute 1.2. A parte superior mostra que os acessos ao warp dentro de um segmento pode ser fora de sequência e ainda ser totalmente aglutinados em uma transação. A parte do meio mostra que o acesso pode ser desalinhado por um limite de 128 bytes. Uma transação de segmento de 32 bytes extra será emitida, e os acessos ainda são aglutinados. A parte inferior mostra que, se os acessos ao warp não estão alinhados, mas permanecem dentro de um limite de 128 bytes, uma única transação de segmento de 128 bytes será usada para acessar todas as palavras envolvidas. Nesses dois casos, o consumo de largura de banda da memória global é muito menor que aquele em Compute 1.0 ou 1.1, no qual 16 transações de segmentos de 64 bytes seriam usadas.

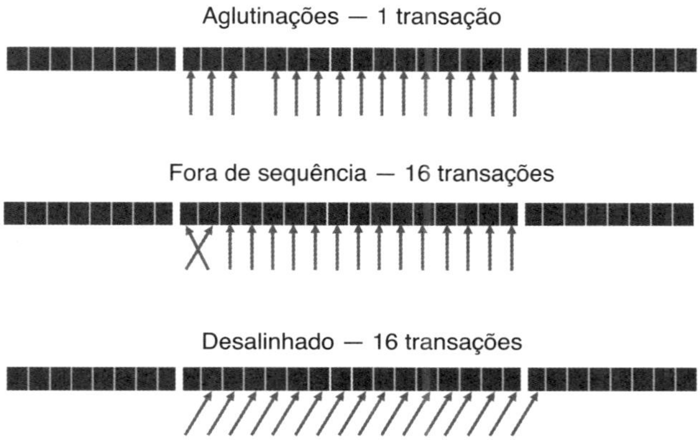

Figura B1

Aglutinação de memória em Compute 1.0 e 1.1.

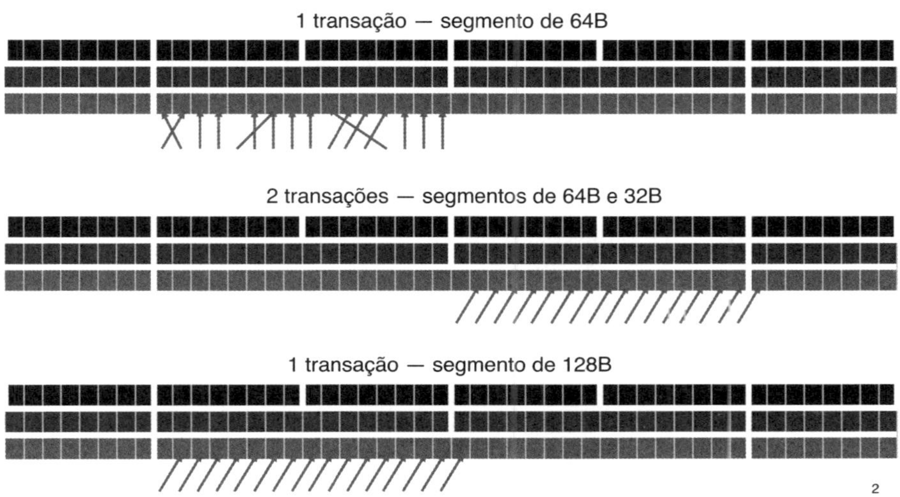

Figura B2

Aglutinação de memória na geração Compute 1.2 em diante.

Índice remissivo

A

B

C

D

E

F

G

I

N

O

P

R

S

T

V

Acreditamos que sua resposta nos ajuda a aperfeiçoar continuamente nosso trabalho para atendê-lo(la) melhor e aos outros leitores. Por favor, preencha o formulário abaixo e envie pelos correios. Agradecemos sua colaboração.

Seu Nome: ______________________

Sexo: ☐ Feminino ☐ Masculino CPF: ______________

Endereço: ______________________

E-mail: ______________________

Curso ou Profissão: ______________________

Ano/Período em que estuda: ______________________

Livro adquirido e autor: ______________________

Como ficou conhecendo este livro?

☐ Mala direta
☐ E-mail da Elsevier
☐ Recomendação de amigo
☐ Anúncio (onde?) ____________
☐ Recomendação de seu professor?
☐ Site (qual?) ____________
☐ Resenha jornal ou revista
☐ Evento (qual?) ____________
☐ Outro (qual?) ____________

Onde costuma comprar livros?

☐ Internet (qual site?) ______________________
☐ Livrarias ☐ Feiras e eventos ☐ Mala direta

☐ Quero receber informações e ofertas especiais sobre livros da Elsevier e Parceiros

ELSEVIER

SAC ELSEVIER | 0800 026 53 40 sac@elsevier.com.br

Cartão Resposta
050120048-7/2003-DR/RJ
Elsevier Editora Ltda
CORREIOS

CARTÃO RESPOSTA

Não é necessário selar

O SELO SERÁ PAGO POR

Elsevier Editora Ltda

20299-999 - Rio de Janeiro - RJ

Qual(is) o(s) conteúdo(s) de seu interesse?

Jurídico - ☐ Livros Profissionais ☐ Livros Universitários ☐ OAB ☐ Teoria Geral e Filosofia do Direito

Educação & Referência - ☐ Comportamento ☐ Desenvolvimento Sustentável ☐ Dicionários e Enciclopédias ☐ Divulgação Científica ☐ Educação Familiar ☐ Finanças Pessoais ☐ Idiomas ☐ Interesse Geral ☐ Motivação ☐ Qualidade de Vida ☐ Sociedade e Política

Negócios - ☐ Administração/Gestão Empresarial ☐ Biografias ☐ Carreira e Liderança Empresariais ☐ E-Business ☐ Estratégia ☐ Light Business ☐ Marketing/Vendas ☐ RH/Gestão de Pessoas ☐ Tecnologia

Concursos - ☐ Administração Pública e Orçamento ☐ Ciências ☐ Contabilidade ☐ Dicas e Técnicas de Estudo ☐ Informática ☐ Jurídico Exatas ☐ Língua Estrangeira ☐ Língua Portuguesa ☐ Outros

Universitário - ☐ Administração ☐ Ciências Políticas ☐ Computação ☐ Comunicação ☐ Economia ☐ Engenharia ☐ Estatística ☐ Finanças ☐ Física ☐ História ☐ Psicologia ☐ Relações Internacionais ☐ Turismo

Áreas da Saúde - ☐ Anestesia ☐ Bioética ☐ Cardiologia ☐ Ciências Básicas ☐ Cirurgia ☐ Cirurgia Plástica ☐ Cirurgia Vascular e Endovascular ☐ Dermatologia ☐ Ecocardiologia ☐ Eletrocardiologia ☐ Emergência ☐ Enfermagem ☐ Fisioterapia ☐ Genética Médica ☐ Ginecologia e Obstetrícia ☐ Imunologia Clínica ☐ Medicina Baseada em Evidências ☐ Neurologia ☐ Odontologia ☐ Oftalmologia ☐ Ortopedia ☐ Pediatria ☐ Radiologia ☐ Terapia Intensiva ☐ Urologia ☐ Veterinária

Outras Áreas - ____________________

Tem algum comentário sobre este livro que deseja compartilhar conosco?

____

* A informação que você está fornecendo será usada apenas pela Elsevier e não será vendida, alugada ou distribuída por terceiros sem permissão preliminar.
* Para obter mais informações sobre nossos catálogos e livros por favor acesse **www.elsevier.com.br** ou ligue para **0800 026 53 40.**